48/13

Conserver cette
(Couverture)

7950

3009

LA RÉSISTANCE

IMPRIMERIE L. TOINON ET Cⁱᵉ, A SAINT-GERMAIN.

FRÉDÉRIC DAMÉ

LA
RÉSISTANCE
LES MAIRES

LES DÉPUTÉS DE PARIS

ET

LE COMITÉ CENTRAL
DU 18 AU 26 MARS

Avec pièces officielles et documents inédits

PARIS
ALPHONSE LEMERRE, ÉDITEUR
47, PASSAGE CHOISEUL

M. DCCC. LXXI

AU LECTEUR

Quand Paris frissonne encore; quand chacun sent son cœur comprimé par l'émotion et la douleur; quand nous avons la fièvre et qu'autour de nous nos édifices, nos maisons fument et s'écroulent, l'heure serait mal choisie, croyons-nous, pour venir froidement peser la part de responsabilité qui doit retomber sur chacun de ceux qui, de près ou de loin, volontairement ou indirectement, se sont trouvés mêlés aux événements qui viennent d'ensanglanter Paris, de désoler la France, d'épouvanter le monde.

Au sortir de toutes les crises, l'opinion publique, désorientée, affolée, jette au hasard l'estime et le blâme, la gratitude et la réprobation. Et lorsque l'Histoire impartiale vient et raconte les faits tels qu'ils se sont passés, elle se heurte la plupart du temps à des préjugés fortement enracinés, — produits des passions d'un moment que des siècles ne réussissent pas toujours à arracher des esprits.

Ce n'est donc pas une étude approfondie de ces trois derniers mois de terreur que nous avons la prétention d'écrire. Nous le répétons, l'heure du jugement n'a point sonné. Il y a encore trop de deuils, trop de larmes, trop de souffrances, trop de haines dans les âmes, pour qu'il y ait assez de calme dans les esprits.

Nous nous bornerons à faire en spectateur attentif, en témoin scrupuleux, en historien sincère, le récit fidèle de la résistance des hommes qui, au début de l'insurrection, se jetèrent résolûment entre le Gouvernement de Versailles et le Comité central; de ces hommes qui, les derniers, restèrent rangés autour du drapeau de la République menacée : nous avons nommé les maires et les représentants de Paris.

Dans ces jours d'anxiétés et d'épreuves, — où il nous a fallu voir s'étaler tant d'ambitions grotesques et malsaines, assister à de si pénibles spectacles, entendre tant de grossiers mensonges, — c'est une douce consolation pour nous d'avoir vécu parmi ces hommes que rien n'a arrêtés dans l'accomplissement de leurs devoirs. Aussi ce nous est une grande joie d'avoir à raconter quelle fut leur conduite dans ces douloureuses circonstances, en dépit des dangers de toutes les minutes, des fatigues de tous les instants.

Nous eussions voulu témoigner ici de notre respect et de notre admiration pour eux; mais la ligne de conduite que nous nous sommes tracée nous interdit tous commentaires. D'autant plus que les faits sont là qui parleront pour nous et donneront le plus éclatant démenti aux injustes récriminations qui se sont produites.

C'est sur les documents mêmes que nous suivrons pas à pas les efforts des résistants; et ces pièces montreront, sous leur vrai jour, nous en sommes convaincu, bien des faits restés obscurs, dénaturés ou ignorés.

Nous démontrerons combien toute résistance fut rendue difficile, disons plus, impossible matériellement et moralement, et combien elle fut intelligente, ferme et digne, jusqu'à la dernière heure.

Heureux si ces lignes écrites d'une plume rapide, si ces documents rassemblés à la hâte, peuvent apporter quelque lumière aux historiens à venir et détourner une responsabilité que certains voudraient faire retomber sur ceux-là qui, seuls, debout en face du danger, n'ont eu d'autre but que d'éviter l'effusion du sang, de sauver la République, et d'écarter de nous, au péril de leur vie et de leur popularité, les horreurs dont l'univers frémit encore!

Paris, juillet 1871.

F. D.

INTRODUCTION

Avant de commencer le récit de la résistance légale tentée par les maires, les adjoints de Paris et les représentants de la Seine, du 18 au 26 mars, nous croyons qu'il est indispensable de préciser quelle était, à cette époque, la situation des esprits ; de rechercher et de dire quelles influences exerçaient sur la cité parisienne les événements antérieurs et extérieurs ; de dégager enfin du chaos des événements les causes qui permirent à l'insurrection de s'installer triomphante dans la capitale de la France.

Pour cela il nous suffira de poser et de résoudre ces deux questions :

1º Qu'est-ce qui nous a valu le coup d'État du 18 mars ?

2º Pourquoi la population honnête et modérée ne s'est-elle pas jetée au-devant des insurgés et n'a-t-elle pas défendu le Gouvernement légal, réfugié à Versailles ?

Lorsque nous aurons élucidé ces deux points et démontré que, d'une part, le mouvement insurrectionnel du 18 était préparé de longue main et dérivait nécessairement d'un état de choses antérieur qui le rendait inévitable; et que, d'autre part, l'inaction de la partie *sensée* de la garde nationale était fatale ; il ne nous restera plus qu'à constater l'imprévoyance funeste des chefs militaires à qui Paris était confié depuis l'armistice.

On remarquera sans doute que nous ne parlons pas de l'Internationale, cette vaste association sur laquelle on se plait à rejeter toutes les fautes et tous les crimes commis. Nous tenons à ne parler que des choses que nous connaissons bien à fond et le peu que nous savons de l'Internationale nous permet seulement de nous rendre compte des erreurs de ceux qui en parlent sans avoir plus que nous approfondi la question. La cause est trop grave pour être jugée légèrement, sans qu'on ait, au préalable, réuni toutes les pièces du procès.

Un orateur d'une incontestable valeur, d'une haute intelligence, un homme d'honneur, membre de l'Internationale et représentant de la Seine, M. Tolain, a promis dernièrement à l'Assemblée nationale d'apporter, soit devant la Commission nommée à cet effet, soit à la tribune, la preuve de la non-ingérence des Internationaux dans les affaires de la Commune. Il a promis d'expliquer clairement dans tous ses détails ce qu'est et ce que veut l'association dont il fait partie. Nul n'est plus compétent que lui. Puisse-t-il convaincre nos hommes politiques de la nécessité qu'il y a pour le pays, d'étudier avec bienveillance, avec calme, avec patriotisme, certaines questions brûlantes, d'autant plus dangereuses qu'elles sont moins discutées !

Nous ne pouvons éternellement osciller du bouleversement à la dictature et de la dictature au bouleversement, entre la sauvagerie de l'émeute et la brutalité de la répression.

Toute question posée veut une solution, — surtout lorsqu'elle intéresse un nombre considérable de citoyens. Tant qu'une question n'est pas résolue, elle reste question, — c'est-à-dire une chose vague, malléable, indéfinie, que tous les partis peuvent pétrir à leur gré suivant les passions du moment, — un danger politique qu'il importe d'écarter.

II

En politique, les faits se produisent et s'enchaînent logiquement. Le hasard n'est jamais pour rien dans les bouleversements populaires; et l'on peut poser en principe que la démagogie, — on l'appelle aussi le despotisme d'en bas, — avec ses excès, ses théories insensées et ses cruautés puériles, nous amènera toujours des réactions violentes, et que, par contre, la réaction avec son entêtement, son aveuglement, ses terreurs folles et ses répressions sanglantes, nous amènera toujours des révolutions brutales.

C'est là un de ces phénomènes de flux et de reflux inévitables que nous retrouvons à chaque pas dans l'histoire. Le 9 thermidor aboutit à la prise d'armes royaliste du 13 vendémiaire; le coup d'État du 18 fructidor amène celui du 18 brumaire; les journées de juin 48 ont pour résultat direct les journées de décembre 51, — dont le 18 mars a été le contre-coup.

Comprimé trop fortement pendant les vingt années que dura l'Empire, l'esprit révolutionnaire devait, le jour où tomberait Bonaparte, jaillir avec une violence inouïe, dût son flot inonder et détruire tout ce qui s'opposerait à sa course précipitée.

La guerre entreprise si follement par l'Empire détourna un instant les esprits, et lorsque arriva l'épouvantable désastre de Sedan, il y eut, dans le désespoir suprême de la population parisienne, une telle spontanéité d'élan vers ceux qui avaient combattu le régime impérial, que les conspirateurs, qui attendaient impatiemment leur jour, n'eurent pas le temps de se retourner. Lorsqu'ils arrivèrent à la porte de l'Hôtel de Ville on y proclamait, aux acclamations de la foule, la République et les noms des membres du Gouvernement provisoire.

Nous avons dit : les conspirateurs. Il nous faut expliquer ce mot. Nous avons voulu désigner tous ceux qui, réunis dans un même sentiment de haine contre l'état de choses existant, s'en prennent à la société tout entière qu'ils voudraient transformer d'un seul coup sans se préoccuper de la perturbation qu'une telle transformation peut amener dans l'économie d'un peuple. Ces gens-là, — que tous les despotismes engendrent, — sont d'abord les ambitieux vulgaires qui prennent par toutes sortes de moyens un ascendant assez puissant sur les autres pour les lancer à la conquête des places qu'ils convoitent dans le royaume de l'Utopie ; puis, la nombreuse armée des crédules qui suivent les premiers, confiants dans leurs promesses fallacieuses, et qui, grisés par les grandes phrases creuses des orateurs de carrefour, se font tuer bravement pour un mot sonore qui représente l'Idéal de leurs rêves et que les meneurs ont détourné de son sens primitif.

Pauvres gens que la souffrance aigrit et que l'ignorance aveugle. Un instinct merveilleux les guide ; ils sentent vaguement monter en eux des aspirations spontanées vers un état meilleur, et ceux qui les bercent dans leurs illusions et leur promettent la réalisation prochaine de leurs espérances sont accueillis comme des sauveurs. Ils ne comprennent pas, eux que la misère talonne, qu'on gagne à attendre et qu'on a tout à perdre à se lancer dans les aventures. Ils aiment la République. Qui le nierait, quand on a vu tant de malheureux mourir en lui criant un dernier adieu ! Ils l'aiment, parce qu'ils sentent que c'est avec elle que finiront leurs maux; parce qu'ils ont, comme nous venons de le dire, un instinct merveilleux de leurs droits méconnus et que cet instinct leur dit que la République sanctionnera ces droits. Sous la monarchie, ils se rangent dans le grand parti républicain et combattent avec lui le combat du Progrès et de la Régénération. Mais lorsque vient la République, ils s'en éloignent, ne se trouvant pas satisfaits, et se mettent à la remorque des extravagants qui leur promettent plus qu'il n'est possible de tenir. Ils sont honnêtes, mais dupes.

L'Empire avait su à la fois retenir cette masse prête à s'élancer sur lui et la maintenir à l'état d'ébullition. C'est lui qui inventa les inconnus célèbres avec ses procès, ses complots, si savamment disposés. C'est lui qui créa ces libertés à double tranchant qui donnaient la parole aux extravagants, aux absurdes, à tous les grossiers imbéciles qui se croyaient républicains parce qu'ils attaquaient le gouvernement impérial, et bâillonnaient les honnêtes, les sincères, les intelligents, apportant à la tribune populaire des principes modérés appuyés sur une conviction profonde et sur un talent véritable.

La foule s'engoua des énergumènes qui flattaient ses passions et nous vîmes porter au pinacle les Gaillard, les Budaille, les Vallès, des impudents, des vendus, des talents dévoyés, enfin tous les fruits secs de l'échoppe, de l'atelier ou du cabinet que l'Empire se plaisait à poursuivre et que les Delesvaux du Palais se plaisaient à condamner.

Les vrais républicains, qui sentaient que l'heure n'était pas encore venue et qui la savaient proche, restaient dans l'ombre se préparant à la bataille: La foule s'occupait à peine d'eux, pensant qu'ils ne s'occupaient pas d'elle.

Il résulta de tout cela qu'au lendemain du 4 septembre se formait une sorte de municipalité, disons mieux de gouvernement parisien occulte composé de quelques meneurs convaincus, de quelques hommes de talent et de bonne foi et d'une majorité de fantoches creux, ex-condamnés des tribunaux de l'Empire, gens assoiffés de popularité, qui, fatigués de ne rien être, ont envie d'être quelque chose, fût-ce une cinquième roue à un carrosse.

Cette municipalité illégale et non reconnue s'intitulait : *Comité de vigilance* et se divisait en vingt comités d'arrondissement qui déléguaient chacun quatre de leurs membres aux vingt mairies de Paris (1).

Le Gouvernement provisoire commit la grande faute de laisser s'organiser ce comité ; — l'ayant laissé s'organiser, de lui permettre de fonctionner. Car c'est de ce comité de vigilance qu'est sorti, armé de pied en cap, le Comité central.

C'est ce comité de vigilance qui fit le 31 octobre (2) à la suite de Blanqui et ne réussit pas. C'est lui qui tenta l'échauffourée du 22 janvier et fit placarder *l'affiche rouge*.

Mais à cette époque l'armistice n'était pas encore conclu; on ne parlait pas encore de l'Assemblée nationale; on espérait encore, et chacun se disait : « Quand nous serons débarrassés des Prussiens, nous arrangerons nos petites affaires. » Et, en attendant, la garde nationale et l'armée se rangaient autour du Gouvernement de la Défense.

Réduit à l'impuissance, le comité attendit qu'un

---

(1) Voir l'*Annexe*.

(2) Il y eut, le 31 octobre, deux mouvements dans le même sens qu'il importerait de voir bien définir. Le premier avait un caractère presque légal, tandis que le second avait un caractère insurrectionnel et violent qui gâta tout, ameuta la réaction et compromit le résultat final de la journée.

événement favorable lui permit de mettre à exécution ses desseins, et, rentrant un instant dans l'obscurité, il se mit à ourdir sourdement sa trame.

III

La garde nationale de Paris peut être divisée en deux parties bien distinctes : l'une passive, l'autre active. La première, composée des boutiquiers, des bourgeois, hommes d'ordre, gens paisibles, qui ne demandent qu'à voir leur pays marcher tranquillement dans la voie du progrès et à faire en paix leurs affaires ; la seconde, composée des ardents, des esseulés, des déshérités de la vie, des fous et des niais, dont nous avons parlé dans le chapitre précédent.

Au 4 septembre, ces deux portions de la population parisienne, mues par un même sentiment de rage, se réunirent pour jeter bas l'Empire et les siens. La République établie, elles commencèrent à se séparer tout doucement.

Le 7 septembre, un décret parut au *Journal officiel* qui annonçait que les électeurs de Paris allaient être appelés à nommer un conseil municipal.

Après vingt ans de réclamations constantes, Paris allait enfin avoir un conseil municipal élu ! Ce fut une joie immense dans la population. Le décret de convocation ne parut point. Les élections étaient indéfiniment ajournées. De là, grande déception !...

Ce jour fut le signal de la séparation entre ceux que les gouvernements appellent les *bons* et les *mauvais* citoyens.

Un mot nouveau fut jeté en pâture à ces derniers par ceux qui avaient besoin de leur concours : LA COMMUNE !.. Mot qui effraya tout d'abord; mais avec lequel on arriva à se familiariser peu à peu à force de l'entendre répéter. Pour la plupart, cela voulait dire : le

Conseil municipal de Paris; pour un certain nombre, cela ne voulait rien dire, cela leur semblait être un complément indispensable du mot République, c'était un perfectionnement, cela leur plaisait; pour le petit groupe des inspirateurs le mot *Commune* avait un sens tout différent qui se proportionnait au désir, à l'ambition de chacun d'eux.

Ce sont les « mauvais » citoyens qui, le 31 octobre, criaient « Vive la Commune! » mais ce jour-là les « bons » citoyens criaient « Vive le Conseil municipal! » Tant que dura le siége on ne cessa de répéter que Commune et Conseil municipal étaient une seule et même chose. « Bons » et « mauvais » citoyens finirent par en demeurer convaincus; et, lorsque l'occasion s'en présenta, crièrent indifféremment : « Vive la Commune! » et « Vive le Conseil municipal! »

La conclusion de l'armistice porta un coup terrible à cette population maladive, fatiguée, énervée par cinq mois de siége. Les plus célèbres médecins sont d'accord sur ce point que la séquestration prolongée engendre la folie. Lorsque les portes de Paris se rouvrirent, la population était minée par une sorte de fièvre intense qu'une forte secousse pouvait seule guérir si l'on ne prenait avec elle les plus grands ménagements. Quiconque n'a pas vu Paris au jour de la capitulation ne peut se figurer jusqu'où peut aller la douleur révoltée d'un peuple qui cède à ses vainqueurs et ne s'avoue pas vaincu.

Jusqu'à la dernière seconde, Paris crut, espéra. Buzenval l'avait désolé, mais non découragé. Il voulait se battre, se battre encore, se battre toujours. Il s'était dit : « J'irai jusqu'à la dernière cartouche; j'irai jusqu'au dernier morceau de pain! » Il avait encore de la poudre et il ne voulait pas croire que le pain manquât. « Si nous en avons encore pour un jour, eh bien! employons ce jour à tenter le suprême effort!... » Tel fut le cri qui éclata, comme un sanglot, de toutes les poitrines gonflées de rage, de douleur et d'amour pour la patrie.

Ah! lorsqu'on se reporte vers ces jours de dévouements stoïques qui nous avaient tous transfigurés, on ne peut s'empêcher de s'incliner plein d'admiration devant ce peuple de héros qui, voyant qu'il ne pouvait plus attendre et certain qu'on ne pouvait le vaincre, tendait les mains vers ses chefs et lui demandait de le mener à la bataille. Moi, je me tais devant cette explosion de douleur, devant cette folie sublime d'un grand peuple qui, sentant la défaite approcher, préfère combattre et mourir!...

IV

Les élections vinrent tirer Paris de la torpeur où l'avait plongée la douleur et rouvrir sa blessure encore saignante.

On avait eu une telle foi dans le succès final, qu'on dédaignait, qu'on méprisait presque ceux qui, mieux renseignés, plus compétents ou moins patriotes, semblaient n'avoir jamais cru à la possibilité d'une victoire décisive.

Aussi l'immense popularité qui portait au Pouvoir, le 4 septembre, les députés de la gauche et le général Trochu, se changea-t-elle, du 28 janvier au 8 février, en une impopularité qui ressemblait presque à de la haine. On leur en voulait de toute la profondeur des espérances déçues, des illusions envolées.

M. Jules Favre seul fut élu représentant de la Seine; les autres membres du Gouvernement de la Défense n'arrivèrent à l'Assemblée que comme députés de province.

Ce fut là un indice des plus graves de la situation d'esprit dans laquelle se trouvait la capitale, et ceux qui gouvernaient à cette époque, absorbés sans doute par des questions d'une plus grande importance, ne s'en inquiétèrent pas suffisamment.

Trahi par l'Empire, déçu par le Gouvernement de la Défense, confondant l'insuccès et l'incapacité avec la trahison, le peuple parisien avait vu tomber un à un tous ses espoirs, choir toutes ses idoles. Il se prit de colère contre le Gouvernement, — par cela seul qu'il était gouvernement et qu'il pouvait encore le tromper, et il se promit de n'être plus dupe.

L'esprit de l'Assemblée était peu propre à faire revenir Paris de ses erreurs. La réaction y dominait ouvertement et chacun secoua la tête d'un air de doute, quand on vit M. Thiers monter à la tribune et dire qu'il voulait conserver la République. Sans soupçonner la parole du chef du pouvoir exécutif, on pensait qu'il suffisait d'un instant de mauvaise humeur, d'un tour de scrutin à la majorité pour mettre un roi quelconque à la place de M. Thiers.

Un peu de sagesse, un peu d'habileté aurait suffi à l'Assemblée pour rallier les amis de la légalité, ceux-là que les révolutions effrayent et qui cependant quelquefois les laissent faire parce qu'ils sont arrivés à une désaffection complète du Gouvernement qui existe, et à une indifférence absolue des intérêts du Gouvernement avec lequel ils ne sont plus en communion d'idées.

Que fit l'Assemblée ? — Elle haïssait Paris, parce que Paris est le progrès et qu'elle est la réaction ; parce qu'il veut la République et qu'elle veut, elle, coûte que coûte, la Monarchie. Paris républicain, par sa résistance de cinq mois, par ses souffrances, par son héroïsme, venait de conquérir l'admiration du monde et cette admiration se répandait en estime sur le reste de la France. Cela ne fit qu'exciter la jalousie des muets de la majorité qui cherchèrent avec une mesquine petitesse, toutes les occasions de blesser la population qu'elle regardait comme une ennemie politique.

Paris avait envoyé à la Chambre Garibaldi, Hugo et Gambetta, la personnification vivante de cette foi tenace qui ne s'était pas démentie une seconde pendant le siége, l'homme sur qui la grande Cité avait reporté toutes ses affections trahies.

Le vaillant patriote italien, qui venait de mettre son épée au service de la République française, était hué. Le poëte des *Châtiments*, qu'on aurait cru protégé par la gloire de son grand nom, se vit bientôt forcé de donner sa démission. Pour Gambetta, ce fut une attaque de tous les instants; on n'avait pas assez de reproches à lui faire, d'injures à lui adresser. On se plut à le frapper dans son œuvre en annulant la plupart des décrets de la délégation de Bordeaux. On eût dit que ces gens-là se figuraient qu'ils auraient renversé la République, le jour où ils auraient renversé son courageux porte-drapeau.

V

La population de Paris se sentait chaque jour plus blessée de la conduite de l'Assemblée à son égard; elle voyait avec crainte ses attaques répétées et à peine dissimulées contre la République; elle se demandait, si, après avoir conquis par vingt ans d'Empire et cinq mois d'angoisses ses libertés, elle allait se les voir refusées encore une fois; si on allait, par une dernière tromperie, la replonger dans une monarchie quelconque et l'exposer à voir repasser sur elle le flot dévastateur des révolutions.

Depuis le 24 février, des bataillons armés allaient porter des couronnes d'immortelles à la colonne de Juillet. Là, tantôt l'un, tantôt l'autre, plus souvent toujours les mêmes, grimpant par une échelle, sur le soubassement du monument, prononçaient un discours que la foule accueillait aux cris répétés de : « Vive la République universelle! » Puis, on s'en retournait en passant par la place de la Concorde, où l'on s'arrêtait pour déposer pieusement quelques fleurs aux pieds de la statue de Strasbourg.

Ces manifestations, la plupart du temps calmes et recueillies, entretenaient l'ardeur guerrière que le siége avait développée dans la population.

Un jour, le 27 février, les journaux de l'après-midi, sur des renseignements plus ou moins certains, publièrent cette nouvelle imprudente : « Les Prussiens » doivent entrer ce soir à minuit. »

Un frisson de colère passa sur cette masse chauffée à blanc depuis le commencement de la guerre. Instinctivement les doigts se crispèrent au canon des fusils.

Il y eut ce soir-là un mouvement magnifique dans la ville, que traversa d'un bout à l'autre comme un cri de défi à l'ennemi assez audacieux pour s'approcher des murs qui l'avaient arrêté si longtemps et dont la famine avait seule put lui ouvrir les portes.

Il faisait nuit. On entendait le tocsin sonner vaguement à tous les clochers, le rappel battre de tous les côtés, des feux s'allumer dans toutes les rues. Sans chefs, sans ordres, les bataillons se réunirent, s'organisèrent rapidement ; et, muets, sombres, décidés à mourir, sac au dos, le fusil sur l'épaule, la cartouchière remplie, on les vit défiler un à un, dans l'obscurité, marchant vers les remparts.

Ce n'était plus de la réalité, c'était du rêve ; c'était comme la dernière convulsion de la patrie agonisante.

Nul ne peut dire, — c'est effroyable à penser ! — ce qui se fût passé cette nuit-là si les Prussiens étaient entrés. Il n'en fut rien heureusement.

Mais, sur le chemin, place Wagram, en dehors de

la zone qui devait être occupée par les soldats de Guillaume, les gardes nationaux remarquèrent que des canons étaient demeurés dans le parc d'artillerie.

Une idée, fausse mais simple, germa dans l'esprit de tous ces hommes à la fois, — peut-être leur fut-elle inspirée : — Si les Prussiens entraient, ces canons, que nous avons payés, se trouveraient à leur portée, et ils s'en empareraient. Sauvons-les, puisque le Gouvernement ne s'en préoccupe pas.

Et, en un clin d'œil, aidés par des femmes, des enfants du quartier, les gardes nationaux s'attellent aux canons et les traînent, ceux-ci place des Vosges, ceux-là boulevard Ornano, les autres aux buttes Montmartre ou aux buttes Chaumont, et y installent des postes permanents.

Dès ce jour, on « prit plaisir à jouer au soldat, » avec d'autant plus de persistance que cela semblait gêner le Gouvernement et agacer l'Assemblée.

VI

Les Prussiens ne firent leur entrée que le 1er mars.
La veille une affiche avait été posée sur les murs qui recommandait à toute la garde nationale de se montrer calme et digne devant l'ennemi victorieux, et de ne pas tenter une résistance impossible. Cette affiche était signée par les membres d'un Comité qui s'intitulait : *Comité central de la Garde nationale*, et n'était autre chose qu'une transformation du Comité de vigilance dont nous avons parlé précédemment.

Depuis l'armistice, profitant de la confusion du moment, le Comité s'organisait puissamment, se ramifiant dans tous les quartiers de Paris, se fondant avec divers petits comités et finissant par entraîner avec lui un autre grand Comité d'une organisation presque semblable à la sienne et sortie de la même souche, *le*

Comité Fédéral Républicain ; il mettait en liberté, dans la nuit du 27 février, Brunel et Piazza, enfermés à Sainte-Pélagie depuis le 27 janvier ; publiait l'affiche à la garde nationale la veille de l'entrée des troupes prussiennes ; s'emparait des canons ramenés de la place Wagram, dans cette même nuit du 27 février ; prenait la résolution suivante : « La garde nationale, par l'organe de son Comité central, proteste contre toute tentative de désarmement et déclare qu'elle y résistera au besoin par les armes ; » et dans une réunion tenue le 3 mars adoptait les statuts suivants :

FÉDÉRATION RÉPUBLICAINE DE LA GARDE NATIONALE

STATUTS

Déclaration préalable

La République est le seul gouvernement possible. Elle ne peut être mise en discussion.

La garde nationale a le droit absolu de nommer tous ses chefs et de les révoquer dès qu'ils ont perdu la confiance de ceux qui les ont élus ; toutefois, après enquête préalable, destinée à sauvegarder les droits de la justice.

Art. 1ᵉʳ. — La Fédération républicaine de la garde nationale est organisée ainsi qu'il suit :

1º L'Assemblée générale des délégués ;
2º Le Cercle de bataillon ;
3º Le Conseil de guerre ;
4º Le Comité central.

Art. 2. — L'Assemblée générale est formée :

1º D'un délégué élu à cet effet dans chaque compagnie sans distinction de grade ;

2º D'un officier par bataillon élu par le corps des officiers;

3º Du chef de chaque bataillon.

Ces délégués, quels qu'ils soient, sont toujours révocables par ceux qui les ont nommés.

Art. 3. — Le Cercle de bataillon est formé :

1º De trois délégués par compagnie élus sans distinction de grade ;

2º De l'officier délégué à l'Assemblée générale ;

3º Du chef de bataillon.

Art. 4. — Le Conseil de légion est formé :

1º De deux délégués par cercle de bataillon élus sans distinction de grade ;

2º Des chefs de bataillon de l'arrondissement.

Art. 5. — Le Comité central est formé :

1º De deux délégués par arrondissement élus sans distinction de grade par le Conseil de légion.

2º D'un chef de bataillon par légion, élu par ses collègues.

Art. 6. — Les délégués aux Cercles de bataillon, Conseils de légion et Comité central sont les défenseurs naturels de tous les intérêts de la garde nationale. Ils devront veiller au maintien de l'armement de tous les corps spéciaux et autres de ladite garde et prévenir toute tentative qui aurait pour but le renversement de la République.

Ils ont également pour mission d'élaborer un projet de réorganisation complète des forces nationales.

Art. 7. — Les réunions de l'assemblée générale auront lieu les premiers dimanches du mois, sauf l'urgence.

Les diverses fractions constituées de la Fédération

fixeront par un règlement intérieur les modes, lieux et heures de leurs délibérations.

Art. 8. — Pour subvenir aux frais généraux d'administration, de publicité et autres du Comité central, il sera établi dans chaque compagnie une cotisation qui devra produire au minimum un versement mensuel de cinq francs, lequel sera effectué du 1er au 5 du mois, entre les mains du trésorier, par les soins des délégués.

Art. 9. — Il sera délivré à chaque délégué, membre de l'assemblée générale, une carte personnelle qui lui servira d'entrée à ses réunions.

Art. 10. — Tous les gardes nationaux sont solidaires, et les délégués de la Fédération sont placés sous la sauvegarde immédiate et directe de la garde nationale tout entière.

Séance tenante, le citoyen Boursier proposa de mettre à l'étude des différents *cercles* cette motion : « *Dans le cas où, comme certains bruits tendent à le faire croire, le siège du Gouvernement viendrait à être transporté ailleurs qu'à Paris, la ville de Paris devrait se constituer immédiatement en République indépendante.* »

C'était donc bien une révolution qui se préparait.

Que va faire l'autorité militaire ? — Rien. Elle laissera prendre ses canons, piller ses magasins de fusils et de munitions. Elle verra sans s'émouvoir des barricades s'élever dans les quartiers excentriques, des fossés se creuser autour des parcs d'artillerie. Elle ne s'inquiétera pas outre mesure de ce Comité formidable qui s'organise ouvertement, si ouvertement que le 4 mars il faisait placarder sur tous les murs de Paris cette affiche :

RÉPUBLIQUE FRANÇAISE

LIBERTÉ — ÉGALITÉ — FRATERNITÉ

Comité central de la garde nationale.

Le Comité central de la garde nationale, nommé dans une assemblée générale de délégués représentant plus de 200 bataillons, a pour mission de constituer la Fédération républicaine de la garde nationale, afin qu'elle soit organisée de manière à protéger le pays mieux que n'ont pu le faire jusqu'alors les armées permanentes, et à défendre, par tous les moyens possibles, la République menacée.

Le Comité central n'est pas un comité anonyme, il est la réunion de mandataires d'hommes libres qui connaissent leurs devoirs, affirment leurs droits et veulent fonder la solidarité entre tous les membres de la garde nationale.

Il proteste donc contre toutes les imputations qui tendraient à dénaturer l'expression de son programme pour en entraver l'exécution. Ses actes ont toujours été signés; ils n'ont eu qu'un mobile, la défense de Paris. Il repousse avec mépris les calomnies tendant à l'accuser d'excitation au pillage d'armes et de munitions, et à la guerre civile.

L'expiration de l'armistice, sur la prolongation duquel le *Journal officiel* du 26 février était resté muet, avait excité l'émotion légitime de Paris tout entier. La reprise des hostilités c'était en effet l'invasion, l'occupation et toutes les calamités que subissent les villes ennemies.

Aussi la fièvre patriotique qui, en une nuit, souleva et mit en armes toute la garde nationale ne fut pas l'influence d'une commission provisoire nommée pour l'élaboration des statuts : c'était l'expression réelle de l'émotion ressentie par la population.

Quand la convention relative à l'occupation fut officiellement connue, le Comité central, par une déclaration affichée dans Paris, engagea les citoyens à assurer, par leur concours énergique, la stricte exécution de cette convention.

A la garde nationale revenaient le droit et le devoir de protéger, de défendre ses foyers menacés. Levée tout entière spontanément, elle seule, par son attitude, a su faire de l'occupation prussienne une humiliation pour le vainqueur.

Vive la République !

ARNOLD. — Jules BERGERET. — BOUIT. — CASTIONI. — CHAUVIÈRE. — CHOUTEAU. — COURTY. — DUTIL. — FLEURY. — FRONTIER. — GASTEAU. — Henry FORTUNÉ. — LACCORD. — LAGARDE. — LAVALETTE. — MALJOURNAL. — MATTÉ. — MUTTIN. — OSTYN. — PICONEL. — PINDY. — PRUDHOMME. — VARLIN. — Henry VERLET. — VIARD.

L'autorité civile au contraire s'était émue, ainsi que nous le prouvent ces deux dépêches adressées coup sur coup de Paris à Bordeaux (1) :

Hôtel de Ville, 5 mars 1871, 6 h. 30 soir.

Jules Ferry à chef pouvoir exécutif.

La cité est extrêmement calme, le péril passé, je n'ai plus de raison de rester ici ayant des devoirs à Bordeaux; cette situation intérimaire est fausse et ingrate,

(1) Ces dépêches ont été publiées par le *Journal officiel* du Comité central. (Voir l'*Annexe*.)

je crois que vous ne devez pas me demander de la prolonger ; donnez-moi un successeur, vous savez qui je vous conseille, et vous ne trouverez pas mieux. Au fond de la situation ici, grande lassitude, besoin de reprendre vie normale, mais pas d'ordre durable à Paris sans Gouvernement et Assemblée.

Jules FERRY.

Paris, 5 mars 1871, 6 h. 32 soir.

Jules Ferry à Jules Simon, ministre de l'intérieur, Bordeaux.

Jamais dimanche plus calme malgré des rapports sinistres. La population jouit du soleil et de la promenade comme si rien ne s'était passé. Le Comité central de la garde nationale continue à agir, mais il serait fort simple d'y couper court. D'Aurelles est arrivé. C'est un grand point. Je ne crois plus au péril.

Le danger est dans l'abolition générale de toute autorité, mais l'Assemblée rentrant dans Paris peut seule rétablir l'ordre, par suite le travail dont Paris a tant besoin, sans cela rien de possible. Revenez vite. Je télégraphie directement à M. Thiers. Insistez sur Say, Jules Favre va bien.

Jules FERRY.

Sur ces entrefaites, le général d'Aurelles de Paladine, nommé général commandant en chef des gardes nationales de la Seine, arriva à Paris. On avait cru bien faire sans doute en le désignant pour remplir ces fonctions dans la crise qu'on traversait; mais enfin on s'était trompé.

Paris n'est pas une ville ordinaire dont on peut impunément froisser les sentiments ; et, de plus, Paris était, nous le répétons, dans une situation maladive qui exigeait de grands ménagements.

Or, on crut voir, à Paris, dans le choix du général d'Aurelles, une intention blessante de l'Assemblée à l'adresse de Gambetta et, avant que d'être arrivé, l'ex-commandant en chef de l'armée de la Loire était déjà aussi impopulaire que le général Vinoy, dont les journaux radicaux racontaient à cette époque les exploits dans le Var en décembre 1851.

VII

L'Assemblée pouvait, par une hardiesse à la hauteur des circonstances, sauver la situation. Elle n'eut que le courage de sa pusillanimité. Elle ne fut hardie que pour la réaction.

Deux choses préoccupaient au plus haut point la population parisienne : les loyers et les échéances. Une solution prompte était indispensable. L'Assemblée ajourna la première question et vota sur la seconde une loi qui, si elle eût été appliquée, aurait ruiné un nombre considérable de commerçants. D'un bout à l'autre de l'échelle politique, cette loi désastreuse fut universellement blâmée.

La presse radicale, qui encourageait les efforts du Comité central, sans se rendre bien compte de ses intentions, exploita habilement cette nouvelle faute de l'Assemblée, l'accompagnant des nouvelles les plus graves : le désarmement de la garde nationale et la suppression immédiate de la solde.

La presse modérée avait beau répéter que ces mesures imprudentes ne seraient pas prises. On savait que l'Assemblée était capable de commettre toutes les imprudences, et on se tenait sur ses gardes.

Le Comité profitait des fautes de Bordeaux et surexcitait, par tous les moyens, l'émotion populaire qui devait être poussée à bout par une dernière et suprême inconséquence.

M. Jules Ferry, dans les dépêches que nous avons publiées plus haut, avait dit au gouvernement : « L'Assemblée, rentrant dans Paris, peut seule rétablir l'ordre. » Et plus loin : « Pas d'ordre durable à Paris sans Gouvernement et sans Assemblée. »

L'Assemblée, persévérant dans son système d'aveuglement et de réaction à outrance, malgré les avis réitérés du maire de Paris; malgré les réclamations des municipalités parisiennes alarmées de l'effet que produirait sur la population le refus de venir siéger dans la capitale ; malgré les protestations des journaux et les supplications de la partie « honnête et sensée » de la garde nationale, l'Assemblée s'entêtait à vouloir *décapitaliser* Paris.

Le 10 mars, M. Louis Blanc montait à la tribune et prononçait, au milieu des réclamations de la majorité et des applaudissements de la gauche, un admirable discours dont nous extrayons ces paroles mémorables et prophétiques :

M. Louis Blanc. — O mes concitoyens, songez-y, ne touchez pas, je vous en conjure, à l'Unité nationale (*oh! oh!*), ne mettez pas en suspicion ce Paris que le comte de Chambord lui-même appelait *la bonne ville de Paris*, la cité de ses ancêtres. (*Très-bien ! à gauche.*)

Ne touchez pas à une ville qui est véritablement la ville sacrée. Croire que ce puissant Paris baisserait la tête; croire qu'il resterait sans un battement de cœur sous le coup de l'indignité politique dont il serait frappé, c'est une erreur tellement funeste, tellement féconde en conséquences désastreuses, que je frémis rien que d'y penser... (*Sensation.*) Oter à Paris son rang de capitale! mais ce serait réunir tous les habitants de Paris, grands et petits, bourgeois et ouvriers, riches et pauvres, dans un même sentiment de colère formidable. Mais ce serait... ne riez pas, ce que je dis n'est pas risible.

Ce que je dis n'est malheureusement que trop tragique ! (*Très-bien! sur plusieurs bancs.*) Mais ce serait souffler à Lyon, à Marseille, à Bordeaux, à mainte autre ville importante, la plus dangereuse des tentations ! Ce serait y enflammer des jalousies locales qui, cette fois, ne paraîtraient que trop légitimes ! Ce serait pousser Paris à se donner un gouvernement à lui, gouvernement contre lequel l'Assemblée, siégeant ailleurs, ne pourrait rien, ou ne pourrait quelque chose qu'au risque des plus cruels déchirements, c'est-à-dire, en ameutant la province. (*Mouvements divers.*) Ce serait achever, par des mains françaises, le démembrement de notre France, bien que des mains ennemies aient commencé à faire sortir peut-être des cendres de l'horrible guerre étrangère qui finit à peine une guerre civile plus horrible encore !... (*Vive approbation sur un grand nombre de bancs.*)

On eût dit que l'orateur déchirait le voile qui couvrait l'avenir et montrait du doigt Paris bouleversé par la guerre civile, rouge du sang des combattants et de la flamme des incendies.

Un frémissement parcourut la salle. Mais la haine des partis fut plus forte que le patriotisme et l'Assemblée, par 427 voix contre 154, vota contre le retour à Paris.

Sans M. Thiers, qui déclara vouloir aller à Versailles, elle se serait sauvée à Orléans ou à Fontainebleau.

VIII

Nous avons omis volontairement de parler de l'immixtion des maires de Paris dans la question des canons qui cependant les préoccupa vivement.

Réunis une première fois chez le général d'Aurelles de Paladine et chez M. Picard, ils émirent l'avis que le Gouvernement devait affirmer nettement la République, afin d'enlever tout prétexte aux meneurs de la garde nationale et qu'on arriverait à se faire rendre les canons à l'amiable.

Les dépêches, ainsi que nous l'avons vu, s'échangeaient fréquentes et confuses entre Paris et Bordeaux, inquiétant la province (1). Une de ces dépêches, venue de Paris, annonçait que l'agitation devenait de plus en plus vive et que, si l'on ne prenait des mesures, les plus graves complications étaient à redouter.

Sur les instances de M. Jules Favre, MM. Pothuau, ministre de la marine et représentant de la Seine, son aide de camp, Tirard, maire du 2ᵉ arrondissement, Arnaud (de l'Ariége), maire du 7ᵉ, Clémenceau, maire du 18ᵉ, tous trois représentants de la Seine, quittèrent Bordeaux en train spécial et arrivèrent à Paris le 5 mars dans la soirée. Le calme relatif dont jouissait la capitale les étonna profondément.

Le lendemain les maires et adjoints de Paris furent convoqués au ministère de l'Intérieur. M. Tirard exprima au ministre l'étonnement que ses collègues et lui avaient éprouvé, en arrivant, à la vue de la tranquillité des rues, qu'ils avaient crues, au reçu de la dépêche, encombrées de barricades et d'hommes armés.

— Cette tranquillité n'est qu'apparente, répondit M. Picard. Il se passe ici des choses excessivement graves. Il devient urgent d'agir. Vous comprenez, — dit-il en se retournant vers M. Clémenceau, qui protestait, — que nous ne pouvons pas laisser plus longtemps ces canons se promener ainsi tout seuls par les rues.

(1) Voir à l'*Annexe* la dépêche du préfet d'Ille-et-Vilaine.

— Pour moi, dit M. Clémenceau, ce n'est pas aussi grave que veut bien le croire M. le ministre. Les gardes nationaux sont lassés du métier qu'on leur fait faire, ils ne demandent pas mieux que de rendre les canons, à de certaines conditions. J'ai été hier visiter les buttes Montmartre; la garde des canons était peu nombreuse et surtout peu enthousiaste. Elle en a assez. Je suis convaincu que si le Gouvernement consentait à créer un parc d'artillerie, sous le commandement de Schœlcher, par exemple, où les bataillons de tous les quartiers viendraient tour à tour ou deux par deux monter la garde, les canons seraient aussitôt livrés par ceux qui les détiennent aujourd'hui. Seulement je crois qu'il serait dangereux de brusquer l'affaire. Ces gens-là sont défiants, on leur a fourré un tas d'idées fausses dans la tête; on leur a laissé croire, à tort ou raison, je n'en sais rien, que le Gouvernement avait l'intention de leur retirer leur solde et leurs armes, et ils sont décidés à résister sur ces deux points. Agissez donc avec prudence et vous arriverez à un bon résultat.

La grande majorité des maires se rangea à l'avis de M. Clémenceau.

M. Vautrain, maire du 4ᵉ arrondissement, prit alors la parole et déclara que pour lui le danger n'était pas seulement dans les canons, qu'il était bien plutôt dans ce Comité central qui se dressait dans l'ombre et dont on sentait la main puissante peser sur la garde nationale tout entière.

— M. Clémenceau, conclut-il, vous conseille la prudence; je vous conseillerai, moi, l'énergie. Il faut prendre le taureau par les cornes quand on veut le dompter. Si vous voulez enrayer le mouvement qui se prépare, commencez par arrêter les chefs du Comité qui se pose en face de vous en pouvoir occulte et qui vous tient en échec.

— Ils jouent leurs têtes, répondit M. Picard.

Et il fut décidé qu'on essayerait de reprendre les canons à l'amiable, soit pour les ramener à leurs mairies respectives, soit pour les conduire à un parc général.

Immédiatement, M. Clémenceau alla trouver les membres du Comité central et il fut convenu entre eux que les canons seraient rendus aux maires qui les réclamaient au nom des bataillons souscripteurs.

La lettre suivante, adressée aux journaux par les délégués du 61º bataillon, et la lettre que M. Henri Martin envoya au *Siècle* prouvent surabondamment les dispositions dans lesquelles se trouvaient les gardiens des canons de Montmartre :

« Contre les attaques encore plus ridicules qu'odieuses d'une certaine presse, nous n'avions à opposer que le silence et le mépris ; mais aujourd'hui que ces ignobles calomnies tendent à se perpétuer, et que certains bataillons de la garde nationale seraient disposés à supposer que nous voulons garder les pièces d'artillerie qui leur appartiennent, nous croyons nécessaire de rappeler que les canons n'ont été placés sur les buttes Montmartre que pour les soustraire aux Prussiens d'abord, et ensuite pour ne pas les laisser à l'abandon.

» Le 61º bataillon, certain d'être en cela l'interprète des sentiments de toute la garde nationale du 18º arrondissement, offre de rendre, sans exception, les canons et les mitrailleuses à leurs véritables possesseurs, sur leur réclamation.

» Il émet le vœu que les divers bataillons composant la garde nationale de Paris exercent la pression nécessaire pour qu'on en revienne à l'exécution de la loi de 1832, en ce qui concerne l'artillerie de la garde nationale.

» Pour les délégués de la commission du 61º bataillon,

» VERSEPUY. — Aug. FALLET. »

« Mon cher ami,

» En rentrant pour un moment à Paris, je vois ce matin dans le *Siècle* une allusion à un fait qui concerne la garde nationale du 16e arrondissement. Voici ce qu'on me raconte à ce sujet :

» Lorsque nos deux bataillons, le 38e et le 72e, apprirent que nos quartiers de Passy, d'Auteuil et de Chaillot allaient être occupés par l'ennemi, on peut juger de ce qu'éprouvèrent ces braves gens, qui avaient gardé, pendant quatre mois et plus, notre 6e secteur comme une citadelle inexpugnable, et qui étaient sortis tant de fois pour prendre une part si glorieuse, mais sanglante, aux combats de l'extérieur.

» Sentir les veuves de nos héroïques morts condamnées à voir les meurtriers de leurs maris pénétrer dans nos rues, dans nos maisons en deuil; être obligés, eux, les survivants des combats où étaient tombés leurs compagnons d'armes, à rendre les fusils qu'on prétendait leur enlever pour éviter le péril d'une lutte dernière!

» Quelle indignation! quelle épreuve!

» Ils résolurent de ne rendre leurs armes à aucun prix. Sans tumulte, sans désordre, ils décidèrent d'aller déposer leurs fusils dans l'intérieur de Paris, où l'ennemi n'irait pas les prendre, de les y laisser sous la garde d'un détachement, puis de rentrer chez eux afin de partager le sort de leurs familles.

» Au moment de se mettre en marche, le lieutenant-colonel Lavigne, commandant le 38e, fut informé que les troupes de ligne achevaient d'évacuer le 6e secteur, laissant derrière elles, au Ranelagh, 40 pièces de canon, faute d'attelages pour les emmener.

» C'étaient ces canons si populaires dans le 16e arrondissement, qui avaient si longtemps tonné de nos bastions contre les batteries de Sèvres et de Saint-Cloud, et dont les artilleurs et les marins de notre brave et patriote amiral de Langle avaient fait un si bon usage.

» Le lieutenant-colonel Lavigne courut prévenir ses officiers et faire battre le rassemblement de son bataillon. Le commandant Le Bouteiller, du 72⁰, en fit autant pour le sien. Les chefs demandèrent à leurs hommes :

» — Laisserons-nous nos canons aux Prussiens ?

» Les deux bataillons répondirent en s'attelant aux quarante-neuf pièces, l'adjoint Chaudet et les deux commandants en tête, et ils les traînèrent dans Paris jusqu'au parc de Monceaux, où ils les gardèrent pendant les deux néfastes journées de l'occupation allemande.

» Le 3 mars, quand l'ennemi fut parti, nos gardes nationaux, conduits par l'adjoint Marmottan et le commandant Le Bouteiller, un des intrépides chefs du 72⁰ aux barricades prussiennes de Buzenval, reprirent les pièces et les ramenèrent dans le Ranelagh, aux acclamations de toute notre population, qui rompit alors par une explosion de patriotisme le sombre et digne silence qu'elle avait gardé en face de l'ennemi.

» Cette population si paisible en temps ordinaire, si énergique et si constante devant le danger et le malheur, ne se sera pas démentie un seul instant depuis le commencement du siège.

» C'est de notre Paris, du reste, qu'il en faut dire autant à ceux qui seraient encore tentés de le méconnaitre. C'est là que nous devons sentir, parmi les horreurs du présent, le gage de l'avenir.

» Tout à vous.

Henri MARTIN.

Lorsque M. Clémenceau se présenta au Comité central pour réclamer l'exécution de la convention intervenue entre eux, les membres du Comité lui firent lire le décret que venait de lancer le général Vinoy contre six journaux radicaux et lui demandèrent s'il se moquait du Comité ou si M. Vinoy se moquait d'eux tous.

Voici ce décret qui souleva l'indignation de Paris tout entier et contre lequel protestèrent les journaux de toutes les opinions.

Le général en chef de l'armée de Paris, exerçant pendant l'état de siége, en vertu des articles 7 et 9 de la loi des 9-11 août 1849, les pouvoirs nécessaires au maintien de l'ordre et de la police ;

Sur l'avis du conseil du Gouvernement ;

Attendu qu'il n'y a pas de Gouvernement libre possible lorsque chaque jour, impunément, des feuilles publiques répandues à profusion prêchent la sédition et la désobéissance aux lois ;

Que la République ne peut être fondée que par le respect des droits de tous, l'ordre et le travail ;

Que l'ordre et le travail ne peuvent être rétablis tant que de pareilles publications seront tolérées ;

Que les journaux ci-dessous désignés ne cessent de provoquer directement à l'insurrection et au pillage ;

Qu'il est du devoir du Gouvernement, dans les circonstances exceptionnelles où se trouve la France, d'user des droits que lui donne l'état de siége ;

Arrête :

Article premier. — La publication des journaux le *Vengeur*, le *Cri du Peuple*, le *Mot d'Ordre*, le *Père Duchêne*, la *Caricature*, la *Bouche de fer*, est et demeure suspendue.

Art. 2. — La publication de tous nouveaux journaux

et écrits périodiques traitant de matière politique ou d'économie sociale, est interdite jusqu'à la levée de l'état de siége par l'Assemblée nationale.

Art. 3. — Le préfet de police est chargé de l'exécution du présent arrêté.

Le général en chef de l'armée de Paris,
Signé : VINOY.

Et toutes négociations furent rompues. M. Clémenceau, découragé, n'essaya plus rien. C'est donc, on le voit, bien mal à propos que M. le ministre de la marine s'écriait à la tribune le 21 mars :

« D'abord il est impossible d'avoir poussé la modération plus loin... (Oui ! oui ! c'est vrai !) on a essayé de tous les moyens possibles pour arriver à se faire rendre tous les canons de l'insurrection de Montmartre et de Belleville. Les maires de Paris, dont je ne conteste pas la bonne volonté, mais dont je conteste l'influence et la puissance (Approbation), avaient promis que ces canons seraient rendus et ils ne l'ont pas été. »

Si les maires n'ont pas tenu ce qu'ils avaient promis, c'est que l'autorité militaire leur avait rendu la tâche impossible (1).

Mais la réaction (2) que la garde nationale de Paris gênait dans ses desseins poussait de toutes ses forces le gouvernement à agir énergiquement contre les *Bellevillois* qui troublaient son repos. Le *Figaro*, et les journaux de son espèce, travaillaient à envenimer l'affaire

---

(1) Voir l'*Annexe*.

(2) Nous nous servons de ce mot pour désigner l'esprit qui régnait à cette époque par toute la France et dont l'influence se fait parfaitement sentir dans la proclamation du préfet de l'Ille-et-Vilaine que nous publions en *Annexe*.

chaque jour davantage. La majorité monarchique de l'Assemblée reprochait amèrement à M. Thiers son manque d'énergie, sans se préoccuper des fautes si nombreuses qu'elle avait commises et qu'elle commettait tous les jours, rendant par cela même la question de plus en plus insoluble.

Tant et si bien que le 17 mars dans la soirée le conseil des ministres qui fut tenu à Paris, sous la présidence du chef du pouvoir exécutif, décida que le lendemain à l'aube les canons seraient enlevés de vive force.

L'affiche suivante fut rédigée et signée par tous les ministres présents :

RÉPUBLIQUE FRANÇAISE

Habitants de Paris !

Nous nous adressons encore à vous, à votre raison et à votre patriotisme, et nous espérons que nous serons écoutés.

Votre grande Cité, qui ne peut vivre que par l'ordre, est profondément troublée dans quelques quartiers, et le trouble de ces quartiers, sans se propager dans les autres, suffit cependant pour y empêcher le retour du travail et de l'aisance.

Depuis quelque temps, des hommes malintentionnés, sous prétexte de résister aux Prussiens, qui ne sont plus dans vos murs, se sont constitués les maîtres d'une partie de la ville, y ont élevé des retranchements, y montent la garde, vous forcent à la monter avec eux, par ordre d'un comité occulte qui prétend commander seul à une partie de la garde nationale, méconnaît ainsi l'autorité du général d'Aurelles, si digne d'être à votre tête, et veut former un gouvernement en opposition au Gouvernement légal, institué par le suffrage universel.

Ces hommes qui vous ont déjà causé tant de mal, que vous avez dispersés vous-mêmes au 31 octobre, affichent la prétention de vous défendre contre les Prussiens, qui n'ont fait que paraître dans vos murs, et dont ces désordres retardent le départ définitif; braquent des canons qui, s'ils faisaient feu, ne foudroieraient que vos maisons, vos enfants et vous-mêmes; enfin, compromettent la République au lieu de la défendre, car, s'il s'établissait dans l'opinion de la France que la République est la compagne nécessaire du désordre, la République serait perdue. Ne les croyez pas et écoutez la vérité que nous vous disons en toute sincérité.

Le Gouvernement, institué par la nation tout entière, aurait déjà pu prendre ces canons dérobés à l'État et qui, en ce moment, ne menacent que vous; enlever ces retranchements ridicules qui n'arrêtent que le commerce, et mettre sous la main de la justice les criminels qui ne craindraient pas de faire succéder la guerre civile à la guerre étrangère; mais il a voulu donner aux hommes trompés, le temps de se séparer de ceux qui les trompent.

Cependant le temps qu'on a accordé aux hommes de bonne foi pour se séparer des hommes de mauvaise foi, est pris sur votre repos, sur votre bien-être, sur le bien-être de la France tout entière. Il faut donc ne pas le prolonger indéfiniment.

Tant que dure cet état de choses, le commerce est arrêté, vos boutiques sont désertes; les commandes, qui viendraient de toutes parts, sont suspendues; vos bras sont oisifs, le crédit ne renaît pas; les capitaux, dont le Gouvernement a besoin pour délivrer le territoire de la présence de l'ennemi, hésitent à se présenter.

Dans votre intérêt même, dans celui de votre cité,

comme dans celui de la France, le Gouvernement est résolu à agir. Les coupables qui ont prétendu instituer un gouvernement à eux vont être livrés à la justice régulière. Les canons dérobés à l'État vont être rétablis dans les arsenaux, et, pour exécuter cet acte urgent de justice et de raison, le Gouvernement compte sur votre concours.

Que les bons citoyens se séparent des mauvais ; qu'ils aident à la force publique au lieu de lui résister. Ils hâteront ainsi le retour de l'aisance dans la cité et rendront service à la République elle-même, que le désordre ruinerait dans l'opinion de la France.

Parisiens, nous vous tenons ce langage parce que nous estimons votre bon sens, votre sagesse, votre patriotisme ; mais cet avertissement donné, vous nous approuverez de recourir à la force, car il faut, à tout prix et sans un jour de retard, que l'ordre, condition de votre bien-être, renaisse entier, immédiat, inaltérable.

> THIERS, président du conseil, chef du pouvoir exécutif de la République française. — DUFAURE, ministre de la justice. — E. PICARD, ministre de l'intérieur. — POUYER-QUERTIER, ministre des finances. — Jules FAVRE, ministre des affaires étrangères. — Général LE FLÔ, ministre de la guerre. — Amiral POTHUAU, ministre de la marine. — Jules SIMON, ministre de l'instruction publique. — DE LARCY, ministre des travaux publics. — LAMBRECHT, ministre du commerce.

Il y avait dans cette proclamation bien des phrases que la population, mal disposée, ne comprit pas, ou ne voulut pas comprendre, entre autres celle-ci « ... Un comité occulte qui veut former un gouvernement en opposition au Gouvernement légal. » On regarda cela comme une pure supposition des rédacteurs de l'affiche.

Était-il à supposer que les bons citoyens, gens paisibles, que l'Assemblée avait pris plaisir à mécontenter, se lèveraient comme un seul homme pour la défendre contre ce comité *imaginaire* qu'elle avait vu apparaître dans ses rêves effrayés ?

Quoi qu'on ait pu dire, la population de Paris ne croyait pas aux canons; elle en avait peut-être été épouvantée les premiers jours, mais cette épouvante s'était dissipée (1) et c'est avec justesse que le *Moniteur universel* du 17 mars disait :

> « Paris est devenu tout à fait calme. Rien ne vaut une heure de méditation silencieuse, pour remettre de l'ordre dans les esprits. Les sentinelles du parc d'artillerie de Montmartre, au nombre de quatre seulement, ne seront pas indéfiniment relevées. Ce matin déjà on a peine à les apercevoir. A Belleville, on a fini aussi par ne plus prendre d'autre attitude que celle d'un poste qui s'en ira où l'on voudra, dès que l'ordre lui en sera donné dans les formes. »

La réaction triomphait de la sage attente du Gouvernement. L'avis du général Vinoy, — répondant sur sa tête du succès de l'entreprise, — prévalait dans le conseil.

Qu'allait-il arriver ?

---

(1) Elle croyait encore moins à la puissance du Comité central qui effrayait si justement le Gouvernement et sur qui on eût dû mettre tout d'abord la main, avant de commencer l'attaque.

LA RÉSISTANCE

18 MARS

L'ATTAQUE

Le 18 mars, à cinq heures du matin, trois coups de canon, chargés à blanc, étaient tirés des buttes Chaumont. C'était, — on l'a su depuis, — le signal du Comité central qui prévenait ses adhérents que le Gouvernement avait commencé l'attaque. C'était la réponse à l'affiche.

Mais n'anticipons pas sur les événements.

Vers trois heures du matin, le plan du général Vinoy était mis à exécution. La butte Montmartre était cernée par un fort cordon de troupes. A quatre heures, un détachement du 88e de ligne, appuyé par une compagnie de gendarmes et un bataillon de chasseurs à pied, gravissait, sous les ordres du général Lecomte, les hauteurs de Montmartre et s'emparait des fameux canons, gardés par une cinquantaine d'hommes au plus, sans coup férir. Mais impossible de les enlever. Les attelages n'étaient pas arrivés.

Quelques coups de feu tirés par les gendarmes sur le poste de la rue des Rosiers, commencèrent à donner l'alarme au quartier. Une centaine de gardes nationaux s'avancent du côté des buttes par la rue Müller. Le général Lecomte ordonne à ses hommes de barrer le chemin à cette troupe et de faire feu sur elle dans le cas où elle voudrait forcer le passage. Les soldats hésitent. La garde nationale crie : « Vive la République ! Vive la ligne ! » Tout est perdu. Les soldats lèvent la crosse en l'air et *fraternisent* avec les arrivants. Le général Lecomte s'emporte contre ses hommes et, les voyant jeter leurs armes, ne peut s'empêcher de leur crier : « Vous n'êtes que des lâches ! » On le saisit, on le traîne au Château-Rouge, où on le laisse sous bonne garde. De là, bras dessus, bras dessous, chantant la *Marseillaise*, gardes nationaux et lignards descendent par le boulevard Ornano, au boulevard Rochechouart, à l'angle duquel est rangé le 88e de ligne.

Il est neuf heures !.....

Depuis trois heures du matin les troupes sont là, sous la pluie qui tombe fine et glaciale, l'arme au pied, le ventre creux, attendant les canons qui ne viennent toujours pas, faute d'attelages.

En voyant arriver leurs camarades au milieu des gardes nationaux, tous la crosse en l'air, les soldats du 88e crurent devoir les imiter et un immense cri de : Vive la garde nationale ! répondit aux cris de : Vive la ligne !

Ceux qui venaient de se saisir du général Lecomte s'emparèrent du colonel du 88e, — dont nous regrettons de ne pouvoir citer le nom, car il déploya en cette circonstance un grand courage, une noble fermeté (1), —

(1) A un citoyen qui, le voyant abandonné de ses hommes, entouré d'une bande de gardes nationaux, qui poussait des cris de mort, lui conseillait de rentrer dans Paris, il répondit à haute voix : « Non ! jamais sans mon régiment ! » Et il resta, tenant tête à la foule, groupant autour de lui ses officiers interdits d'une semblable défection.

et le jetèrent avec son chef de bataillon dans une boutique, boulevard Rochechouard, 32, à la porte de laquelle on laissa quelques gardes nationaux en sentinelles.

Les troupes *fraternisées* remontèrent alors du côté de la place Pigalle, qui, vide quelques heures auparavant, était occupée en ce moment par une compagnie de gendarmes à pied et un escadron de chasseurs à cheval, sous les ordres du général Susbielle.

A la vue des lignards qui s'avancent en chantant la crosse sur l'épaule, en avant des gardes nationaux occupés à emmener prudemment les mitrailleuses que les troupes venaient d'abandonner, le général accourt au-devant d'eux. On le hue. Il ordonne alors aux chasseurs de charger. Ceux-ci hésitent ; trois fois remettent le sabre au fourreau. Leur capitaine se jette bravement dans la foule, ses hommes le suivent. Cinq coups de feu partent et le capitaine tombe mortellement frappé.

Aussitôt les soldats du 88e, soutenus par les gardes nationaux accourus, se déploient en tirailleurs sur le boulevard et la fusillade s'engage entre eux et les gendarmes.

Cinq minutes n'étaient pas écoulées, que le général Susbielle, son état-major, ses gendarmes et ses chasseurs se repliaient à la hâte du côté du boulevard de Clichy, où se trouvait le général Vinoy, qui trouva bon de se replier également du côté de l'avenue de la Grande-Armée.

Il n'y avait pas encore eu bataille et il y avait déjà déroute pour l'armée et victoire pour l'insurrection (1).

Cependant le Gouvernement était tellement sûr du succès que le commandant en chef de la garde nationale avait rédigé d'avance cette affiche :

« Une proclamation du chef du pouvoir exécutif va

---

(1) Voir à l'*Annexe* deux proclamations du Gouvernement.

» paraître, et sera affichée sur les murs de Paris, pour
» expliquer le but des mouvements qui s'opèrent. Ce
» but est l'affermissement de la République, la répres-
» sion de toute tentative de désordre, et la reprise des
» canons qui effraient la population. Les buttes Mont-
» martre sont prises et occupées par nos troupes, ainsi
» que les buttes Chaumont et Belleville. Les canons de
» Montmartre, des buttes Chaumont et de Belleville
» sont au pouvoir du gouvernement de la Répu-
» blique.
» D'Aurelles de Paladine. »

Que s'était-il donc passé ? Rien que de très-naturel. Les chefs civils avaient eu confiance dans les chefs militaires qui s'étaient montrés, dans cette circonstance, ce qu'ils avaient été pendant toute la guerre, d'une incapacité, d'une mollesse, d'une imprévoyance sans exemple.

Nous avons entendu un membre du Gouvernement rejeter la responsabilité des fautes de la nuit et de la journée du 18 sur le général Vinoy. Nous ne savons ce qu'il y a de vrai dans cette accusation, jetée peut-être à la légère dans une heure d'irritation. Toutefois, il est certaines remarques que nous ne pouvons ne pas faire.

Le général Vinoy, qui, depuis le 4 mars, — les dépêches le constatent — voulait employer la force pour reprendre les canons, et qui, dans le conseil des ministres, le 17, avait répondu du succès, n'avait pas le droit d'ignorer quelle était la disposition d'esprit des troupes placées sous ses ordres. On nous a affirmé que les colonels, interrogés un à un, avaient tous été du même avis : « les troupes sont mauvaises ; nous ne répondons pas de nos régiments. » Nous avons entendu des soldats dire dans cette même journée du 17 : « On nous a rendu nos fusils, on nous a chargés de cartouches, ce n'est pas pour le roi de Prusse ; mais nous ne tirerons pas sur les Parisiens. » Et ils disaient cela tout haut, à qui voulait se donner la peine de les écouter.

D'un autre côté, comment expliquer que, pris à quatre heures, les canons étaient encore en place à neuf heures et demie, heure à laquelle commença réellement la défection ? La plus vulgaire prudence ordonnait de ne pas laisser trop longtemps en contact avec la population cette armée indisciplinée dont les chefs eux-mêmes ne voulaient pas répondre. A quatre heures, le quartier des buttes Montmartre dormait paisiblement ; à neuf heures tout le monde était sur pied, le tocsin sonnait et le rappel était battu dans tous les quartiers. On n'avait pas de chevaux ? Mais les écuries des Petites-Voitures étaient à deux pas, rue Lepic, boulevard de Clichy et rue Montholon, ainsi que celles de la compagnie des Omnibus, près du cimetière Montmartre.

N'y a-t-il pas dans tout cela d'étranges bizarreries, qui justifient ceux qui dirent alors qu'il y eut là plus que de l'imprévoyance, mais comme un désir insensé de provoquer et de narguer l'irritation des gardes nationaux affiliés au Comité.

N'avons-nous pas enfin le droit de venir dire au général Vinoy : — Vous avez voulu tenter l'entreprise, vous la deviez mener jusqu'au bout, coûte que coûte, et ne pas fuir à la première décharge. Si vous n'étiez pas sûr de réussir, il ne fallait pas tenter.

Comment enfin reprocher à l'armée régulière son manque d'énergie quand, devant elle, son général en chef, à la tête de son état-major, quittait le lieu du combat, au galop de son cheval et perdait, dans la précipitation de sa fuite, son képi d'ordonnance, au milieu de la rue de Clichy.

PARIS EST PRIS

Le succès enhardit. Les gardes fédérés qui, à neuf heures, n'étaient pas cinq cents, sont deux mille à midi et descendent vers la ville. Des barricades s'élèvent de toutes parts. Le Comité central, surpris un instant, va prendre hardiment en main la situation.

Il se réunit rue des Rosiers, n° 6, au siége ordinaire de ses conciliabules, nomme Bergeret chef de la légion de Montmartre, et décide que l'on va poursuivre sans retard l'œuvre commencée d'une façon aussi imprévue et aussi heureuse.

La lettre suivante, publiée par M. Ch. Lullier, lors de son arrestation par la Commune, nous fournira, sur les premiers hauts faits du Comité, quelques détails curieux. Voici ce qu'écrivait, non sans quelque bouffonne emphase, l'ex-officier de marine :

Conciergerie, ce 28 mars 1871.

Gardes nationaux, citoyens,

J'ai pris la barre du gouvernail au milieu de la tempête. Tant que le vent a soufflé en foudre, j'ai donné froidement des ordres, sans m'inquiéter des qu'en dira-t-on de l'équipage.

Aujourd'hui le navire a touché au port ; capitaine, je viens rendre compte de mes manœuvres.

Dans la journée du 18 mars, à peine de retour à Paris, dans cette ville dont m'avait éloigné une insigne fourberie, le Comité central de la garde nationale me fit rechercher partout et me remit, rue de Barroy, 11, tous ses pouvoirs pour lui assurer, le plus rapidement possible et par tous les moyens que je jugerais convenables, la possession de Paris. Toutes les forces disponibles de la garde nationale étaient, par deux ordres que j'ai encore en main, placées sous mon commandement immédiat.

Parti avec douze gardes nationaux et trois ordonnances seulement du siége du Comité, je ralliai tous les bataillons épars sur ma route, et, après avoir perdu deux de mes ordonnances tuées à mes côtés et avoir vu vingt fois ma vie menacée, je m'emparai successivement, dans la nuit du 18 au 19 mars, de l'Hôtel de Ville, de la Préfecture de police, de la Place de Paris et des Tuileries, que je fis occuper aussitôt et où je laissai un commandant militaire.

Nommé le lendemain, par le Comité, général de division et commandant en chef de la garde nationale de Paris, je fis occuper le jour même et les jours suivants les Ministères et les portes de l'enceinte. L'Hôtel de Ville, siége du nouveau gouvernement, fut, par mes soins personnels, transformé en camp retranché et abondamment pourvu d'artillerie et de munitions ; ses trois souterrains furent occupés et ses abords gardés au loin. Les sept points stratégiques de la rive droite et les quatre points stratégiques de la rive gauche furent également mis à l'abri de toute surprise.

Le service des subsistances, organisé par mes soins, mit, dès le 20 mars, 60,000 rations d'excellents vivres de campagne (pain, vin, conserves anglaises) à la disposition de la garde nationale et des troupes cantonnées dans les casernes ayant fait leur soumission au nouveau gouvernement.

Dans cinq jours, j'ai dormi en tout sept heures et demie, pris trois repas, passé vingt-huit heures à cheval et expédié dans toutes les directions près de deux mille cinq cents ordres militaires.

Le 24, à une heure du matin, brisé, harassé de fatigue, ne tenant plus debout, je vins dire aux membres du Comité :

3.

« — Citoyens, nous sommes maîtres de Paris au point de vue militaire : je réponds de la situation sur ma tête ; mais agissons avec une extrême prudence au point de vue politique. »

Et pour la quatrième fois, j'ai réclamé l'élargissement du général Chanzy.

Dès lors, on n'avait plus besoin de moi. Le lendemain, on m'appela au Comité ; on fit verrouiller les portes, on me fit entourer d'une trentaine de gardes, et, sans autre formalité, sous prétexte que j'avais délivré un sauf-conduit au citoyen Glais-Bizoin, on me fit jeter en prison comme ayant des communications avec Versailles. Le général de brigade du Bisson, mon chef d'état-major général, et le colonel Valigrane, mon sous-chef d'état-major, ont été en même temps arrêtés.

Je ne descendrai pas à me disculper. Mon caractère est au-dessus du soupçon. En face d'un inénarrable outrage, je me recueille, et de ma poitrine gonflée s'échappe un seul cri, une invocation suprême à ceux dont j'ai toujours défendu la cause au péril de ma vie.

— Peuple de Paris, j'en appelle à ta conscience ! Peuple, j'en appelle à ta justice !

Charles LULLIER.

Le citoyen Lullier, s'ennuyant en prison, s'est dit : « je vais écrire au Comité une lettre à cheval ! » et il a produit ce chef-d'œuvre.

On ne peut s'empêcher de sourire en voyant le citoyen Raoul du Bisson, l'ex-soldat de François II, devenu chef d'état-major général du généralissime de la Commune de Paris.

Que pensez-vous de ce noyau d'armée composé de douze hommes, et de ces 2,500 ordres expédiés et de ces trois repas en cinq jours et de ces 28 heures passées à cheval !

D'où venaient « ces 60,000 rations d'excellents vivres de campagne ? » Avec quel argent fut payé ce qu'on dépensa dans ces deux journées de triomphe ? Lullier, — qui pourtant avait la réputation d'être un honnête homme, — ne s'est même pas posé ces questions.

Poor Yorick !...

Nous nous souvenons de l'avoir vu défiler le 19, vers six heures du soir, sur le boulevard Saint-Michel, à la tête de quelques bataillons. Il était en bourgeois, avec un képi de commandant, à cheval, le sabre nu au poing. Il semblait avoir atteint le but de ses rêves et marchait superbe dans sa gloire.

Il venait de faire dans Paris une démonstration militaire qui produisit une assez grande impression sur certains esprits et, en passant, il avait installé dans les mairies occupées les délégués du Comité central.

A la mairie du 6º, M. Tony Moilin avait été désigné pour succéder à Hérisson, qui ne céda la place qu'après avoir signé et fait signer par Édouard Dupont, électeur du 6º, et quelques témoins de la scène et M. Tony Moilin, qui s'y refusa tout d'abord, cette protestation :

« Au nom du suffrage universel, au nom du 6º arron-
» dissement dont je suis le maire républicain, je pro-
» teste avec énergie contre la violence qui m'est faite.
» Je ne cède qu'à la force et laisse à ceux qui l'em-
» ploient la responsabilité de ce qui peut être la consé-
» quence de leurs actes. »

Cela fait, M. Hérisson se retira et partit pour Versailles.

Le 11º arrondissement, occupé le matin par des troupes de ligne, fut évacué dans la journée sur un ordre du général Vinoy. La mairie fut aussitôt envahie par les gardes nationaux fédérés devant lesquels M. Mottu, maire élu, dut se retirer.

Les 3e, 9e, 12e, 14e, 15e, 17e arrondissements sont occupés de la même façon, dans la journée du 18, et dans la matinée du 19 (1), le Louvre, les casernes et quelques ministères, abandonnés par l'armée régulière, furent également occupés le 18.

Les autres restèrent entre les mains de leurs chefs élus, soit parce que les gardes nationaux du quartier refusèrent d'y laisser pénétrer les fédérés, soit parce que le Comité en regardait l'occupation comme inutile, quitte à revenir plus tard sur sa décision première, comme pour le 18e arrondissement.

Quant au 13e, Léo Melliet, membre du Comité central et maire de cet arrondissement, ne cachait ses desseins à personne.

Nous l'avons entendu dire, vers midi : — «J'ai 27 canons autour de ma mairie ; je suis sûr de mes gardes nationaux. J'attends sans crainte, et je défie toute l'armée de Vinoy de franchir le boulevard d'Italie ! »

RUE DES ROSIERS

Il nous faut arriver, hélas! au récit des assassinats dont la nouvelle impressionna si vivement Paris dans la soirée.

Les récits publiés sur la mort des généraux Clément Thomas et Lecomte sont des plus contradictoires. Nous croyons ne pouvoir mieux faire que de publier les parties les plus importantes d'une lettre d'un témoin oculaire, de M. le capitaine Beugnot, officier d'ordonnance du ministre de la guerre.

---

(1) Nous donnons en annexe les protestations des maires de ces différentes mairies.

Il avait été chargé par le général Le Flô d'explorer les quartiers de Belleville et de Montmartre pour lui rendre compte de l'opération projetée de l'enlèvement des canons.

Arrivé à l'intersection du boulevard Magenta et de l'ancien boulevard extérieur, le capitaine se vit entouré par une trentaine de gardes nationaux qui saisirent son cheval par la bride, en lui criant avec des gestes furieux : « On vient de tirer sur nos frères ! Vous allez sans doute porter des ordres à la troupe ! A bas ! A bas ! »

Il était près de dix heures du matin.

La foule s'amasse, furieuse. Le cheval se cabre. On désarçonne le cavalier et on le conduit au Château-Rouge, — au Comité central, disait-on.

Le capitaine Beugnot, après une heure d'attente et d'outrages, est introduit dans une chambre où se trouvait un capitaine du 79e bataillon de la garde nationale qui lui dit se nommer Mayer, être journaliste et avoir deux fils prisonniers des Prussiens. Cet individu lui annonça que le général Lecomte, abandonné par ses troupes, venait d'être fait prisonnier par le peuple irrité, et que seul un capitaine du 18e chasseurs à pied, M. Franck, avait voulu l'accompagner.

Le capitaine Franck avait été conduit au Château-Rouge avec M. de Pousargues, chef du 18e bataillon de chasseurs à pied, un chef de bataillon du 89e de marche, deux capitaines du 115e de ligne, pris à la gare du Nord, et un capitaine du 84e, en bourgeois, qui revenait de captivité en Allemagne, et avait été arrêté comme *mouchard* à sa descente du chemin de fer.

Nous cédons la parole au capitaine Beugnot. Il est trois heures.

« A ce moment, je me mis à la fenêtre, et je vis se produire dans le jardin un mouvement de mauvais augure ; des gardes nationaux formaient la haie, mettant la baïonnette au canon. Tout cela semblait annoncer un départ. Il était évident que nous allions être emmenés du Château-Rouge. Effectivement, le capitaine Mayer vint nous prévenir qu'il avait ordre de nous faire mener aux buttes Montmartre, où se tenait définitivement le Comité, qu'on cherchait, nous dit-il, depuis le matin. Je vis bien clairement alors que ce Comité n'existait pas, ou bien ne voulait pas s'occuper de nous; et j'en conclus que nous étions bel et bien perdus, que nous allions ajouter un deuxième acte à la tragédie du général Bréa et de son aide de camp, lâchement assassinés le 24 juin 1848, à la barrière Fontainebleau.

» Nous descendîmes. C'est alors que je vis pour la première fois le général Lecomte, qui avait été gardé au secret dans une chambre séparée; il avait l'air calme et résolu. Nous le saluâmes, et les officiers de la garde nationale en firent autant; mais les hommes qui faisaient la haie nous injurièrent en nous menaçant d'une fin prochaine. Je n'y étais pour ma part que trop préparé !

» Maintenant commence notre véritable supplice, notre chemin de la croix. Nous traversons, au milieu des huées et des imprécations de la foule, tout le quartier de Montmartre. Nous sommes assez énergiquement défendus par les officiers de la garde nationale, qui cependant devaient savoir que nous exposer ainsi à cette foule furieuse, à leur propre troupe affolée, c'était nous condamner à mort.

» Nous gravissons le calvaire des buttes Montmartre, au milieu d'une brume épaisse. Des femmes, ou plutôt des chiennes enragées, nous montrent le poing, nous accablent d'injures et nous crient qu'on va nous tuer.

» Nous arrivons dans ce cortége infernal au haut de la butte et l'on nous fait entrer dans une petite maison située rue des Rosiers.

» On nous bouscule dans une salle étroite et obscure

au rez-de-chaussée, et le vieux décoré de Juillet à la barbe blanche nous dit que le Comité va statuer sur notre sort. Le général Lecomte demande à voir immédiatement le Comité, répétant maintes fois que nous sommes arrêtés depuis le matin sans raison et sans jugement. On lui répond qu'on va le chercher. Le capitaine Mayer, qui nous avait protégés des brutalités des hommes armés du Château-Rouge, n'était pas monté avec nous à la rue des Rosiers. Mais nous eûmes à nous louer grandement, en son absence, du lieutenant Meyer du 79e bataillon, qui nous fit bien des fois un rempart de son corps, et d'un jeune garde national, dont malheureusement le nom m'échappe et qui me défendit vingt fois contre les attaques de la foule.

» Et le Comité n'arrivait toujours pas ! La foule extérieure, lasse de l'attendre, lui et sa division, avait brisé les carreaux de la fenêtre, et, à chaque instant, nous voyions un canon de fusil s'abattre vers nous ; mais les officiers de la garde nationale, comprenant toute la gravité de notre situation et revenant trop tard sur la légèreté avec laquelle ils nous avaient fait sortir du Château-Rouge, exposés à la fureur d'une populace croyant que chacun de nous avait tué au moins dix hommes de sa main dans la matinée, les officiers relevaient les armes dirigées sur nos poitrines, parlaient à la foule qui hurlait : « A mort ! » tâchaient de gagner du temps, nous promettaient qu'ils défendraient notre vie au péril de la leur.

» Mais tout cela ne faisait qu'irriter davantage la foule qui hurlait toujours notre mort.

» Le châssis de la fenêtre se brise sous les efforts du dehors et livre passage aux plus furieux. Dois-je dire que les premiers qui mirent la main sur le général furent un caporal du 3e bataillon de chasseurs à pied, un soldat du 88e de marche et deux gardes mobiles ? Un de ces derniers misérables, lui mettant le poing sur la figure, lui criait : « Tu m'as donné une fois trente jours de prison ; c'est moi qui te tirerai le premier coup de fusil. » C'était une scène hideuse, à rendre fou, bien que nous ayons tous fait le sacrifice de notre vie.

» Il était cinq heures. Une clameur immense domine toutes les autres, une bousculade affreuse se passe dans la cour, et nous voyons tout à coup jeter au milieu de nous un vieillard à barbe blanche, vêtu d'habits bourgeois noirs et coiffé d'un chapeau haute forme. Nous ne savions pas quel était ce nouveau prisonnier et nous plaignions, sans le connaître, ce vieillard inconnu qui n'avait évidemment plus que quelques instants à vivre. Le lieutenant Meyer me dit que c'était Clément Thomas, qu'il vient d'être arrêté rue Pigalle, au moment où il se promenait en curieux, qu'il a été reconnu par des gardes nationaux et traîné aux buttes Montmartre pour partager notre sort.

» Dès lors, la fureur des gardes nationaux ne connaît plus de bornes ; c'est à peine s'ils n'assomment pas leurs courageux officiers qui nous défendent avec énergie et désespoir ; car ils sentent qu'ils deviennent impuissants à nous protéger longtemps.

» En vain un individu, vêtu d'une chemise rouge, monte-t-il sur un mur, d'où il adjure la foule de nommer une cour martiale qui statuera sur le sort des prisonniers ; en vain leur dit-il qu'ils vont commettre un lâche assassinat et souiller la République qu'ils acclament si haut. Tout est inutile. L'arrivée imprévue du malheureux général Clément Thomas, détesté dans les bataillons de Montmartre et de Belleville, à cause de sa juste sévérité pendant le siége ; cette arrivée nous a tous perdus. La foule, bête, furieuse et déchaînée, veut du sang. Celui de Clément Thomas coule le premier ; on le saisit au collet, malgré la résistance du lieutenant Meyer et de quelques autres citoyens courageux qui retombent épuisés, pendant que nous autres, toujours gardés à vue et couchés en joue à chaque instant, nous ne pouvons bouger.

» Le vieux capitaine décoré de juillet est un des plus ardents à invectiver le malheureux général, qui disparaît à nos yeux, est entraîné à quelques pas de là et fusillé par dix ou douze coups, qui répondent lugubrement dans nos cœurs.

» Le malheureux général Lecomte subit, quelques instants après, le même sort, de la même manière. Il était cinq heures.

» Nous n'avons pas assisté à cette exécution infâme, et nous ne pouvons dire quelles furent les dernières paroles de ces deux nobles et généreuses victimes; mais tant que les deux généraux restèrent avec nous, ils furent silencieux, calmes, résignés. Ils sont morts comme des soldats (ceux de l'ancienne école) savent mourir. »

M. le capitaine Beugnot entre ici dans le récit de ses aventures personnelles, que nous laissons de côté pour nous occuper de la lettre que M. Clémenceau publia en réponse à un reproche contenu dans la fin de la lettre de M. Beugnot.

Voici ce qu'écrit M. Clémenceau :

« Paris, 30 mars 1871.

» On me communique une lettre signée Beugnot, officier d'ordonnance du ministre de la guerre, et j'y relève les deux phrases suivantes :

« Nous tenons seulement à constater que M. Clémenceau n'a paru au milieu de ces scènes honteuses et sanglantes, qu'il aurait pu peut-être empêcher, qu'à six heures du soir, après l'assassinat des deux généraux.

»..... Ce qui est plus triste à constater, c'est que les autorités municipales de Montmartre ne parurent ni au Château-Rouge ni à la maison de la rue des Rosiers, et ne firent dans la journée aucun effort apparent pour sauver les apparences. »

» Je passai la journée du 18 mars à la mairie où me retenaient de nombreux devoirs, dont le plus impérieux peut-être était de veiller sur le sort des prisonniers qu'on m'avait amenés le matin. Il est inutile d'ajouter que je n'avais et ne pouvais avoir aucune connaissance des faits qui étaient en train de s'accomplir et que rien ne pouvait faire prévoir.

» J'ignorais absolument l'arrestation du citoyen Clément Thomas, que, sur la foi des journaux, je croyais en Amérique.

» Je savais le général Lecomte prisonnier au Château-Rouge ; mais le capitaine Mayer, dont le nom revient à plusieurs reprises dans le récit de M. Beugnot et qui avait été chargé par moi de pourvoir à tous les besoins du général, m'avait affirmé que la foule n'était point hostile. Enfin, je m'étais assuré que le Château-Rouge était gardé par plusieurs bataillons de la garde nationale.

» De nombreux groupes armés défilèrent tout le jour sur la place de la Mairie au son d'une musique joyeuse. Je le répète, rien ne pouvait faire prévoir ce qui se préparait.

» Vers quatre heures et demie, le capitaine Mayer accourut et m'apprit que le général Clément Thomas avait été arrêté, qu'il avait été conduit, ainsi que le général Lecomte, à la maison de la rue des Rosiers, et qu'ils allaient être fusillés si je n'intervenais au plus vite. Je m'élançai dans la rue en compagnie du capitaine Mayer et de deux autres personnes. J'escaladai la butte en courant.

» J'arrivai trop tard. J'omets à dessein de dire quels risques j'ai courus et quelles menaces j'ai bravées au milieu d'une foule surexcitée qui s'en prenait à moi du coup de force tenté le matin par le Gouvernement à mon insu.

» Je demande seulement à M. le capitaine Beugnot de

me dire avec une netteté parfaite ce que j'aurais dû, ce que j'aurais pu faire, que je n'ai pas fait.

G. Clémenceau,
Ex-maire du 18ᵉ arrondissement.

Tout ce que nous ajouterons à ces deux documents, c'est que nous avons entendu un soir M. Clémenceau parler en termes indignés du spectacle qui frappa sa vue en arrivant à la rue des Rosiers.

« Jamais de ma vie je n'oublierai cela, répétait-il sans cesse. Il est impossible de rien imaginer de semblable. Des hommes, des femmes, des enfants, ivres de sang et de fureur, dansant autour de ces deux cadavres, à demi-nus et hurlant. C'était horrible comme un cauchemar. »

LES MAIRES

Confiants dans la promesse que leur avait faite le Gouvernement de les prévenir lorsqu'une action serait tentée pour reprendre de vive force les canons de Montmartre, les maires de Paris apprirent avec une douloureuse surprise les événements du matin.

M. Tirard, maire du 2ᵉ arrondissement, arrivé de Bordeaux dans la nuit, fut mandé en toute hâte à sa mairie, vers dix heures.

Il y trouva réunis ses adjoints, quelques chefs de bataillon du quartier et M. Tolain, adjoint du 11ᵉ arrondissement et représentant de la Seine, qui lui apprirent comment le général Vinoy, ayant tenté de reprendre les canons, avait échoué dans son entreprise.

Il apprit en même temps que le commandant du 92ᵉ bataillon, M. Roux, avait été insulté dans la matinée par une certaine partie de son bataillon qui voulait marcher à Montmartre. Le commandant Poisson, du

100ᵉ, avait subi le même sort et avait vu une notable partie de ses troupes se rallier aux dissidents du 92ᵉ. Enfin toute la portion active du 181ᵉ, vers dix heures, partait à Belleville, tambours en tête, laissant tout seul son chef, M. Noirot, qui avait refusé de les conduire.

L'armée faisant défection, la garde nationale se divisant en deux parties, l'une active qui se rangeait du côté des fédérés, l'autre passive qui restait chez elle, la situation s'aggravait d'heure en heure. M. Tirard et M. Tolain pensèrent qu'il serait bon de provoquer une réunion des maires, des adjoints et des représentants de la Seine.

La convocation fut faite immédiatement pour deux heures à la mairie du 3ᵉ arrondissement.

Peu de monde vint à cette réunion et l'on prit rendez-vous pour six heures, à la mairie du 2ᵉ arrondissement.

MM. Tirard et Bonvalet, délégués près de M. Thiers, ne le trouvèrent pas. Ils se rendirent chez le général d'Aurelles de Paladine, qui dès, le premier mot, chercha à dégager sa responsabilité.

— Je leur avais prédit cela, dit-il à ces messieurs, on ne m'a pas écouté. Je connaissais l'armée, elle avait été sous mes ordres et je savais ce qu'on pouvait en attendre. Hâtez-vous, messieurs, de prendre un parti; le sort de Paris, que dis-je, de la France est entre vos mains.

Pendant ce temps MM. Lockroy et Schœlcher couraient à Montmartre savoir ce qu'il y avait de vrai dans le bruit de l'assassinat des généraux Clément Thomas et Lecomte qui commençait à se répandre.

A six heures, les représentants de la Seine et les municipalités au grand complet étaient réunis sous la présidence de M. Tirard, à la mairie du 2ᵉ. On discuta vivement les événements du matin. On se préoccupa de la situation, de l'esprit de la population et l'avis unanime de l'assemblée fut que Paris était divisé en deux fractions bien distinctes qui cependant semblaient n'avoir qu'un mobile commun, qu'il fallait lui donner satisfaction dans le plus bref délai. Après quelques paroles de M. J. Méline, on décida que l'on proposerait au Gouvernement de nommer MM. Dorian, *maire de Paris*, Edm. Adam, *préfet de police*, Langlois, *commandant en chef de la garde nationale*, le général Billot, *commandant en chef de l'armée de Paris.*

Ces quatre nominations répondaient aux vœux de l'immense majorité de la population. Une commission fut chargée d'aller porter au Gouvernement, qu'on savait être réuni en permanence au ministère des affaires étrangères, les décisions de l'assemblée.

Cette commission était composée de MM. Tirard, Vautrain, Vacherot, Bonvalet, Méline, Tolain, Hérisson, Millière et Peyrat.

M. Hendlé, chef du cabinet de M. Jules Favre, reçut les délégués et témoigna particulièrement à l'un d'eux l'étonnement que lui causait la présence de M. Millière.

Le délégué fit alors remarquer à celui-ci qu'après son article du *Vengeur* il eût peut-être mieux fait de ne pas venir. Ce à quoi M. Millière répondit :

« Ce n'est pas M. Millière qui vient chez M. Jules Favre ; c'est le représentant de la Seine qui vient chez le ministre des affaires étrangères. »

Cependant tout le temps de l'entrevue, il se tint à l'écart.

Les maires entrèrent chez M. Jules Favre et le trouvèrent en proie à la plus vive irritation. Il était indigné de la conduite de la troupe et de l'inaction de la garde nationale. Son indignation s'accrut encore, lorsqu'on lui dit qu'il était certain que les généraux Clément Thomas et Lecomte avaient été fusillés.

« C'est infâme, s'écria M. Jules Favre, il n'y a pas de

concession à faire à une population qui ne se soulève pas tout entière en présence de semblables horreurs ! »

M. Tirard prit alors la parole et s'efforça de démontrer au ministre ce qui avait amené la population à se désaffectionner de son Gouvernement. Il lui expliqua les griefs des Parisiens contre l'Assemblée nationale, et termina en suppliant le ministre de prendre en considération la demande des députés et des maires de Paris.

« *La ville est livrée à elle-même,* dit-il en finissant, *et les troupes paraissent retirées* (1). »

— C'est impossible, répondit M. Jules Favre.

A ce moment entra M. Charles Ferry qui venait annoncer au ministre que, sur l'ordre du général Vinoy, les troupes venaient d'évacuer l'Hôtel de Ville, que son frère y était resté seul et que les bataillons insurgés allaient en prendre possession.

Cette nouvelle troubla profondément M. Jules Favre, qui promit alors, sur l'insistance de MM. Peyrat et Vautrain, de prendre en considération les demandes qui lui étaient faites par l'assemblée des maires et des représentants de Paris.

« Je vous promets, dit-il, de transmettre de suite votre requête au gouvernement et de vous donner sa réponse dans la nuit. »

Sur cette promesse, les délégués se retirèrent et retournèrent à la mairie du 2ᵉ pour rendre compte à l'assemblée de leur entrevue avec le Ministre des affaires étrangères.

Il était dix heures du soir.

(1) Comment à cette heure avancée M. Jules Favre ne savait-il rien, et comment les opérations militaires d'une importance politique aussi grave s'étaient-elles opérées à son insu ?

LE DÉPART DE M. JULES FERRY

L'attaque nocturne et imprévue des hauteurs de Montmartre et de Belleville ; les coups de canon tirés le matin ; l'aspect des bandes insurrectionnelles qui traversaient tranquillement la ville ; les nouvelles qui circulaient confuses et contradictoires de la défection de l'armée régulière, de l'assassinat des généraux Lecomte et Clément Thomas et du départ précipité des membres du Gouvernement ; tout cela, quelque incroyable que ce fût, avait jeté une profonde émotion dans la population. De tous côtés des gardes nationaux sortaient de chez eux en armes, couraient à leur lieu ordinaire de réunion n'y trouvaient personne et s'en retournaient, se demandant intérieurement quelle sinistre ou grotesque comédie se jouait depuis le matin.

Devant la mairie du 1er arrondissement, trois bataillons, le 5e, le 13e, le 14e, étaient accourus au premier appel du Gouvernement. Pas d'ordres. Ils attendirent jusqu'au soir, et, vers huit heures, ne voyant rien venir, ils envoyèrent prendre des renseignements à l'État major. Quelle fut leur surprise quand on vint leur annoncer que l'état-major était parti depuis longtemps et n'avait laissé pour eux que cet ordre ironique : « QUE LES GARDES NATIONAUX RENTRENT CHACUN CHEZ EUX, UN A UN, ET SANS BRUIT. »

La plaisanterie était trop forte, et vraiment on n'y pouvait croire. Cependant, le 10 avril, le *Journal officiel de Versailles* disait : « *La majorité saine de Paris ne s'est pas réunie pour faire justice d'une poignée d'agitateurs ;* » et il ajoutait : « *Le Gouvernement a fait appel à la garde nationale pour faire exécuter la loi, et, après avoir attendu toute la journée, resté seul, livré à la sédition, il a dû se retirer.* » C'est possible ; mais c'est qu'alors les ordres donnés par le Gouvernement étaient contradictoires et que lorsque l'un disait : « *Sortez!* » l'autre ordonnait : « *Rentrez chez vous!* »

A neuf heures du soir, sortant de la réunion des maires, M. J. Meline arrivait à sa mairie et apprenait avec regret que, sur l'ordre de la place, les gardes nationaux de son arrondissement étaient partis se coucher, ne laissant à la mairie qu'un assez faible piquet.

Sur ces entrefaites, M. Jules Ferry, accompagné de son frère M. Charles Ferry, entrèrent. Ils venaient de quitter l'Hôtel de Ville. Le maire de Paris était indigné et criait tout haut à la trahison. Il raconta comment le général Vinoy lui avait retiré ses troupes, et il ajouta à cela quelques détails que nous ne croyons pas devoir répéter ici, vu l'état d'irritation et de colère où se trouvait M. Ferry en ce moment-là.

— « Je quitte, dit-il à M. Meline, l'Hôtel de Ville à l'instant, je ne crois pas qu'il soit encore occupé. Faites éveiller vos officiers et réunissons immédiatement leurs hommes ; nous serons peut-être assez heureux pour arriver avant les insurgés. »

On fit immédiatement appeler les officiers du quartier, qui se réunirent dans la grande salle des mariages. Là, M. J. Ferry leur expliqua nettement la situation et leur demanda leur concours. Les officiers répondirent que leurs hommes avaient passé toute la journée sur pied, sans prendre un instant de repos, attendant des ordres qui n'étaient pas venus ; qu'ils étaient rentrés chez eux harassés, et que pour les réunir à cette heure avancée, il faudrait faire battre le rappel, chose à laquelle il était impossible de songer.

Pendant ce temps, le capitaine Basset, du 14e bataillon, avait rassemblé quelques gardes et, se glissant par les petites rues sombres qui avoisinent la rue de Rivoli, était parvenu jusqu'à l'Hôtel de Ville. Il revint bientôt annoncer à M. J. Ferry et aux officiers réunis que la mairie centrale était occupée par des fédérés trop nombreux pour qu'on pût songer à les déloger avec le peu d'hommes qu'on avait sous la main. Les officiers se déclarèrent de l'avis du capitaine Basset et se retirèrent.

En arrivant à la mairie du 1er arrondissement, M. J. Ferry avait envoyé aux maires, réunis à la mairie de la Bourse, la lettre suivante :

9 heures 1/4 du soir (1).

« Messieurs les Maires,

» Le pouvoir exécutif me retire toutes les forces qui défendaient l'Hôtel de Ville.

» Je ne puis le défendre à moi tout seul.

» Mais, dans l'intérêt de la fortune, de la caisse, des archives municipales, vous devez intervenir pour régulariser ou atténuer ce qui va se passer.

» Jules FERRY. »

Au reçu de cette lettre les maires accoururent à la mairie du 1er, mais n'y délibérèrent qu'un instant, le Gouvernement leur ayant promis de leur envoyer des instructions dans la nuit. Au moment où ils sortaient de la mairie du Louvre, précédant M. Jules Ferry qui avait voulu les accompagner, ils se virent enveloppés par une nuée de gardes nationaux qui avaient prudemment retiré le numéro de leurs képis.

— Que voulez-vous ? demanda M. Meline à ceux qu'il reconnut pour être de son arrondissement.

— Savoir avec qui vous êtes, lui fut-il répondu.

---

(1) Nous tenons de M. Ch. Ferry, que son frère a dû faire une erreur d'au moins une demi-heure.

MM. Tolain, Millière, Bonvalet, André Murat s'avancèrent et se firent reconnaître.

— Ce n'est pas vous que nous cherchons, dirent les gardes nationaux; mais Jules Ferry. On nous a dit qu'il était avec vous.

— Cherchez.

Ils cherchèrent vainement.

Pendant cette discussion, que les maires avaient à dessein prolongée, M. Jules Ferry avait pu rentrer dans l'intérieur de la mairie, sauter par une fenêtre du rez-de-chaussée dans la cour du presbytère de Saint-Germain de l'Auxerrois et, par une porte qu'on avait laissée ouverte, traverser l'église et de là gagner le Ministère des affaires étrangères.

Minuit et demi sonnait. A ce moment, un feu de peloton retentit dans la direction du quai et impressionna vivement les maires, qui s'en retournèrent à la mairie du 2e, n'osant se communiquer leurs pensées; mais persuadés que celui dont ils avaient cru sauver la vie venait d'être arrêté et fusillé.

Ce ne fut que le lendemain, vers trois heures, qu'on apprit que le maire de Paris était parti pour Versailles avec les membres du Gouvernement.

OCCUPATION DE L'HOTEL DE VILLE

M. J. Ferry, ayant accusé le général Vinoy, nous croyons nécessaire, avant d'aller plus loin, de raconter comment eut lieu l'évacuation de l'Hôtel de Ville par le Gouvernement légal et son occupation par le Comité central.

Le maire de Paris avait été, comme tout le monde, profondément surpris du résultat de la tentative du matin; mais, confiant dans le bon esprit des troupes qui occupaient la Préfecture de police, la caserne Napoléon et l'Hôtel de Ville, il s'apprêta à tenir en échec les insurgés, lorsqu'ils se présenteraient. L'Hôtel de Ville étant un des points stratégiques les plus importants et, de plus, le siége de tous les gouvernements insurrectionnels, la pensée ne lui vint pas un instant qu'on pourrait songer à l'abandonner, lorsqu'il était si facile de le défendre.

C'est dans cette vue qu'il adressait cette dépêche au Gouvernement :

Maire de Paris à préfet de police, à général Vinoy, à général Le Flô, à Intérieur, à Président du Gouvernement.

Hôtel de Ville, 18 mars, 6 h. 55 soir.

On construit des barricades pont Louis-Philippe, rue Bourtibourg. On va évidemment en faire dans toutes les petites rues intermédiaires. Le but est d'isoler l'Hôtel de Ville. J'attire votre attention sur l'importance de bien garder le nouvel Hôtel-Dieu et le pont d'Arcole. Du pont d'Arcole, avec une mitrailleuse, on pourrait balayer la place, si cela devenait nécessaire.

J. FERRY.

Vers sept heures nous sommes allés à l'Hôtel de Ville. La rue Rivoli était déserte, la place de l'Hôtel-de-Ville plus déserte encore ; pas un passant, pas une voiture, et un brouillard assez épais voilant à demi la clarté des becs de gaz. Les grilles du Palais municipal étaient fermées ; nous ne pûmes y pénétrer que par une petite porte donnant sur la place Saint-Jean. A l'intérieur, des troupes de toutes armes, sac au dos, fusil au pied, l'air très-résolu.

M. J. Ferry attendait dans son cabinet avec son secrétaire général, M. Mahias, et quelques officiers, une réponse à cette dépêche qu'il venait d'expédier.

Maire de Paris à Intérieur, à général Vinoy, à Président du Gouvernement.

Hôtel de Ville, 18 mars, 7 h. 16 m. soir.

Le général Deforgent me communique un ordre, daté de 6 heures, ordonnant l'évacuation de la caserne Napoléon et de l'Hôtel de Ville, et signé Vinoy.

Je prie le Ministre de l'intérieur et le Président du Gouvernement de me confirmer cet ordre par dépêche. L'Hôtel de Ville n'aura plus un défenseur. Entend-on le livrer aux insurgés, quand, pourvu d'hommes et de vivres, il peut tenir indéfiniment?

Avant d'évacuer, j'attends ordre télégraphique.

J. FERRY.

L'anxiété du maire de Paris était grande; il n'osait assumer sur lui la responsabilité de ce qu'il entrevoyait. Une lointaine rumeur montait du dehors, coupée de temps à autre par des coups de feu isolés. L'insurrection gagnait de proche en proche ; une attaque venait d'être repoussée à la caserne Napoléon. Lorsque vers huit heures nous sortîmes de l'Hôtel de Ville, après avoir traversé de nouveau les rangs des troupes qui commençaient à s'impatienter de l'inaction dans laquelle on les laissait, et que nous aperçûmes des bandes fédérées descendre du côté de l'Hôtel de Ville par la rue Saint-Martin, nous étions loin de nous douter de ce qui allait se produire.

Les dépêches suivantes, adressées par M. J. Ferry au Ministre de l'intérieur, montreront que ce n'était pas sans quelques raisons qu'il se plaignait du général Vinoy.

Maire de Paris à Intérieur.

Hôtel de Ville, 18 mars, 7 h. 40 soir.

Je réitère ma question au sujet de l'ordre d'évacuation. Allons-nous livrer les caisses et les archives ? Car l'Hôtel de Ville, si l'ordre d'évacuer est maintenu, sera mis au pillage. J'exige un ordre positif.

J. FERRY.

Maire de Paris à Intérieur.

Hôtel de Ville, 18 mars, 8 h. 25 soir.

Avec cinq cents hommes, je suis certain de tenir indéfiniment dans l'Hôtel de Ville.

L'évacuation de la Préfecture de police est insensée. Les barricades qui se font autour d'ici ne sont pas sérieuses.

J. FERRY.

Maire de Paris à Intérieur.

Hôtel de Ville, 18 mars, 9 h. 25 soir (1).

Je reçois l'ordre du général Vinoy d'évacuer l'Hôtel de Ville. Pouvez-vous m'envoyer des forces ? Répondez immédiatement.

J. FERRY.

(1) On remarquera ici sans doute la divergence d'heure qui existe entre cette dépêche et la lettre écrite aux maires que nous avons publiée dans le précédent chapitre. Nous croyons avec M. Ch. Ferry, que M. J. Ferry a fait une erreur d'au moins une demi-heure.

Maire de Paris à Intérieur.

Hôtel de Ville, 18 mars, 9 h. 55 m.

Les troupes ont évacué l'Hôtel de Ville. Tous les gens de service sont partis. Je sors le dernier.

Les insurgés ont fait une barricade derrière l'Hôtel de Ville et arrivent en même temps sur la place en tirant des coups de feu.

J. Ferry.

Le Palais municipal évacué, les troupes fédérées y entrèrent, et lorsque vers une heure du matin MM. Bonvalet et André Murat, délégués par les maires de Paris, s'y présentèrent, M. Ranvier leur répondit que c'était à la garde nationale de maintenir l'ordre dans Paris, abandonné par le Gouvernement.

Et, parodiant un mot célèbre, M. Ranvier ajouta :

— Allez dire aux maires qui vous envoient que puisque M. Jules Ferry a quitté l'Hôtel de ville, le Comité central s'y installe au nom du Peuple !...

LA PREMIÈRE CONCESSION

A minuit et demi, M. Emile Labiche, secrétaire général du ministre de l'intérieur, vint apporter à l'assemblée des maires la nomination du colonel Langlois au grade de commandant en chef de la garde nationale.

C'était un premier pas dans la voie des concessions; mais ce n'était pas suffisant. M. Labiche répondit à l'observation qu'on lui en faisait que le Gouvernement délibérait encore, et qu'il était probable qu'il ferait connaître dans la matinée les décisions auxquelles il se serait arrêté.

M. Langlois était absent de la réunion. On courut le

chercher. Il vint sur-le-champ, accepta le poste périlleux qu'on voulait bien lui confier, rédigea un ordre du jour aux gardes nationaux de Paris, et alla droit à l'Hôtel de Ville pour en prendre possession.

Pendant ce temps, les maires rédigeaient une proclamation, dans laquelle ils annonçaient à la population parisienne qu'ils avaient obtenu du Gouvernement la nomination du colonel Langlois, et la promesse que les élections municipales, depuis si longtemps promises, seraient faites dans le plus bref délai.

Cette pièce fut remise, avec l'ordre du jour de M. Langlois, à MM. Bonvalet et Labiche, qui étaient chargés de les communiquer aux ministres, en leur faisant signer le décret nommant le colonel Langlois, qui ne portait aucune signature.

Ces messieurs passèrent la nuit à courir de ministère en ministère, sans rencontrer personne.

A cinq heures du matin, M. Bonvalet revint à la mairie du 2e arrondissement où il rencontra M. Langlois qui sortait de l'Hôtel de Ville et priait ses collègues d'accepter sa démission (1).

Aussi, ce matin-là, le *Journal officiel* parut-il sans annoncer la moindre amélioration dans la situation de Paris.

Le jour allait paraître quand MM. Tirard et Bonvalet arrivèrent au ministère de l'intérieur. Ils venaient, délégués par leurs collègues, exposer au ministre l'embarras dans lequel se trouvaient les maires, n'ayant pas d'ordre, en face de la population surexcitée.

M. Picard était parti dans la nuit avec les autres ministres. M. E. Labiche était seul au ministère, représentant le Gouvernement absent, retiré à Versailles.

(1) Voir à l'*Annexe* le récit de l'entrevue de M. Langlois avec les membres du Comité central.

M Tirard lui dit que l'intention des maires était de rester à leur poste et de tenir aussi longtemps que possible le Comité central en échec. Mais que, pour cela, ils avaient besoin de pouvoirs réguliers afin de prendre toutes les mesures qu'ils jugeraient nécessaires, et d'argent pour assurer la solde aux gardes nationaux qui viendraient se ranger sous leurs ordres.

M. Labiche répondit qu'il allait immédiatement en télégraphier au Gouvernement, et qu'aussitôt la réponse arrivée, il l'irait porter lui-même à la mairie de la Bourse.

19 MARS

UN JOUR DE SOLEIL

Le soleil fut un des complices les plus importants de l'émeute. Le 19 mars il se leva splendide sur la cité encore tout abasourdie de ce qui venait de se passer, et le badaud peuple qui, depuis si longtemps, n'avait pas vu un coin de ciel bleu, se laissa charmer par ce premier beau jour de printemps. Il eût semblé que la population tout entière subit ce charme et que le soleil fit tout oublier. On s'enivrait doucement à regarder l'azur et à écouter les oiseaux chanter dans une traînée de lumière, et on oubliait les barricades qui se dressaient menaçantes au coin de chaque rue et l'insurrection qui s'agitait derrière prête à s'élancer sur sa proie.

C'est au milieu de cette béatitude générale que le *Journal officiel*, encore aux mains du Gouvernement légal, publia la note suivante :

« Ce matin, vers midi, le général Lecomte, séparé de ses troupes, a été amené par une bande de forcenés rue des Rosiers, à Montmartre, devant quelques individus prenant le titre de Comité central. Des cris « A mort ! » se faisaient entendre. Le général Clément Thomas, survenu peu de temps après, en habit de ville, a été reconnu. Un des assistants s'est écrié : « C'est le général Clément Thomas, son affaire est faite ! » Le général Lecomte et le général Clément Thomas ont été poussés dans un jardin, suivis par une centaine d'hommes. Ils ont été attachés et fusillés. Leurs cadavres ont été mutilés à coups de baïonnette.

» Ce crime épouvantable, accompli sous les yeux du Comité central, donne la mesure des horreurs dont Paris est menacé, si les sauvages agitateurs qui troublent la cité et déshonorent la France pouvaient triompher.

» Les deux aides de camp du général Lecomte allaient subir le même sort que leur général, quand ils ont été sauvés par l'intervention d'un jeune homme de dix-sept ans, qui s'est écrié que ce qui se passait était horrible ; qu'après tout, on ne connaissait pas ceux qui prononçaient ces condamnations à mort. Il a réussi à faire épargner les deux jeunes officiers, menacés d'une mort affreuse.

» Que la population de Paris, si indulgente jusqu'ici pour les fauteurs de désordres, comprenne enfin qu'elle doit se montrer énergique contre de pareils forfaits, sous peine d'en être complice ! »

On connaissait les faits relatés dans cette note anonyme : ils inspiraient une profonde horreur. Si l'on avait eu des chefs, une organisation quelconque, nul doute que le mouvement de réprobation publique, qui se produisit tout d'abord, ne se fût transformé en contre-insurrection. Mais on avait laissé à la foule le temps de la réflexion et l'heure était passée pour la faire agir. La foule est comme le fer qu'il faut battre quand il est chaud ; refroidi, il est trop tard.

Et puis « se montrer énergique » est bientôt écrit ; mais cela signifie s'armer, se grouper, agir militairement. Où l'armée avait échoué, — elle qui a la discipline sévère, l'organisation précise, l'armement complet, des chefs expérimentés ou devant l'être, —était-il présumable que des citoyens, mal disciplinés, peu ou point commandés, presque sans munitions, réussissent ?

Enfin, pour marcher et être énergique, il faut un but, un ennemi. Le but était inconnu, l'ennemi invisible.

Différents récits rendaient plus ou moins certaine la participation du Comité central aux crimes qui s'étaient commis dans le jardin de la rue des Rosiers. Cela est vrai : seulement qu'est-ce que c'était que ce comité ? où était-il ?

Le Gouvernement lui-même avouait dans une affiche ne pouvoir répondre à ces deux questions :

GARDES NATIONAUX DE PARIS.

« Un comité prenant le nom de comité central, après s'être emparé d'un certain nombre de canons, a couvert Paris de barricades, et a pris possession pendant la nuit du ministère de la justice.

» Il a tiré sur les défenseurs de l'ordre ; il a fait des prisonniers, il a assassiné de sang-froid le général Clément Thomas et un général de l'armée française, le général Lecomte.

» Quels sont les membres de ce comité ?

» Personne à Paris ne les connaît ; leurs noms sont nouveaux pour tout le monde. Nul ne saurait même dire à quel parti ils appartiennent. Sont-ils communistes, ou bonapartistes, ou prussiens ? Sont-ils les agents d'une triple coalition ? Quels qu'ils soient, ce sont les ennemis de Paris qu'ils livrent au pillage, de la France qu'ils livrent aux Prussiens, de la République qu'ils livreront au despotisme.

» Les crimes abominables qu'ils ont commis ôtent toute excuse à ceux qui oseraient ou les suivre ou les subir.

» Voulez-vous prendre la responsabilité de leurs assassinats et des ruines qu'ils vont accumuler? Alors, demeurez chez vous! Mais si vous avez souci de l'honneur et de vos intérêts les plus sacrés, ralliez-vous au gouvernement de la République et à l'Assemblée nationale. »

Paris, le 19 mars 1871 (1).

Les ministres présents à Paris :
DUFAURE. — Jules FAVRE. — Ernest PICARD. — Jules SIMON. — Amiral POTHUAU. — Général Le FLÔ.

Cette affiche, écrite sous l'empire des émotions les plus vives, les plus cruelles, n'était pas d'une logique bien rigoureuse.

Posant eux-mêmes la question : « Quels sont les membres de ce Comité ? » les ministres répondent : « Personne à Paris ne les connaît. » Alors comment voulez-vous que les gardes nationaux sortent de chez eux et s'en aillent combattre ce fantôme impalpable contre lequel vos forces se sont brisées?

Puis ils ajoutent : « Ralliez-vous au gouvernement de la République et à l'Assemblée nationale. » Nous avons dit précédemment que la population parisienne n'avait à cette époque qu'une médiocre confiance dans le Gouvernement et une très-médiocre estime pour l'Assemblée, dont les trois quarts des membres lui étaient aussi inconnus que ceux du Comité central.

Pour se rallier autour de quelqu'un, faut-il encore que ce quelqu'un soit là et le Gouvernement n'est plus dans la capitale. Il est parti à la suite du général Vinoy.

---

(1) Cette affiche a été rédigée dans la nuit du 18 au 19, quelques minutes avant le départ des ministres pour Versailles, c'est-à-dire un peu avant trois heures du matin.

Quant à l'Assemblée, où est-elle ? Elle n'est plus à Bordeaux, elle n'est pas encore à Versailles, elle n'est point à Paris. A l'heure du danger, quand le patriotisme aurait dû lui dire que son devoir était de venir courageusement siéger dans Paris en péril, elle s'est bravement accordée huit jours de congé.

— Mais, nous répond-on, elle doit revenir demain.

En ce cas, le général Vinoy eût été bien avisé en priant le Comité central d'attendre jusqu'à demain.

LE GOUVERNEMENT A VERSAILLES

A une heure, M. Émile Labiche entra dans la salle où se tenaient en permanence les maires, les adjoints et les représentants de Paris. Il apportait, comme il l'avait promis, la réponse du Gouvernement : un bon de 50,000 francs sur la Banque et la délégation suivante :

Le ministre de l'intérieur,

Vu les circonstances dans lesquelles se trouve la ville de Paris,

Considérant que l'Hôtel de Ville, la Préfecture de police, les mairies et ministères ont dû être évacués par l'autorité régulière ;

Considérant qu'il importe de sauvegarder l'intérêt des personnes et de maintenir l'ordre dans Paris ;

DÉLÈGUE L'ADMINISTRATION PROVISOIRE DE LA VILLE DE PARIS A LA RÉUNION DES MAIRES.

Ce 19 mars 1871.

Ernest PICARD.

En même temps, M. É. Labiche donna lecture à l'Assemblée : 1º d'une dépêche de M. Thiers aux départements, ainsi conçue :

19 mars 1871, 8 h. 25 m. du matin.

« Le Gouvernement tout entier est réuni à Versailles; l'Assemblée s'y réunit également.

» L'armée, au nombre de 40,000 hommes, s'y est concentrée en bon ordre, sous le commandement du général Vinoy. Toutes les autorités, tous les chefs de l'armée, y sont arrivés.

» Les autorités civiles et militaires n'exécuteront d'autres ordres que ceux du Gouvernement légal résidant à Versailles, sous peine d'être considérées comme en état de forfaiture.

» Les membres de l'Assemblée nationale sont invités à accélérer leur retour pour être tous présents à la séance du 20 mars.

» La présente dépêche sera livrée à la connaissance du public ».

Signé : A. THIERS.

2º D'un ordre du Gouvernement qui enjoignait à tous les employés de la Ville et des ministères de venir reprendre leur poste à Versailles sous peine de se voir révoqués; et 3º de cette lettre de M. Vacherot :

Paris, le 19 mars 1871.

Monsieur le ministre,

Maire élu de Paris, j'aurais pu, dans un intérêt suprême d'ordre public, conserver mes fonctions si le Gouvernement de la France, en abandonnant momentanément l'administration de la capitale, eût laissé la responsabilité tout entière aux municipalités élues par le suffrage universel. Mais du moment qu'à l'Hôtel de Ville s'installe un pouvoir qui n'émane pas de l'Assemblée nationale, je ne puis continuer à administrer la mairie du 5ᵉ arrondissement sous une autorité qu'il me faudrait reconnaître. En conséquence, je vous prie de recevoir ma démission des fonctions de maire.

Agréez, Monsieur le ministre, l'expression de mes regrets et de mes vives sympathies.

E. Vacherot.

M. É. Labiche termina en annonçant qu'il allait partir pour rejoindre le ministre de l'intérieur.

Le Gouvernement s'installait définitivement ailleurs qu'à Paris ; munis de pouvoirs réguliers, les maires allaient se trouver seuls en face de l'émeute triomphante.

LES ÉLECTIONS

Les maires déléguèrent une commission composée de trois membres pour s'occuper de la défense, ordonnancer les dépenses, etc. MM. Tirard, Dubail et Héligon furent désignés. En même temps, et toujours en vertu des pouvoirs qu'on venait de leur remettre, ils déléguèrent les fonctions de Commissaire principal à M. Amable Lemaitre (1), commissaire de police du 1ᵉʳ arrondissement, pour convoquer et réunir autour d'eux les commissaires de police de Paris.

La population semblait accepter avec calme la situation ; les affiches du Comité ne révélaient aucune arrière-pensée ; il convoquait les électeurs pour le 22 à l'effet d'élire un conseil municipal, et annonçait que, son mandat étant expiré, il était prêt à se retirer devant les élus du peuple de Paris. La situation ne s'était donc pas aggravée. Mais cette annonce d'élections extra-légales, que la population accueillait presque avec joie, créait pour les maires une difficulté presque insurmon-

(1) Voir l'*Annexe*.

table et les jetait dans une impasse dont il leur serait très-difficile de sortir.

Voici les affiches du Comité central :

RÉPUBLIQUE FRANÇAISE

LIBERTÉ — ÉGALITÉ — FRATERNITÉ

Au peuple.

Citoyens,

Le peuple de Paris a secoué le joug qu'on essayait de lui imposer.

Calme, impassible dans sa force, il a attendu sans crainte comme sans provocation les fous éhontés qui voulaient toucher à la République.

Cette fois, nos frères de l'armée n'ont pas voulu porter la main sur l'arche sainte de nos libertés. Merci à tous, et que Paris et la France jettent ensemble les bases d'une République acclamée avec toutes ses conséquences, le seul Gouvernement qui fermera pour toujours l'ère des invasions et des guerres civiles.

L'état de siége est levé.

Le peuple de Paris est convoqué dans ses sections pour faire ses élections communales.

La sûreté de tous les citoyens est assurée par le concours de la garde nationale.

Hôtel de Ville, Paris, le 19 mars 1871.

Le Comité central de la garde nationale :

ASSI. — BILLIORAY. — FERRAT. — BABICK. — Edouard MOREAU. — C. DUPONT. — VARLIN. — BOURSIER. — MORTIER. — GOUHIER. — LAVALETTE. — Fr. JOURDE. — ROUSSEAU. — Ch. LULLIER. — BLANCHET. — J. GROLLARD. — BARROUD. — H. GÉRESME. — FABRE. — POUGERET.

Le Comité central de la Garde nationale,

Considérant qu'il y a urgence de constituer immédiatement l'administration communale de Paris,

Arrête :

1º Les élections du Conseil communal de la ville de Paris auront lieu mercredi prochain, 22 mars.

2º Le vote se fera au scrutin de liste et par arrondissement. Chaque arrondissement nommera un conseiller par chaque vingt mille habitants ou fraction excédante de plus de dix mille.

3º Le scrutin sera ouvert de huit heures du matin à six heures du soir. Le dépouillement aura lieu immédiatement.

4º Les municipalités des vingt arrondissements sont chargées, chacune en ce qui la concerne, de l'exécution du présent arrêté.

Une affiche ultérieure indiquera le nombre de conseillers à élire par arrondissement.

Hôtel de Ville de Paris, le 19 mars 1871.

Le Comité central de la garde nationale.

(SUIVENT LES SIGNATURES.)

Aux gardes nationaux de Paris.

Citoyens,

Vous nous aviez chargés d'organiser la défense de Paris et de vos droits.

Nous avons conscience d'avoir rempli cette mission : aidés par votre généreux courage et votre admirable sang-froid, nous avons chassé ce Gouvernement qui nous trahissait.

A ce moment, notre mandat est expiré, et nous vous le rapportons, car nous ne prétendons pas prendre la place de ceux que le souffle populaire vient de renverser.

Préparez donc et faites de suite vos élections communales, et donnez-nous pour récompense la seule que nous ayons jamais espérée : celle de vous voir établir la véritable République.

En attendant, nous conservons, au nom du peuple, l'Hôtel de Ville.

Hôtel de Ville, Paris, le 19 mars 1871.

Le Comité central de la garde nationale :
(SUIVENT LES SIGNATURES.)

C'était donc simplement une révolution municipale. La population de Paris, — qui n'est pas à cheval sur les questions de légalité, — ne vit là rien de bien effrayant et elle continua insouciamment sa promenade à travers les barricades et les canons.

LE COMITÉ VA QUITTER L'HOTEL DE VILLE

Une réunion des chefs de bataillon de la garde nationale de Paris était indiquée pour trois heures à la mairie du 3e arrondissement. Les maires et les députés s'y rendirent.

Là, au milieu de la discussion sur les événements de la veille et de la conduite à tenir en présence de ces événements, M. Henri Brisson, représentant de la Seine, se leva et flétrit éloquemment, dans les termes les plus énergiques, toute tentative de sédition, qui, quel que fût son prétexte, devenait absolument criminelle en présence de l'occupation étrangère.

« Maires et députés, nous sommes, dit-il, les représentants élus de la population de Paris et nous sommes décidés à rester sur le terrain de la plus stricte légalité. Nous nous ferons volontiers les interprêtes des légitimes réclamations de la population auprès du Gouvernement; mais, nous le déclarons ici, jamais, à aucun prix, jamais nous ne consentirons à prêter les mains à l'insurrection. »

Au cours de la discussion on vint avertir les maires qu'un délégué du Comité central demandait à leur faire une communication. On le pria d'entrer et il annonça que le Comité central était disposé à rendre aux maires l'Hôtel de Ville et les mairies occupées par les fédérés.

Immédiatement (il était environ 4 heures), MM. Tolain, Bonvalet, André Murat et Malon quittèrent la salle et se rendirent, en compagnie du délégué, à l'Hôtel de Ville pour en prendre possession au nom de la municipalité parisienne.

Les membres du Comité central qui s'y trouvaient réunis voulurent poser aux maires des conditions préalables que ceux-ci repoussèrent. On entama sur ces préliminaires de conciliation une discussion très-vive et si longue que les maires, revenus à la mairie du 2º, commençaient à être inquiets du sort de leurs collègues et croyaient déjà à un piége et à une arrestation, lorsqu'ils arrivèrent à 9 heures 1/2, annonçant que, n'ayant pu se mettre d'accord avec le Comité central, il avait été convenu que quelques membres de ce comité viendraient dans la soirée discuter les questions de la cession de l'Hôtel de Ville et des mairies avec l'assemblée des maires.

Ceux-ci éprouvaient une profonde répugnance à entrer en communication officielle avec le Comité dont ils contestaient absolument tous les droits. Mais, en présence des circonstances exceptionnelles dans lesquelles on se trouvait et de l'importance qu'il y avait pour eux à occuper l'Hôtel de Ville, ils pensèrent qu'il était de leur devoir de recevoir les délégués. Aussi quand, vers minuit, MM. Jourde, Varlin, Ant. Arnaud et E. Moreau se présentèrent à la mairie de la Banque, on les introduisit de suite dans la salle des réunions.

— Nous venons, dit A. Arnaud, vous proposer de vous remettre l'Hôtel de Ville et les mairies, que nous avons dû occuper hier. Nous tenons à ce que les élections se fassent le plus régulièrement possible.

— Rien de plus facile, répondit un adjoint; allez-vous-en.

— Oui et non, repartit le délégué qui se répandit en amères récriminations contre le Gouvernement et l'Assemblée, qu'il accusait d'avoir trahi la République.

M. Tirard, qui présidait la séance, interrompit brusquement l'orateur, en lui faisant observer qu'il était inutile de se livrer à des récriminations qui n'auraient d'autres résultats que de rendre toute entente impossible. « En consentant à vous recevoir, dit-il, mes collègues et moi n'avons eu d'autre pensée que de rétablir l'ordre que vous avez troublé. Vous avez offert de rendre les mairies aux municipalités que vous en avez chassées; vous avez offert d'abandonner l'Hôtel de Ville, nous sommes prêts à en reprendre possession. »

« Mais c'est en vain, ajouta-t-il, que pour la justification de vos actes, vous arguez de prétendues élections dont, pour ma part, je n'ai jamais eu connaissance et qui, dans tous les cas, ont été clandestines et sans aucun caractère de légalité. Comme maires et comme députés, nous sommes ici les seuls véritables représentants du suffrage universel, et si nous consentons à parlementer avec vous, c'est dans le but unique d'éviter une collision sanglante. »

MM. Schœlcher et Peyrat insistèrent vigoureusement, à leur tour, sur l'illégalité des actes du Comité central et déclarèrent que ce Comité devait se dissoudre immédiatement et cesser toute immixtion dans les affaires publiques.

Les délégués insistaient cependant pour que les maires prissent l'initiative, d'accord avec le Comité, de convoquer les électeurs pour le 22 mars à l'effet d'élire un conseil municipal.

— Vous ne ferez en cela, fit observer M. Varlin, que mettre à exécution le décret du 5 septembre dernier.

M. Louis Blanc, arrivé de Londres dans la journée, se leva et dans un discours des plus élevés que nous regrettons de ne pouvoir reproduire, chercha à faire comprendre à ces messieurs, que ce qu'ils demandaient était impossible ; que tout ce que les maires et les députés pouvaient faire, c'était de rédiger un projet de loi pour le conseil municipal, de le déposer sur le bureau de l'Assemblée et d'en demander le vote d'urgence.

Après une discussion très-longue et très-pénible, les délégués proposèrent de rédiger en commun une affiche dans laquelle on annoncerait à la population que les élections étaient ajournées et qu'on allait attendre le vote de l'Assemblée.

Les maires répondirent qu'ils ne pouvaient apposer leurs signatures sur une pièce émanant d'un comité illégal ; que ce faisant ils sembleraient reconnaître la légitimité de ce comité, — ce qui était loin de leur pensée.

A ce refus catégorique, le citoyen Jourde entra dans une violente colère et, malgré les efforts de Varlin et de ses deux autres collègues, il s'écria :

— Rappelez-vous bien, messieurs, que c'est la guerre civile que vous venez de nous déclarer en refusant de vous associer à nous pour convoquer régulièrement les électeurs. Ce n'est pas seulement à Paris, c'est par toute la France qu'elle va s'allumer cette guerre des revendications, et elle sera sanglante, je vous le prédis. Nous sommes certains de vaincre ; mais si nous étions battus, nous ne laisserions rien debout autour de nous

5.

et de ce pays vous auriez fait une seconde Pologne. Que la responsabilité en retombe sur vos têtes.

Il allait sortir. M. Tirard se leva, et au nom de tous ses collègues, protesta vivement contre les paroles injurieuses et folles de M. Jourde (1).

M. Varlin prit la parole pour excuser son collègue, que deux jours et deux nuits sans sommeil avaient peut-être exalté et que le refus des maires irritait et il supplia le président de ne pas lever la séance sans que l'assemblée eût pris une décision.

M. Tirard répondit que les maires ne pouvaient que proposer de faire une affiche dans laquelle on annoncerait à la population qu'un projet de loi allait être rédigé et déposé par les soins des députés de Paris sur le bureau de l'Assemblée.

Les délégués, après s'être consultés un instant, répondirent qu'ils se contenteraient de cette affiche et qu'en conséquence ils étaient prêts à rendre à dix heures du matin l'Hôtel de Ville aux délégués de l'assemblée des maires.

Séance tenante, M. Louis Blanc rédigea l'affiche suivante :

RÉPUBLIQUE FRANÇAISE

LIBERTÉ — ÉGALITÉ — FRATERNITÉ

Citoyens,

Pénétrés de la nécessité absolue de sauver Paris et la République en écartant toute cause de collision, et

---

(1) Un peu avant cette scène, alors qu'il avait été question de rendre l'Hôtel de Ville, Jourde avait déjà fait mille difficultés, et entre autres choses il avait dit : « Comme au 31 octobre, vous enverrez des gendarmes par les souterrains et vous nous ferez fusiller. » Ce à quoi Varlin répondit dédaigneusement : « Nous ne sommes pas ici pour parler d'affaires personnelles. »

convaincus que le meilleur moyen d'atteindre ce but suprême est de donner satisfaction aux vœux légitimes du peuple, nous avons résolu de demander aujourd'hui même à l'Assemblée nationale l'adoption de deux mesures qui, nous en avons l'espoir, contribueront, si elles sont adoptées, à ramener le calme dans les esprits.

Ces deux mesures sont : l'élection de tous les chefs de la garde nationale et l'établissement d'un conseil municipal élu par tous les citoyens.

Ce que nous voulons, ce que le bien public réclame en toute circonstance et ce que la situation présente rend plus indispensable que jamais, c'est l'ordre dans la liberté et par la liberté.

Vive la France! Vive la République!

Représentants de la Seine :

Louis BLANC. — V. SCHŒLCHER. — A. PEYRAT. — Ed. ADAM. — FLOQUET. — Martin BERNARD. — LANGLOIS. — Ed. LOCKROY. — FARCY. — H. BRISSON. — GREPPO. — MILLIÈRE.

Les maires et adjoints de Paris :

1er arrondissement. Ad. ADAM, MÉLINE, adjoints. — 2º arr. TIRARD, maire, représentant de la Seine; E. BRELAY, CHÉRON, LOISEAU-PINSON, adjoints. — 3º arr. BONVALET, maire; Ch. MURAT, adjoint. — 4º arr. VAUTRAIN, maire; LOISEAU, CALLON, adjoints. — 5º arr. JOURDAN, adjoint. — 6º arr. HÉRISSON, maire; A. LEROY, adjoint. — 7º arr. ARNAUD (de l'Ariége), maire, représentant de la Seine. — 8º arr. CARNOT, maire, représentant de la Seine. — 9º arr. DESMAREST, maire. — 10º arr. DUBAIL, maire; A. MURAT, DEGOUVE-DENUNCQUES, adjoints. — 11º arr. MOTTU, maire, représentant de la Seine; BLANCHON, POIRIER, TOLAIN, représentant de la Seine, adjoints. — 12º arr. DENIZOT,

Dumas, Turillon, adjoints. — 13ᵉ arr. Léo Melliet, Combes, adjoints. — 14ᵉ arr. Héligon, adjoint. — 15ᵉ arr. Jobbé Duval, adjoint. — 16ᵉ arr. Henri Martin, maire, représentant de la Seine. — 17ᵉ arr. François Favre, maire; Malon, Villeneuve, Cacheux, adjoints. — 18ᵉ arr. Clémenceau, maire, représentant de la Seine; J.-A. Lafont, Dereure, Jaclard, adjoints.

Lorsque l'affiche fut signée, les délégués du Comité, qui avaient attendu, en prirent connaissance et se déclarèrent satisfaits.

Ils se retirèrent en répétant qu'à dix heures du matin ils seraient prêts à livrer l'Hôtel de Ville.

20 MARS

LE COMITÉ DE VIGILANCE

A dix heures du matin, ainsi que cela avait été convenu dans la nuit, MM. Bonvalet, André Murat et Denizot se rendirent à l'Hôtel de Ville pour en prendre possession au nom des municipalités de Paris. Ils n'y rencontrèrent que deux membres du Comité central, qui, brisés de fatigue, dormaient sur une table dans le cabinet de l'ancien maire. Lorsqu'ils furent un peu réveillés, M. Bonvalet leur exposa le motif de sa visite et les invita à se retirer, conformément à la convention.

Avant que les membres du Comité présents aient répondu, entra brusquement un de leurs collègues, le citoyen Viard, qui raconta qu'il venait d'assister à une réunion des comités des vingt arrondissements, rue de la Corderie, et que dans cette réunion, il avait été décidé que l'Hôtel de Ville resterait entre les mains du Comité central et que puisque les maires refusaient de reconnaître ce Comité, on se passerait de leur concours pour faire des élections. Nous avons dit que le Comité central était sorti du Comité de vigilance, qui le dirigeait, croyons-nous. Aussi, après le discours du citoyen Viard, ne fut-il plus question de la convention de la nuit. Les maires délégués furent priés d'aller porter à leurs collègues le refus des membres du Comité de tenir la parole qu'ils leur avaient donnée.

Après avoir écouté le rapport de leurs délégués, les maires chargèrent MM. André Murat et Mahias, secrétaire général de la mairie de Paris, d'aller à Versailles prévenir les députés de Paris de ce qui venait de se passer.

Les députés se réunirent et rédigèrent immédiatement la proposition suivante :

Les représentants de la Seine soussignés ont l'honneur de proposer à l'Assemblée nationale le projet de loi suivant :

ARTICLE PREMIER. — Il sera procédé, dans le plus bref délai, à l'élection d'un conseil municipal pour la ville de Paris.

ART. 2. — Ce conseil sera composé de quatre-vingts membres.

ART. 3. — Le conseil nommera dans son sein son président, qui aura le titre et exercera les fonctions de maire de Paris.

ART. 4. — Il y aura incompatibilité entre les fonctions de conseiller municipal et celles de maire ou d'adjoint de l'un des vingt arrondissements de Paris.

SCHŒLCHER. — Louis BLANC. — H. BRISSON. — TOLAIN. — TIRARD. — LOCKROY. — CLÉMENCEAU. — LANGLOIS. — Edgar QUINET. — BRUNET. — MILLIÈRE. — Martin BERNARD. — GREPPO. — COURNET. — FLOQUET. — RAZOUA. — FARCY.

— Si la Chambre vote ce projet de loi, dit M. Millière, nous sommes sauvés !...

PREMIÈRE SÉANCE DE L'ASSEMBLÉE

L'Assemblée allait tenir sa première séance. De cette délibération solennelle pouvait sortir la paix ou la guerre, et, à l'ouverture de la séance, — pendant que M. Grévy montait au fauteuil de la présidence et que M. Picard demandait la mise en état de siége du département de Seine-et-Oise, — tout le monde se demandait avec anxiété si la Chambre allait enfin se montrer conciliante et moins injuste à l'égard de Paris.

M. Clémenceau monte à la tribune et dépose, en son nom et au nom de ses collègues, le projet de loi dont nous avons donné le texte plus haut.

Malgré la longueur des débats, nous croyons devoir donner ici une partie de la discussion qui suivit.

M. CLÉMENCEAU. — Nous demandons l'urgence. Il y a des raisons très-graves en faveur de l'urgence; mais comme nous ne tenons pas à irriter le débat, nous croyons devoir nous dispenser d'expliquer pourquoi nous demandons l'urgence.

Plusieurs voix à droite. — Si! si! Parlez! parlez!

M. CLÉMENCEAU. — Sans vouloir entrer dans l'examen des causes qui nous font réclamer l'urgence, je me bornerai à dire qu'il n'y a actuellement à Paris aucune autre autorité que celle des municipalités. Le Gouvernement..... il a quitté son poste, il faut bien le dire. (Réclamations.)

M. DUFAURE, *ministre de la justice*. — Notre place est à côté de l'Assemblée !

M. CLÉMENCEAU. — Son poste était là où est le danger ! Le Gouvernement nous a laissés à Paris, nous y sommes restés, nous nous sommes efforcés de faire notre devoir et je crois que nous l'avons fait.

C'est donc un fait constant : il n'y a plus à Paris que les municipalités. C'est la seule autorité qui subsiste.

M. LE MINISTRE DE L'INTÉRIEUR. — Et encore sont-elles très-contestées pour la plupart.

M. CLÉMENCEAU. — Oui, le ministre de l'intérieur a raison. Et c'est en m'appuyant sur son observation que je puise un argument en faveur de la déclaration d'urgence que nous sollicitons.

Où voulez-vous prendre cette autorité nécessaire au rétablissement de l'ordre ?

Quelques voix. — Dans le sein du pays..., en France... dans l'Assemblée. (*Bruit.*)

M. CLÉMENCEAU. — Je ne nie pas le moins du monde l'autorité de l'Assemblée. Si j'en reconnaissais une autre que la sienne, je ne serais pas à ce moment à la tribune. Je dis seulement qu'il n'y a à l'heure actuelle à Paris aucune autorité... Si vous voulez sortir de la situation périlleuse dans laquelle nous nous trouvons, il faut absolument créer une autorité municipale autour de laquelle pourront se grouper tous les citoyens de Paris.

Je ne nie pas, croyez-le bien, que le Gouvernement ait une autorité sur Paris, mais, enfin, il a dû quitter la capitale. Paris est en état d'insurrection. Suivant nous, le point d'appui pour ramener les citoyens égarés, c'est de faire élire une commission municipale.

Le ministre de l'intérieur M. Ernest Picard monte à la tribune pour répondre à M. Clémenceau et combattre l'urgence. De son discours nous ne citerons que cette phrase, que nous aurons besoin de retrouver plus tard :

Est-il possible, sous la pression d'une insurrection et sous la présidence d'un inconnu qui assistera et surveillera le scrutin, de procéder à de pareilles élections?

M. Tirard succède au ministre de l'intérieur. Nous croyons devoir citer son discours en entier à cause de son extrême importance :

M. TIRARD. — Je reconnais avec M. le ministre de l'intérieur qu'il est indispensable que les élections soient libres, et jamais il n'est entré dans notre pensée de faire des élections qui ne le soient point. Mais si nous vous demandons d'adopter l'urgence pour notre projet, c'est, je vous l'assure, parce que nous en sentons l'absolue nécessité.

Nous avons le droit de parler ainsi au nom de la population parisienne, et si nous avons le droit de dire ce qu'il est indispensable de faire en ce moment, c'est parce que nous-mêmes nous avons fait tout ce qu'il était indispensable, et que nous avons pu juger de la situation. Paris a été abandonné. (*Réclamations*.)

M. JULES FAVRE. — Paris a cédé à un coup de force.

M. THIERS. — Nous n'avons pas abandonné Paris... (Bruit.)

M. TIRARD. — Je ne blâme personne. Je constate seulement un fait, c'est que Paris s'est trouvé abandonné. Je ne veux pas dire que vous l'ayez abandonné ; mais je constate qu'à un moment il ne s'est plus trouvé personne dans les ministères.

Quelques voix. — Et les généraux égorgés, parlez-en donc !

M. LE MINISTRE DE L'INTÉRIEUR. — Je proteste contre un abandon de notre part; les ministres ont été expulsés par la force. (*Très-bien* !)

M. TIRARD. — Je vous jure que mon intention n'est de blesser qui que ce soit. Ceux qui m'interrogent ignorent que depuis le mois de septembre nous avons lutté et combattu pour maintenir l'ordre. Nous déclinons toute solidarité avec des assassins. Et nous forcer à faire une déclaration semblable, c'est une injure que nous ne méritons pas. (*Approbation*.)

Nous remplissions des fonctions difficiles, croyez-le bien, quand nous étions obligés de faire manger à la population cette composition sans nom que nous lui persuadions être du pain noir.

Je suis profondément humilié à la pensée d'avoir à me défendre. (Non! Non!)

Nous nous sommes trouvés seuls dans nos mairies sans aucune espèce de pouvoir. Hier matin, je suis allé avec deux de mes collègues au ministère de l'intérieur. Il venait d'être envahi par des gardes nationaux.

Nous n'avons donc pu demander l'autorisation de prendre, non pas les rênes du Gouvernement, mais les mesures les plus urgentes dans l'intérêt des municipalités dont nous sommes les élus. Nous avons pris sur nous de rester à notre poste. Cette nuit, nous avons reçu une délégation du ministère de l'intérieur qui nous a remis des pouvoirs réguliers.

Vous savez que l'Hôtel de Ville est occupé... pas par nous. On nous a fait demander si nous voulions entrer en pourparlers avec ceux qui l'occupent. Nous avons voulu éviter tout motif de conflit, et nous avons reçu les délégués de l'Hôtel de Ville, auxquels nous avons déclaré tout d'abord que nous ne reconnaissions d'autre autorité que la vôtre; que nous étions les élus du peuple, et que nous entendions ne — laisser péricliter entre nos mains aucun des pouvoirs dont nous avions été investis. Parmi les causes d'irritation de la population, il en est que je puis vous signaler, et qui ont contribué à ce qu'une grande partie de la garde nationale n'a pas répondu à l'appel qui lui a été adressé.

Dans mon arrondissement, où il se trouve un grand nombre de négociants, la loi sur les échéances est une de ces causes. Une autre cause de l'irritation, c'est que Paris est dépourvu de toute espèce d'administration municipale. Nous avons pensé, et c'est la vérité, qu'en procédant à des élections municipales vous obtiendriez le concours de toute la population de Paris qui professe des sentiments d'ordre, et lorsque nous apposerons des affiches par lesquelles l'Assemblée nationale invitera aux élections, il en sera terminé avec l'émeute aussi rapidement qu'elle a commencé.

Le ministre disait tout à l'heure qu'en procédant à des élections nous aurions l'air de pactiser avec l'émeute. Je répondrai : Si nous étions mus par cette idée, ce serait absurde, puisque déjà il y a sur tous les murs des affiches appelant la population au vote des élections communales, tandis que nous avons déclaré au contraire, dans nos municipalités, que nous nous opposerions à ces élections. Et, quant à moi, je m'y opposerai de toutes mes forces ; nous ne remettrons ni les urnes ni les listes.

Et lorsque nous venons vous dire que nous ne nous reconnaissons pas le droit de faire des élections sans votre assentiment, vous nous répondez que nous pactisons avec l'émeute !... (Non ! non !)

Des hommes parfaitement résolus à faire leur devoir viennent tous vous dire : Voilà une mesure qui peut sauver Paris; adoptez-la. La population saine et vaillante, celle qui a fait ses preuves devant les Prussiens, sera avec vous. Vous en aurez fini alors avec l'émeute et on ne vous accusera pas de pactiser avec elle. (*Applaudissements.*)

Le ministre de l'intérieur, après avoir consulté ses collègues et M. Thiers, remonte à la tribune pour remercier les maires de leur courageuse intervention et joindre ses applaudissements à ceux de la Chambre. Il déclare qu'en présence des explications de MM. Clémenceau et Tirard l'Assemblée ne doit pas hésiter à accepter l'examen de la proposition.

La Chambre, ajoute M. Picard, me permettra de dire à mes très honorables collègues que nous étions depuis longtemps, et à leur connaissance, disposés à présenter un projet de loi sur les élections municipales générales.

L'Assemblée consultée déclare l'urgence.

M. LOCKROY. — J'ai l'honneur de déposer sur le bureau de l'Assemblée un projet ainsi conçu :

Les représentants de la Seine soussignés ont l'honneur de proposer à l'Assemblée nationale le projet de loi suivant :

ART. 1er. Les caporaux, sergents et officiers, jusques et y compris le grade de capitaine, seront élus au suffrage direct par les gardes nationaux.

ART. 2. Les chefs de bataillon et porte-drapeaux seront élus par les officiers du bataillon et par des délégués nommés dans chaque compagnie en nombre égal à celui des officiers.

ART. 3. Les colonels et lieutenants-colonels seront élus par les capitaines et les chefs de bataillon.

ART. 4. Le général en chef des gardes nationales de la Seine sera élu par les colonels, les lieutenants-colonels et les chefs de bataillon.

ART. 5. Le général nomme son état-major, les colonels nomment également leur état-major. Les chefs de bataillon nomment les capitaines adjudants-majors et les adjudants les sous-officiers.

Signé : Louis BLANC. — PEYRAT, — SCHŒLCHER. — BRUNET. — TOLAIN. — CLÉMENCEAU. — TIRARD. — Martin BERNARD. — MILLIÈRE. — BRISSON. — LOCKROY. — Edgar QUINET. — LANGLOIS. — FARCY. — GREPPO. — COURNET. — FLOQUET. — Marc DUFRAISSE.

M. MILLIÈRE. — J'ai l'honneur de déposer sur le bureau de l'Assemblée une proposition relative à des modifications à apporter à la dernière loi sur l'échéance des effets de commerce.

Je commence par déclarer, — bien que les événements qui viennent de se passer aient, selon moi, peut-être, été aggravés par la situation qu'a faite cette loi au commerce, — je commence par déclarer que ce ne sont pas ces événements qui m'ont déterminé à présenter ma proposition; car je tiens à vous faire comprendre, messieurs, qu'elle est indépendante des circonstances actuelles.

« Considérant que, par l'insuffisance des sursis, la loi du 10 mars 1871, sur la prorogation des échéances des effets de commerce, n'a pas atteint son but;

» Que, par la force même des choses, cette loi est inexécutable;

» Et que, pour produire les effets salutaires que l'Assemblée nationale a voulu faire obtenir au commerce, il est indispensable d'augmenter les délais concédés;

» Le représentant du peuple soussigné propose à l'Assemblée nationale d'adopter, d'urgence, le projet de loi suivant :

» ARTICLE UNIQUE. Les délais accordés par la loi du 10 mars, pour le payement des effets de commerce qui y sont désignés, sont prorogés de trois mois.

» MILLIÈRE. »

M. DUFAURE, garde des sceaux. — Je déclare accepter l'urgence proposée par M. Millière.

M. LAMBRECHT, ministre du commerce. — Je l'accepte également.

M. LE PRÉSIDENT. — M. le garde des sceaux et M. le ministre du commerce déclarent accepter l'urgence demandée par M. Millière.

Je mets aux voix la déclaration d'urgence.

M. ANTONIN LEFÈVRE-PONTALIS dépose le rapport sur le projet de loi concernant la mise en état de siége du département de Seine-et-Oise.

M. LOUIS BLANC. — Je viens, messieurs, m'opposer à la proposition qui vous est faite, au nom d'un intérêt commun à tous; nous voulons le salut de notre pays, eh bien, ma conviction profonde est que le meilleur moyen d'atteindre à ce but suprême, c'est d'adopter courageusement, car il y a aussi un grand courage dans la modération, c'est d'adopter courageusement une politique de conciliation et d'apaisement.

On a parlé de mesures répressives. Au nom de la France qui est en deuil, au nom de Paris qui est à l'agonie, au nom de cet esprit de calme qui est si nécessaire dans les circonstances déplorables où nous sommes, je vous en conjure, adoptez une politique de conciliation.

Un membre : Et les assassinats! (*Agitation.*)

M. LOUIS BLANC. — Les assassinats! mais il n'y a personne dans cette Assemblée qui ne les désavoue et ne les repousse; il n'y a personne aussi qui ne soit plus intéressé que nous à les repousser, parce que la cause qu'ils atteignent est la nôtre, celle de la liberté. Cette cause peut être perdue par le désordre et l'anarchie.

Je répète donc que dans ce moment, vu les dispositions d'esprit de Paris, vu la situation de la France, quand l'ennemi est encore sur notre territoire, il faut à tout prix, et coûte que coûte, éviter la guerre civile. Le meilleur moyen de l'éviter est donc de ne pas provoquer l'irritation... (*Interruption.*)

M. LE PRÉSIDENT. — J'invite l'Assemblée à ne point interrompre l'orateur, ou je serai dans la nécessité de rappeler à l'ordre les interrupteurs.

(*Un membre à droite prononce avec vivacité quelques paroles qui ne parviennent pas jusqu'à nous et est rappelé à l'ordre.*)

M. LOUIS BLANC. — La défense de nos opinions est couverte ici, ce me semble, par la communauté de nos intérêts, et un jour peut-être, vous qui m'interrompez, vous comprendrez qu'en combattant votre opinion je plaidais votre propre cause. La situation de Paris est très-grave, plus grave peut-être qu'aucun de vous ne le soupçonne. Je crois donc qu'il importe de ne pas appeler la résistance par l'emploi précipité de la force. (*Interruptions.*)

Est-ce que la force n'est pas quelquefois un instrument qui se brise dans les mains de ceux qui l'emploient? (Mouvement.) Quant à moi, je suis convaincu que la vraie politique est celle qui appelle les esprits à se rapprocher dans un sentiment d'union, en vue des dangers qui nous menacent.

Ne croyez pas qu'il n'y ait à Paris que des insurgés, que des gens qui veulent le sang et le pillage. Ne croyez pas cela. (Non! non!) Eh bien! si vous ne croyez pas cela, rattachez-vous les hommes d'ordre par des sentiments de conciliation et d'apaisement; voilà ce que je vous demande.

Je me résume en disant que notre politique doit être celle qui serait formulée par ces mots, que mes amis et moi écrivions au bas d'une proclamation adressée aux habitants de Paris pour y ramener le calme : l'ordre dans la liberté et par la liberté.

Après un discours, dans lequel M. Turquet raconte son arrestation et celle du général Chanzy, l'Assemblée décide, sur la demande du ministre de l'intérieur, qu'une proclamation sera adressée par elle au peuple et à l'armée.

La séance est levée à sept heures et quart.

La loi municipale était promise; mais elle n'était pas encore votée.

LE COMITÉ CENTRAL

Si, dans cette journée, l'Assemblée avait bien occupé son temps, de son côté le Comité central n'avait pas perdu le sien.

Le *Journal officiel* (1) parut le lundi matin, rédigé tout entier de sa main. En tête était publié un long factum sous ce titre : FÉDÉRATION RÉPUBLICAINE DE LA GARDE NATIONALE, qui débutait par cette phrase d'une certaine crânerie hautaine :

« Si le Comité central de la garde nationale était un gouvernement, il pourrait, pour la dignité de ses électeurs, dédaigner de se justifier. Mais comme sa première affirmation a été de déclarer « qu'il ne prétendait pas prendre la place de ceux que le souffle populaire avait renversés, » tenant à simple honnêteté de rester exactement dans la limite expresse du mandat qui lui a été confié, il demeure un composé de personnalités qui ont le droit de se défendre.

» Enfant de la République qui écrit sur sa devise le grand mot de : Fraternité, il pardonne à ses détracteurs ; mais il veut persuader les honnêtes gens qui ont accepté la calomnie par ignorance. »

(1) Aussitôt qu'on apprit à Versailles l'opposition du *Journal officiel*, rédigé par le Comité, le ministre de l'intérieur fit passer à tous les préfets et sous-préfets la dépêche suivante :

Le 20 mars 1871, 9 h. 40 du matin.

Intérieur aux préfets et sous-préfets.

Faites saisir de suite le *Journal officiel* du 20 mars, daté de Paris : il est l'œuvre de l'insurrection qui s'est emparée des presses de l'*Officiel* à Paris : prévenez les populations.

Ernest PICARD.

Et se terminait par cette promesse qui ne se réalisa jamais :

« Nous, chargés d'un mandat qui faisait peser sur nos têtes une terrible responsabilité, nous l'avons accompli sans hésitation, sans peur, et, dès que nous voici arrivés au but, nous disons au peuple qui nous a assez estimés pour écouter nos avis, qui ont souvent froissé son impatience : Voici le mandat que tu nous as confié : là où notre intérêt personnel commencerait, notre devoir finit; fais ta volonté. Mon maître, tu t'es fait libre. Obscurs il y a quelques jours, nous allons rentrer obscurs dans tes rangs, et montrer aux gouvernants que l'on peut descendre, la tête haute, les marches de ton Hôtel de Ville, avec la certitude de trouver en bas l'étreinte de la loyale et robuste main. »

Puis venaient : 1° un appel aux départements signé : *les délégués au* JOURNAL OFFICIEL et qui avait été rédigé par le citoyen Vésinier ;

2° Ce petit avertissement doucereux :

A la presse.

« Les autorités républicaines de la capitale veulent faire respecter la liberté de la presse, ainsi que toutes les autres; elles espèrent que tous les journaux comprendront que le premier de leurs devoirs est le respect dû à la République, à la vérité, à la justice et au droit, qui sont placés sous la sauvegarde de tous ».

3° L'arrêté sur les élections affiché la veille.

4° Les trois décisions suivantes :

L'état de siége est levé dans le département de la Seine ;

Les conseils de guerre de l'armée permanente sont abolis ;

Amnistie pleine et entière est accordée pour tous les crimes et délits politiques ;

Il est enjoint à tous les directeurs de prisons de mettre immédiatement en liberté tous les détenus politiques.

5º Cette note relative aux Prussiens.

« Citoyens de Paris,

» Dans trois jours, vous serez appelés, en toute liberté, à nommer la municipalité parisienne.

» Alors ceux qui, par nécessité urgente, occupent le pouvoir déposeront leurs titres provisoires entre les mains des élus du peuple.

» Il y a en outre une décision importante que nous devons prendre immédiatement : c'est celle relative au traité de paix.

» Nous déclarons, dès à présent, être fermement décidés à faire respecter ces préliminaires, afin d'arriver à sauvegarder à la fois le salut de la France républicaine et de la paix générale. »

Le délégué du gouvernement au ministère de l'intérieur
V. GRELIER.

6º Une proclamation anonyme qui commence par une phrase singulière dans la bouche du Comité central et finit par un mensonge. La voici :

« *Le nouveau gouvernement de la République* vient de prendre possession de tous les ministères et de toutes les administrations.

» Cette occupation, opérée par la garde nationale, impose de grands devoirs aux citoyens qui ont accepté cette tâche difficile.

» L'armée, comprenant enfin la position qui lui était faite et les devoirs qui lui incombaient, a fusionné avec les habitants de la cité : troupes de ligne, mobiles et marins se sont unis pour l'œuvre commune.

» Sachons donc profiter de cette union pour resserrer nos rangs, et, une fois pour toutes, asseoir la République sur des bases sérieuses et impérissables!

» Que la garde nationale, unie à la ligne et à la mobile, continue son service avec courage et dévouement;

» Que les bataillons de marche, dont les cadres sont encore presque au complet, occupent les forts et toutes les positions avancées afin d'assurer la défense de la capitale;

» *Les municipalités des arrondissements, animées du même zèle et du même patriotisme que la garde nationale et l'armée, se sont unies à elles pour assurer le salut de la République et préparer les élections du conseil communal qui vont avoir lieu.*

» Point de divisions! Unité parfaite et liberté pleine et entière! »

Il y eut à la lecture de cette dernière pièce un mouvement de recul dans l'esprit de la population parisienne; mais on n'attacha pas une grande importance à ce qu'on appelait « *les phrases du Comité*, » persuadés qu'on était que les membres du conseil municipal mettraient bon ordre aux ambitions un peu exagérées que semblaient trahir ces proclamations.

LA RÉSISTANCE

A deux heures de l'après-midi, M. Chéron, adjoint du 2e arrondissement, réunit les chefs de bataillon du quartier, leur exposa la situation et leur dit qu'en présence des exigences du Comité central, de ses proclamations du matin et de son manque de bonne foi, il devenait urgent de se mettre sur la défensive et de garder militairement la mairie qui servait de siège aux représentants légaux de Paris. Après une courte discussion, les chefs de bataillon rédigèrent et signèrent l'affiche suivante, qui fut immédiatement imprimée et apposée sur tous les murs de la ville :

Concitoyens,

Les députés de Paris, unis aux maires et adjoints, ont résolu de défendre la République envers et contre tous, en maintenant tout d'abord la tranquillité dans la cité.

La municipalité du 2e arrondissement et les chefs de bataillon, s'associant à cette résolution, ont organisé un service de protection et de surveillance dans l'arrondissement. Tout citoyen dévoué à la République leur doit son concours. Toute abstention, dans les circonstances actuelles, est un crime civique ; nous faisons donc un appel énergique à tous nos camarades, pour nous seconder dans l'œuvre de conciliation dont le principe est accepté.

Vive la République !

>Simon, commandant le 8e bataillon. — Thorel, le 10e. — Poyet, par intérim, le 11e. — Collet, capitaine commandant par intérim le 92e. — Poisson, le 100e. — Sébille, le 148e. — Quevauvillers, le 149e. — Noirot, le 181e. — Béchet, capitaine, commandant par intérim le 227e.

M. Chéron proposa alors de confier provisoirement le commandement supérieur des forces qu'on pourrait réunir autour de la mairie du 2e, au lieutenant-colonel Quevauvillers, ce qui fut aussitôt accepté, et sur-le-champ on procéda à l'organisation de la défense.

Sur neuf bataillons, on ne pouvait compter que sur

six; les 100e, 181e et 227e étant presque tout entiers affiliés au Comité central.

De son côté, M. J. Meline réunissait à la mairie du Louvre les chefs de bataillon de son arrondissement, qui se montraient disposés à soutenir la résistance; mais, malgré les promesses faites aux maires, le lundi soir, la mairie du 1er arrondissement se trouvait complétement dégarnie de troupes.

Le lendemain, M. Meline réunit les officiers de tous les bataillons (deux cents environ), et leur expliqua la gravité de la situation et la nécessité d'imiter le 2e, qui se préparait à une vigoureuse défense. Les officiers se déclarèrent prêts à soutenir ceux qu'ils avaient élus et signèrent avec eux l'affiche ci-dessous :

Citoyens,

La municipalité du 1er arrondissement, unie à toutes les municipalités et aux députés de Paris, dans son profond dévouement à la République, qu'elle veut défendre à tout prix, fait appel à votre patriotisme.

Nous devons l'appuyer et la servir, pour écarter les dangers qui seraient la ruine de la liberté. Nous avons élu librement nos mandataires et nous déclarons, au nom du suffrage universel, qui est la base de tout, que leur personne est inviolable et leur autorité indiscutable.

Nous sommes prêts à soutenir ces principes qui peuvent seuls prévenir un conflit déplorable pour nos institutions républicaines. Les bons citoyens doivent être avec nous. Toute abstention dans les circonstances actuelles est un crime civique. Nous faisons un appel énergique à tous nos camarades pour nous seconder dans l'œuvre de conciliation que nous avons entreprise.

Il est indispensable que chacun prenne des résolutions viriles pour assurer la concorde et consolider la République.

Suivent les signatures des officiers des 1er, 5e, 12e, 13e, 14e, 76e, 212e, 113e, 171e, 193e bataillons.

« Le 111e bataillon et des compagnies d'autres bataillons n'ont pu adhérer à ce manifeste par le seul fait qu'ils étaient de service ce jour-là. »

A partir de ce moment la résistance s'organisa solidement ; (1) chaque soir trois bataillons gardent la mairie, campant en plein air et restant, lorsqu'il le fallait et sans se plaindre, vingt-quatre heures sous les armes.

Le général Bonnetoud, qui revenait de captivité en Prusse, montait sa faction en képi de général, un fusil sur l'épaule. Une dizaine d'élèves de l'École polytechnique étaient venus se mettre à la disposition du maire, avec une compagnie de mobiles du quartier.

On avait même découvert des canons qu'on avait apportés en triomphe sur la place de la mairie, sans s'apercevoir que deux étaient sans culasse et qu'on n'avait pas de munitions. Le 21, on en fit demander à M. Tresca, directeur des Arts et Métiers, qui répondit ces simples mots, qui en diront plus que tout un chapitre : « J'ai deux gargousses, les voulez-vous ? »

Comme on le voit, on s'organisait pour la défense, bravement, sans forfanterie ; mais la vérité vraie c'est que cette défense était complètement impossible, si l'on regarde un peu attentivement la situation de la mairie du 1er, lorsque la colonnade du Louvre était occupée par les fédérés, et que la rue Rivoli et les quais pouvaient être balayés par leur artillerie de la place de l'Hôtel de Ville.

---

(1) Voir l'*Annexe*.

Sur les boulevards et dans les rues avoisinantes les deux affiches suivantes avaient été posées :

RÉPUBLIQUE FRANÇAISE.

LIBERTÉ — ÉGALITÉ — FRATERNITÉ.

Je viens faire appel au patriotisme et à la virilité de la population qui veut l'ordre, la tranquillité et le respect des lois.

Le temps presse pour former une digue à la révolution. Que tous les bons citoyens viennent me donner leur appui.

A. BONNE,
Capitaine commandant la 4e compagnie du 253e bataillon,
12, boulevard des Capucines.

A messieurs les officiers de la garde mobile, présents à Paris.

Chers camarades,

En présence des désordres qui affligent Paris, tout officier ami de l'ordre et aimant son pays doit son appui au gouvernement régulier élu par la France.

Unissons-nous donc pour défendre la société menacée, et n'oublions pas que l'ennemi ne demande qu'un prétexte pour entrer dans nos murs.

A vous tous, mes chers camarades, qui, ainsi que tout bon Français, avez pour devise : Honneur et Patrie, de répondre à mon appel. Réunissons-nous, formons un bataillon, et allons offrir notre loyal concours à l'amiral Saisset.

Lieu de rendez-vous, demain vendredi 24, de midi à deux heures, et samedi 25, de dix heures à midi, au coin des rues et place de la Bourse.

LÉOPOLD NIVOLEY,
Capitaine au 17e bataillon de la garde mobile de la Seine.

Ces deux affiches amenèrent de nouvelles recrues à l'armée de l'ordre, dont l'amiral Saisset allait prendre le commandement ; car, en tête du *Journal officiel* de Versailles, en date du 20 mars, on lisait :

« Par arrêté du Gouvernement, en date du 19, l'amiral Saisset a été nommé commandant supérieur des gardes nationales de la Seine. »

DÉCLARATION DE LA PRESSE

Dans la soirée, M. Guéroult réunit les rédacteurs en chef de tous les journaux de Paris, et soumit à leur signature la déclaration suivante, qui fut affichée le lendemain matin :

AUX ÉLECTEURS DE PARIS

DÉCLARATION DE LA PRESSE

Attendu que la convocation des électeurs est un acte de souveraineté nationale ;

Que l'exercice de cette souveraineté n'appartient qu'aux pouvoirs émanés du suffrage universel ;

Que, par suite, le Comité qui s'est installé à l'Hôtel de Ville n'a ni droit ni qualité pour faire cette convocation ;

Les représentants des journaux soussignés considèrent la convocation affichée pour le 22 courant comme nulle et non avenue ;

Et engagent les électeurs à n'en pas tenir compte.

Journal des Débats. — *Constitutionnel.* — *Siècle.* — *Électeur libre.* — *Paris-Journal.* — *Vérité.* — *Figaro.* — *Gaulois.* — *Petite Presse.* — *Patrie.* — *Union.* — *Petit National.* — *France nouvelle.* — *Presse.* — *Liberté.* — *Pays.* — *National.* — *France.* — *Univers.* — *Opinion nationale.* — *Cloche.* — *Petit Moniteur.* —

Français. — *Journal des Villes et des Campagnes.* — *Journal de Paris.* — *Gazette de France.* — *Messager de Paris.* — *Temps.* — *Soir.* — *Moniteur universel.* — *Monde* (1).

A neuf heures les maires se réunirent et discutèrent les événements de la journée, en attendant les représentants, qui n'arrivèrent de Versailles que vers dix heures et demie. On rédigea dans cette séance l'affiche ci-dessous, qui fut également apposée le lendemain matin :

RÉPUBLIQUE FRANÇAISE

LIBERTÉ — ÉGALITÉ — FRATERNITÉ

Les maires et adjoints de Paris et les représentants de la Seine font savoir à leurs concitoyens que l'Assemblée a, dans sa séance d'hier, voté l'urgence du projet de loi relatif aux élections du conseil municipal de la ville de Paris.

La garde nationale, ne prenant conseil que de son patriotisme, tiendra à honneur d'écarter toute cause de conflit en attendant les décisions qui seront prises par l'Assemblée nationale.

Vive la République ! Vive la France !

Représentants de la Seine :

Louis BLANC. — V. SCHŒLCHER. — A. PEYRAT. — Ed. ADAM. — FLOQUET. — Martin BERNARD. — LANGLOIS. — Ed. LOCKROY. — FARCY. — H. BRISSON. — GREPPO. — MILLIÈRE. — Edgar QUINET.

(*Suivent les signatures des maires et adjoints de Paris.*)

(1) Voir à l'annexe la déclaration du *Siècle* AUX ÉLECTEURS DE PARIS.

21 MARS

LES DEUX OFFICIELS

Celui de Versailles ne renfermait que peu de chose. A la partie officielle, des nominations de préfets et des successions en déshérence ; à la partie non officielle, le compte rendu de la Chambre du 20, une protestation du conseil municipal de Versailles contre l'insurrection, et quelques faits divers racontant l'occupation de certaines mairies par les fédérés, et cet extrait du journal le *Soir* :

« Hier, à deux heures, le vice-amiral Saisset est reconnu sur le boulevard, à la hauteur de l'Opéra. Aussitôt, environné par la foule, il est acclamé, porté en triomphe.

» De nombreux citoyens lui offrent le commandement en chef de la garde nationale; tous veulent marcher contre les émeutiers et rétablir l'ordre.

» L'amiral parvient à grand'peine à se dégager et à entrer au café du Helder.

» Quelques instants après, un capitaine de vaisseau paraît à la foule.

» Il déclare à la foule que l'amiral Saisset ne peut recevoir un pareil commandement d'un groupe de citoyens, si nombreux qu'il soit : « Je puis vous assurer que s'il accepte, ajoute-t-il, ce ne sera que sur un ordre exprès du Gouvernement. »

» Les assistants approuvent ces paroles et la foule se disperse. »

C'était peu, en vérité ; mais la séance avait été bonne, l'affiche des maires était rassurante, on attendait et l'on se disait : « Ce sera pour demain. »

Le *Journal officiel* du Comité central était presque aussi pâle que son frère légitime, à part un long article (1) signé : Le *délégué* au *Journal officiel,* dans lequel la Révolution du 18 mars était expliquée tout au long.

Voici le sommaire de ce numéro :

PARTIE OFFICIELLE. — Affiche sur les repris de justice.
— Suppression du service télégraphique particulier.
— Paris ville libre. — Manifeste des députés de Paris.
— Statuts de la Fédération. — Arrêtés divers.

PARTIE NON OFFICIELLE. — La Révolution du 18 mars.
— Les élections communales. — Résolutions du Comité central. — Proclamation Blanqui. — Ordre du commandant Humbert. — Notes sur Clément Thomas et Lecomte. — Assemblée de Versailles.
Nouvelles des départements. — Nouvelles étrangères.
Faits divers. — Bourses et marchés.

Deux choses cependant frappaient dans ce numéro sans couleur; divers petits arrêtés ainsi conçus :

« L'arrêté relatif à la vente des objets engagés au mont-de-piété est rapporté. »

« Prorogation d'un mois des échéances des effets de commerce. »

(1) Voir cet article à l'*Annexe,* sous ce titre : LA RÉVOLUTION DU 18 MARS.

« Jusqu'à nouvel ordre, et dans le seul but de maintenir la tranquillité, les propriétaires et les maîtres d'hôtel ne pourront congédier leurs locataires. »

Et un avis concernant la solde, signé de trente-cinq membres du Comité qui ne se composait la veille que de vingt membres.

AVIS

A partir de demain 21, la solde de la garde nationale sera faite régulièrement, et les distributions de secours seront reprises sans interruption.

Le Comité central de la garde nationale,

Ant. ARNAUD. — G. ARNOLD. — ASSI. — ANDIGNOUX.— BOUIT.— Jules BERGERET.— BABICK. — BOURSIER.— BARON.— BILLIORAY.— BLANCHET.— CASTIONI. — CHOUTEAU.— C. DUPONT. — FERRAT. — Henri FORTUNÉ. — FABRE. — POUGERET.— C. GAUDIER. — GERESME.— GROLARD. — JOSSELIN. — F.-R. JOURDE.— Maxime LISBONNE. — LAVALETTE. — Ch. LULLIER. — MALJOURNAL.— MOREAU.— MORTIER. — PRUDHOMME. — ROUSSEAU. — RANVIER. — VARLIN. VIARD. — GOUHIER.

En même temps le Comité central faisait prévenir les maires que les élections auraient toujours lieu le 22. Voici la lettre adressée au maire du 2º arrondissement, par le citoyen Avoine fils.

MAIRIE DE PARIS

22 mars 1871.

Nous prions le maire du deuxième arrondissement

de nous faire savoir si vous êtes prêts pour les élections de demain (1)
Si vous avez des urnes
Des listes électorales
Si vous avez fait apposer des placard

Pour le Comité central et par délégation
Avoine fils.

Réponse de suite.

UNE SÉANCE MÉMORABLE

Pendant que le Comité central, les yeux fixés vers son but, marchait sans se préoccuper de ce qui se passait autour de lui, sûr qu'il était de briser la résistance le jour où l'idée lui en viendrait, la France tout entière tournait les yeux vers l'Assemblée, sentant bien que le point d'appui était là. Versailles était devenu le centre vers lequel convergeaient toutes les forces vives, toutes les pensées, toutes les espérances du pays, une seconde fois jeté dans les aventures.

La séance du 21 mars fut longue, et restera par son importance une des grandes pages de notre histoire.

Nous la reproduisons dans tous ses détails, ne re-

---

(1) L'original de cette lettre que nous reproduisons dans sa concision primitive, avec son manque de ponctuation, son orthographe et sa politesse exquise, porte un mot raturé dont la conservation aurait transformé la phrase : *si vous êtes prêts pour les élections de demain*, en celle-ci : *si vous êtes prêts pour les élections de* Dimanche.

Le mot *Dimanche* est biffé, inachevé. Avoine fils n'a écrit que Dimanch. L'*h* final n'est même pas complètement formé. Seulement nous avons le droit d'en conclure que le renvoi des élections du 26 était déjà arrêté dans l'esprit de certains membres du Comité central.

tranchant que ce qui est complétement hors du sujet.

A l'ouverture de la séance, M. Gaslonde monte à la tribune et dépose une proposition d'abrogation des décrets de la délégation de Bordeaux, concernant les conseils généraux, et demande l'urgence qui est votée.

— *Vous croyez que vous allez rétablir l'ordre*, s'écrie M. Emmanuel Arago, *eh bien! c'est le contraire!*

M. LE PRÉSIDENT. — La parole est à M. Vitet, membre de la commission, pour donner lecture du projet de proclamation.

M. VITET monte à la tribune et lit la proclamation suivante :

AU PEUPLE ET A L'ARMÉE

« Citoyens et soldats,

» Le plus grand attentat qui se puisse commettre chez un peuple qui veut être libre, une révolte ouverte contre la souveraineté nationale, ajoute en ce moment comme un nouveau désastre à tous les maux de la patrie.

» Des criminels, des insensés, au lendemain de nos revers, quand l'étranger s'éloignait à peine de nos champs ravagés, n'ont pas craint de porter dans ce Paris qu'ils prétendent honorer et défendre, plus que le désordre et la ruine, le déshonneur. Ils l'ont taché d'un sang qui soulève contre eux la conscience humaine, en même temps qu'il leur interdit de prononcer ce noble mot de « République » qui n'a de sens qu'avec l'inviolable respect du droit et de la liberté.

» Déjà, nous le savons, la France entière repousse avec indignation cette odieuse entreprise. Ne craignez pas de nous ces faiblesses morales qui aggraveraient le mal en pactisant avec les coupables. Nous vous conserverons intact le dépôt que vous nous avez commis pour sauver, organiser, constituer le pays, ce grand et tutélaire principe de la souveraineté nationale.

» Nous le tenons de vos libres suffrages, les plus libres qui furent jamais. Nous sommes vos représentants et vos seuls mandataires; c'est par nous, c'est en notre nom que la moindre parcelle de notre sol doit être gouvernée; à plus forte raison cette héroïque cité, le cœur de notre France, qui n'est pas faite pour se laisser longtemps surprendre par une minorité factieuse.

» Citoyens et soldats,

» Il s'agit du premier de vos droits, c'est à vous de le maintenir. Pour faire appel à vos courages, pour réclamer de vous une énergique assistance, vos représentants sont unanimes. Tous, à l'envi, sans dissidence, nous vous adjurons de vous serrer étroitement autour de cette Assemblée, votre œuvre, votre image, votre espoir, votre unique salut! »

La proclamation est adoptée à l'unanimité.

M. MILLIÈRE. — Je désirerais avoir la parole dans un but de conciliation et d'esprit de concorde; je ne voudrais pas qu'on jetât de l'huile bouillante sur le feu. (*Exclamations. Bruit.*)

M. PEYRAT. — Je demande qu'on ajoute cette disposition additionnelle : « Vive la France! vive la République! »

A droite. — Non! non!

Au centre. — Si! si! (Bruit.)

MM. Langlois et Peyrat montent à la tribune, puis se retirent sans parler.

Une voix. — Vous ne pouvez pas engager ainsi les électeurs.

Autres voix. — Il faut attendre la décision de la France.

A droite. — Pas de Commune! (Bruit.)

M. Thiers monte à la tribune et au milieu des cris de la droite, prononce ces paroles :

M. THIERS. — Je ne partage à aucun degré les opinions de M. Millière. Mais, croyez-moi, vous ne pouvez rien faire de plus sage que de lui accorder la parole pendant quelques instants. (Dénégations.)

Quelques voix. — Sur quoi veut-il parler?

M. THIERS. — Soyez sûrs que vous n'ajoutez pas à votre autorité en interrompant le chef du pouvoir exécutif. (Bravo! bravo!)

Il faut que l'Assemblée écoute M. Millière; il sera digne, j'en suis sûr, par ses paroles, de la liberté que vous lui aurez laissée. (Vive approbation à gauche.)

M. LE PRÉSIDENT. — Il ne se peut pas qu'un membre de cette Assemblée ait demandé la parole sans pouvoir être entendu. Le jour où je ne pourrais accorder la parole à un membre de cette Assemblée, je descendrais du fauteuil. (Approbation générale.)

M. THIERS. — Et moi avec vous.

M. LE PRÉSIDENT. — M. Millière n'a pas la parole. — Je ne pourrais la lui donner que s'il la demandait sur un point prévu par le règlement.

M. MILLIÈRE. — Je voudrais répondre au président du conseil.

M. LE PRÉSIDENT. — Vous avez la parole.

M. MILLIÈRE. — Si j'avais été admis tout à l'heure à parler sur les conclusions de la commission, j'aurais fait appel à la concorde. La situation est la plus critique que nous ayons traversée depuis quatre-vingts ans.

Il s'agit pour la France d'une question : d'être ou de ne pas être. Puisque le vote est acquis, je n'ajouterai pas un mot. Seulement je crois que dans la proclamation qui va être affichée partout, il y a des mots malheureux...

M. Vacherot, au nom d'un parti républicain qu'il ne nomme pas, se déclare satisfait de la proclamation, et ne trouve pas l'addition nécessaire.

M. LOUIS BLANC. — Je suis complétement de l'avis de M. Vacherot en ce sens que dans les circonstances tragiques où nous sommes, il est d'une importance suprême de ne pas rompre le faisceau des volontés et des cœurs. (Très-bien ! à gauche.)

Et si je m'associe complétement à la demande qui nous a été faite de cette phrase additionnelle... (Non ! non !) à ajouter à cette proclamation, c'est précisément parce que j'y vois un moyen d'amener ce que nous devons désirer tous : l'union, qui est le salut du pays.

Permettez-moi de vous rappeler un mot très-profond, un mot sorti de la bouche d'un homme dont vous ne désavouerez pas, j'espère, l'autorité. Cet homme a dit, et rien n'est plus vrai, surtout dans le moment où nous sommes : « La République est ce qui nous divise le moins ! »

La gauche applaudit et M. le président annonce que l'incident est vidé.

M. Schœlcher rend compte à l'Assemblée du résultat de ses démarches pour aller réclamer le général Chanzy. Il termine en demandant qu'une grande revue des gardes nationaux soit passée à Paris par l'amiral Saisset. « Tous ceux qui ne veulent pas se séparer du Gouvernement viendraient à cette revue. Et l'amiral Saisset se verrait à la tête de 200,000 hommes. Alors le Comité central, quelles que soient ses idées, serait obligé de se retirer. »

M. LOCKROY. — J'ai, je puis le dire, la douleur profonde de ne pas être d'accord avec mon honorable et vénéré collègue, M. Schœlcher. Cette revue pourrait avoir des conséquences extrêmement graves que nous ne prévoyons pas. Vous allez séparer Paris en deux camps. (Bruit.)

M. CLÉMENCEAU. — Le plus cher de mes désirs est le rétablissement de votre autorité dans tout le pays. Pour y arriver, il n'y a que deux moyens : l'emploi de la force ou la conciliation. Quant au premier moyen, je n'en parle pas ; vous n'avez pas l'intention d'y recourir. Occupons-nous donc des moyens de conciliation. Nous sommes prêts à intervenir.

Un grand nombre de maires étaient disposés à faire quelque chose qui pouvait nous jeter dans les dangers dont vous parlait mon ami M. Lockroy. Je suis intervenu et j'ai dit : « Attendons, les élections vont avoir lieu ; il se produira une lutte pacifique à l'aide du bulletin de vote, et il n'y aura plus qu'à obéir à la commission municipale élue. »

Je dis qu'il n'y a pas d'autre manière d'intervenir. (Bruit. — Réclamations.) Vous ne voulez pas faire le siége de Paris, n'est-ce pas? Donc ne nous préoccupons pas des moyens de rigueur. Les bataillons n'écoutent plus leur chef, du reste. Et si vous ne voulez point employer la force, hâtez-vous ; il sera trop tard quand la capitale sera ensanglantée. (Réclamations à droite.) Il n'y a qu'un seul moyen de nous sauver, c'est de faire procéder immédiatement aux élections.

M. Langlois répond que deux hommes dont personne ne soupçonnera les sentiments, MM. Alf. André et Alph. de Rothschild, sont de l'avis de M. Clémenceau.

M. LÉON SAY. — J'adjure l'Assemblée de considérer qu'il s'agit en même temps de donner à l'immense majorité des citoyens de Paris, qui sont opprimés, un centre de ralliement. Ce centre de ralliement ne peut être que l'urne du scrutin que vous aurez ouvert vous-mêmes. (Assentiment.)

Si, au contraire, vous ne prenez pas cette détermination, vous avez à craindre que les élections irrégulières du Comité central n'aient lieu demain.

Voix nombreuses. — Oui ! oui ! — Très-bien !

M. Thiers monte à la tribune et déclare que pour lui la question aussi est d'une immense gravité; qu'il comprend donc l'ardent intérêt qu'on y apporte; mais qu'il est nécessaire que le Gouvernement s'explique, et vienne dire à la population de Paris qu'elle sera respectée comme le reste de la France, et il ajoute :

Si Paris a besoin de la garantie qu'il aura son administration municipale, ses représentants, qu'il rentrera dans le droit commun, ce mot entendu comme nous venons de l'expliquer, oui, nous la lui donnons, cette garantie, et nous ne sommes pas gens à manquer de parole. (A gauche : Très-bien !)

Je le répète, nous perdrons le moins de temps possible; mais ne perdez pas de vue qu'une loi légèrement conçue ne serait pas sérieuse, et qu'elle ne serait pas durable. Donnez-nous très-peu de jours, et Paris sera en possession de lui-même; mais avant, il faut qu'il ne soit plus en possession des factieux ! (Très-bien ! trèsbien !)

M. CLÉMENCEAU. — Le Gouvernement demande du temps. Eh bien ! ce qui manque à nous tous, c'est le temps, au contraire. Nous allons donc nous réunir. Nous voyons la chose de très-près et avec des yeux qui n'ont aucune prévention.

Le temps nous manque ; on ne peut pas faire en si peu de temps une bonne loi, soit ; mais ne peut-on pas concilier tout? Faisons dans un bref délai les élections, quitte à régler ensuite les conditions de ce conseil municipal. (Réclamations.)

Permettez, messieurs, pour faire plaisir à la commission, je ne suis pas disposé à livrer mon pays à la guerre civile.

Je crains que ce qui retient encore une partie de l'Assemblée, c'est d'avoir l'air de pactiser avec l'émeute.

Eh bien! messieurs, laissez-moi vous répondre sur

ce point d'une façon catégorique : demain, si le gouvernement qui siége à l'Hôtel de Ville est obéi, il y aura des élections dans Paris... (Interruption.)

Plusieurs membres. — Elles seront nulles!

Un membre. — Il n'y en aura pas!

M. LE MINISTRE DES AFFAIRES ÉTRANGÈRES. — Oh si! Ils en feront même sans électeurs!

M. CLÉMENCEAU. — Messieurs, je le sais bien. Je vous dis : s'ils étaient obéis.

Mais si nous sommes en mesure d'annoncer à bref délai des élections municipales, si nous pouvons informer la population de Paris que les élections municipales vont avoir lieu, que ce sont les autorités constituées de la ville de Paris, les maires et les adjoints, qui feront les élections et non ce prétendu gouvernement, alors tout rentrera dans le calme. (Interruption.)

L'amiral Saisset expose la situation de Paris; il en arrive. Et il conclut : « Donnons donc toute possibilité à Paris de faire des élections. »

M. JULES MAURICE. — Est-ce que les hommes d'ordre iront au scrutin, alors qu'ils ne répondent pas à l'appel de leur général?

M. DE LARCY, *ministre des travaux publics.* — Des élections libres sont-elles possibles à Paris? (Non!) Alors, il ne faut pas les demander.

M. TOLAIN, *à la tribune.* — J'ai demandé la parole.

M. LE PRÉSIDENT. — Je ne comprends pas qu'on prolonge cet incident.

Voix à gauche. — Parlez, monsieur Tolain!

M. TOLAIN. — Messieurs, il me semble qu'après les explications que vous venez d'entendre tout à la fois de M. Clémenceau et de M. l'amiral Saisset, une partie des illusions qu'on a pu avoir devraient disparaître, et que si, en effet, vous voulez tous — comme je crois que nous le voulons tous, — empêcher un conflit terrible, c'est-à-dire empêcher la guerre civile d'éclater à Paris, vous devez fournir aux maires, aux adjoints, aux représentants de la Seine tous les moyens possibles d'exécution. (Adhésion à gauche.)

Dans la situation actuelle, alors qu'un peuple tout entier, — je ne parlerai pas de ceux qui sont en insurrection — ne bouge pas pour une foule de causes diverses qui seraient trop longues à énumérer et qui soulèveraient des susceptibilités et des froissements, il y a un fait constant devant lequel vous êtes obligés, permettez-moi de le dire et ne vous offensez pas de ce mot, vous êtes obligés de vous incliner, et, si vous voulez sauver la patrie et la République... (Mouvement), donnez aux maires de Paris comme aux représentants de la Seine les moyens pratiques d'arriver au but.

Faites que ce peuple en insurrection, qui, à tort ou à raison, je ne discute pas cela... (Vives exclamations.)

Un membre. — Comment à tort ou à raison ?

Un grand nombre d'autres membres. — A tort ! à tort !

M. TOLAIN. — Voulez-vous, messieurs, me permettre d'expliquer que les mots « à tort ou à raison » me sont échappés parce que c'est une expression employée souvent et dont on se sert souvent très-mal. Voulez-vous que je dise : à tort. Eh bien, oui, à tort. (Très-bien !) Si j'avais cru l'insurrection juste, si j'avais cru l'insurrection raisonnable, croyez-vous que je ne serais pas à l'Hôtel de Ville, moi ? Oui, j'y serais...

M. ÉDOUARD LOKCROY. — Bravo ! nous y serions tous !

M. TOLAIN. — Parmi les hommes siégeant à l'Hôtel de Ville, il en est qui demandent certaines garanties, des garanties qui me paraissent absolument nécessaires ; mais je déclare à cette tribune que, membre de cette Assemblée, j'ai combattu le mouvement, que j'ai fait des efforts pour l'arrêter et pour rétablir l'ordre, moi qui ne suis pas un partisan déclaré de l'ordre... (Bruyantes et vives interruptions.)

Permettez ! mon passé évidemment ne peut pas faire

7.

croire à cette Assemblée que je sois ce qu'on a é'é convenu d'appeler un partisan de l'ordre. Mais, citoyens, il y a deux façons d'entendre l'ordre. Quant à moi, je dis que l'ordre ne règne que quand le calme est dans les esprits et dans les consciences. Je ne me contente pas seulement de l'ordre dans la rue, car c'est quelquefois l'étouffement, le silence, la mort ; je veux qu'il soit dans la rue, mais je veux qu'il soit aussi dans les cœurs, dans les esprits, dans les consciences, c'est-à-dire que je veux l'application de la justice.

Maintenant, je vous le déclare, si vous ne voulez pas que le sang coule à flots dans Paris, donnez-nous, je vous prie, donnez à nous tous qui sommes absolument décidés à risquer notre vie, s'il le faut, pour le rétablissement de l'ordre, donnez-nous cette garantie, qui est devenue absolument nécessaire, et qu'une population que vous ne pouvez pas juger, qui depuis cinq ou six mois vit dans des conditions toutes particulières, qui a subi les horreurs d'un siége, de la famine, qui n'est pas dans un état normal, et qui, par conséquent, ne voit pas les choses de la même façon que vous, ait la certitude qu'à un jour donné... (Oui! oui!) elle aura des élections municipales. Fixez le jour !

M. Thiers remonte à la tribune, et, dans un discours beaucoup trop long pour que nous puissions le citer ici, mais qu'il est important de lire, rappelle ce qui a été fait par le Gouvernement dans les jours qui ont précédé le 18 mars. Il rend hommage à Paris et s'écrie :

Si la France voulait se séparer de Paris, la France elle-même, toute grande qu'elle est dans le monde, dans son passé, la France aurait tort; elle ne doit pas se séparer de Paris. Mais si Paris voulait dominer cette grande chose qui depuis douze cents ans remplit l'univers de sa gloire, je lui dirais : Vous n'êtes pas dans le droit, vous avez tort, et il faut qu'ayant tort vous sachiez vous résigner. (Très-bien! très-bien! — Applaudissements.)

M. THIERS. — La loi sera faite, dit-il, aussitôt que possible; l'Assemblée la votera aussitôt qu'elle le pourra ; nous la ferons par conscience et sans espoir. Nous la ferons pour que tous les hommes qui se disent aveuglés, et dont beaucoup le sont sans doute, puissent n'avoir aucune raison à se donner de leur aveuglement. J'espère donc que la loi sera faite.

Cette loi fût-elle rédigée par vous (l'orateur se tourne vers la gauche), si vous vouliez la mettre à exécution, si vos noms seulement y étaient et que les leurs n'y fussent pas, ces hommes renverseraient les urnes. (Assentiment sur plusieurs bancs.)

N'espérez pas, par cette satisfaction, que nous ne leur refusons pas, que nous leur donnerons le plus tôt possible, n'espérez pas les désarmer. Savez-vous ce qui les désarmera?

Ce sera l'attitude calme de cette Assemblée, et je la supplie de garder cette attitude, et c'est pour cela que je le lui demanderai tout à l'heure ; ce sera l'attitude calme de cette Assemblée ; ce sera l'attitude ferme et résolue du pouvoir qui ne manquera pas à ses devoirs, qui les remplira coûte que coûte; ce sera l'adhésion de la France tout entière qui depuis deux jours nous est parvenue sans réserve, et même dans les départements où il y a des administrateurs qui se rapprochent de vos opinions plus que des nôtres : la France entière est debout, elle nous demande d'accourir.

Nous n'accepterons pas ce concours empressé aujourd'hui; nous l'accepterions si quelque jour le maintien du droit et de la souveraineté nationale l'exigeait. (Très-bien! très-bien! Bravos et applaudissements.)

Lorsque ces hommes auront vu le calme et la résolution dans l'Assemblée, dans le Gouvernement, quand ils auront vu, — et je vous en remercie, — que vous-mêmes dans cette question vous vous rapprochez de moi, — et c'est pour cela que je désirais tout à l'heure que pas une voix n'eût manqué à cette proclamation, — quand ils auront vu cela, ils feront des réflexions. Et alors, s'ils en font trop tard, j'espère que le plus grand nombre d'hommes raisonnables et honnêtes se seront détachés d'eux et qu'ils resteront dans leur isolement, que leur volonté s'affaiblira et que peut-être à ce moment, si les hommes d'ordre se rallient, il sera possible de venir au secours de Paris. Mais nous voulons que Paris se soit prononcé, qu'il ait senti sa position et qu'il veuille en sortir lui-même, que ce ne soit pas seulement trois ou quatre cents hommes rangés derrière M. l'amiral Saisset, qui devrait avoir derrière lui cent mille hommes dans Paris, si Paris était suffisamment éclairé sur sa situation... (Oui ! oui ! — Mouvement.)

Ce n'est pas quand Paris a offert trois cents hommes, que nous irons tenter une redoutable guerre civile ! Non, nous aimons mieux patienter, et nous supplions les hommes d'ordre de patienter ainsi que nous. Si nous allions aujourd'hui attaquer Paris avec 100,000 hommes, nous serions les auteurs de la guerre civile. Il n'y a d'autre solution que le projet de loi à adopter ou 100,000 hommes à envoyer. Les 100,000 hommes nous pouvons les avoir; mais nous ne voulons pas attaquer Paris, nous voulons qu'il réfléchisse, qu'il revienne à la raison. (Très-bien !)

Eh bien, quand il en sera là, il trouvera nos bras ouverts, mais il faut qu'il ouvre d'abord les siens. Nous ne voulons pas amoindrir cette partie de la France qui s'appelle Paris. Nous ne voulons pas, — je le répète, quoique ce soit une répétition qui puisse paraître fastidieuse, — nous ne voulons pas amoindrir ses droits. Nous précipiterons la présentation de la loi, au risque peut-être de commettre quelques erreurs. Paris aura ses droits; mais ne nous demandez pas de faire l'impossible, car la loi serait faite que je vous défierais de la mettre à exécution. (C'est vrai! c'est vrai! — Très-bien! très-bien! — Applaudissements répétés.)

M. CLÉMENCEAU. — J'ai un dernier mot à dire, et c'est pour le dire que e suis monté à cette tribune. C'est que ce mot s'adresse à M. le chef du pouvoir exécutif. Vous nous dites: Vous ne pouvez pas satisfaire ces hommes! Je le sais bien. Ce n'est pas pour les satisfaire que je vous demande cette loi, ce n'est pas comme une concession que je vous demande de leur accorder cette loi; bien loin de moi cette pensée. J'en avais encore un reste hier, je l'avoue; je me trompais; mais aujourd'hui je suis complétement désabusé. Je ne vous demande pas cette loi pour vous les concilier; je sais très-bien que vous ne vous les concilieriez pas et ne me les concilierais pas non plus.

Un membre. — Eh bien alors?

M. CLÉMENCEAU. — Je vous demande cette loi pour donner l'occasion aux amis de l'ordre qui sont dans Paris d'intervenir. (Interruptions diverses.)

Un membre. — Et l'assassinat des généraux! c'était là une belle occasion qu'ils n'ont pas saisie!

M. CLÉMENCEAU. — Si vous ne leur donniez pas cette occasion, vous seriez obligés d'employer la force, et alors vous assumeriez une épouvantable responsabilité. (Approbation à gauche.)

M. JULES FAVRE ET M. TIRARD

M. Jules Favre, sous le coup d'une violente émotion, monte à la tribune, pour lire la protestation des journaux. L'idée de voir Paris ville libre, lui rappelle la fable *Les Membres et l'Estomac* et l'épouvante pour Paris et pour la France. Selon lui, la loi municipale n'arrêtera pas l'émeute, et il prononce ces paroles qui eurent un si douloureux retentissement dans Paris, qui furent si habilement exploitées par le Comité central, jouant la plus vive indignation, et qui cependant devaient se réaliser :

« Est-ce que cette situation de Paris n'est pas la guerre civile ? Les réquisitions ont commencé ; nous allons voir la société tout entière s'effondrer par la faute de ceux qui n'ont pas su prendre les armes pour se défendre. Si le Gouvernement a quitté Paris, c'est pour sauver l'armée. Mais que l'émeute le sache bien, si le Gouvernement est à Versailles, c'est avec espoir de retour. »

On a dit souvent que les gouvernements vivaient trop au-dessus de la foule et ne se rendaient pas suffisamment compte de ses vœux et de ses appétits : M. Thiers et M. Jules Favre, absorbés par des travaux de toutes sortes, souffrant des mille souffrances de la Patrie, cherchant à trancher dans le plus bref délai la question prussienne et voyant les exigences de l'ennemi s'accroître chaque jour, ne virent pas bien clair dans la situation exceptionnelle de Paris, qu'ils n'avaient pas eu le loisir d'étudier dans ses origines. Aussi remarque-t-on dans leurs discours qu'ils accusent la population de ne s'être pas soulevée contre ceux qui avaient assassiné les généraux Clément Thomas et Lecomte. Nous avons dit précédemment que la population n'était pas aussi convaincue que le Gouvernement de la participation du Comité central à ces assassinats ; que de plus, — c'est cruel à dire, mais vrai, — elle avait vu tomber tant d'officiers aimés pendant le siège, qu'elle était devenue moins sensible ; à ce point que la fusillade du 22, place Vendôme, ne réussit point à soulever la masse inconsciente qui, poussée par une main habile, marchait vers un but inconnu, persuadée qu'elle y trouvait la réalisation de ses désirs et la satisfaction de ses besoins.

Cette phrase de M. Jules Favre :

« Je rougirais, si j'étais dans la nécessité de vous répéter les insultes et les outrages que ces ennemis du bien public répandent sur l'autorité légitime issue du suffrage universel, mettant au-dessus d'elle je ne sais quel idéal sanglant et rapace... (*C'est vrai! c'est vrai!— Bravo! bravo!*)

. . . .

» Cependant, aucun homme sérieux ne peut se le dissimuler, ce sont là des déclarations vaines et trompeuses. Ce qu'on a voulu, ce qu'on a réalisé, c'est un essai de cette doctrine funeste qui malheureusement a eu d'illustres sectateurs, de bonne foi peut-être, mais ne comprenant pas la portée de l'opinion dans laquelle ils s'égaraient, opinion qui, en philosophie, peut s'appeler l'individualisme et le matérialisme, et qui, en matière politique, s'appelle — pour me servir d'un nom que j'ai entendu employer ici, — la République placée au-dessus du suffrage universel. » (*Très-bien! très-bien! Vives marques d'adhésion et d'approbation.*)

cette phrase était donc beaucoup trop philosophique, trop élevée et ne caractérisait que vaguement un mouvement d'opinion purement matériel, que les maires, en contact plus direct avec la population, avaient mieux saisi.

M. Tirard monta à la tribune, et en termes très-chaleureux, prit la défense de la cité parisienne :

M. TIRARD. — Messieurs, j'arrive de Paris. Dans la mairie du deuxième arrondissement, tous les maires se sont réunis ce matin. Une grande partie des mairies sont encore occupées par les maires, — les maires réels, — et ne sont pas au pouvoir du gouvernement qui siège à l'Hôtel de Ville.

Voix diverses. — Comment! le gouvernement?... — Dites les insurgés! — Osez les qualifier!

M. TIRARD. — Messieurs, je vous en prie, veuillez ne pas m'exciter. En montant à la tribune, je vous assure que j'ai fait une ample provision de patience et de modération. (Oh! oh! — Parlez! parlez!)

Messieurs, nous sommes à Paris, mes collègues et moi, en face de ces hommes, et je vous prie de croire que nous ne reculons pas devant eux, que nous les tenons en échec. (Très-bien! très-bien!) Je suis dans ma mairie, je ne l'ai quittée que pour venir ici; je vais y rentrer ce soir, et si demain doit paraître, comme on l'a dit, un décret portant ma destitution, je n'y resterai pas moins; ils m'y tueront s'ils le veulent. (Profonde sensation.)

Messieurs, quand on est prêt à faire des actes de cette nature, on a le droit de parler...

M. ÉDOUARD LOCKROY. — Oui! oui! cent fois oui!

M. TIRARD. — ... et on a le devoir de m'écouter. (Parlez! parlez!)

Eh bien, messieurs, je vous l'avoue, j'ai écouté tout à l'heure le discours de l'honorable ministre des affaires étrangères avec une émotion, avec une douleur profondes, et je vais vous dire pourquoi... (Rumeurs sur divers bancs.)

Oh! je ne veux pas critiquer, les moments sont trop précieux pour se livrer à des récriminations; mais, je veux le dire en toute sincérité, Paris peut être sauvé d'ici demain, Paris peut être sauvé avec des mesures, je n'ose pas dire de prudence, je n'ose pas dire de conciliation, mais de conservation.

Quelques membres. — C'est cela!

M. TIRARD. — La mesure que nous avons eu l'honneur de vous proposer hier est une de celles-là. Depuis qu'elle a été officiellement annoncée, il s'est produit un revirement immense dans les esprits; depuis que cet article abominable, odieux, infâme que, tout à l'heure, vous lisait M. le ministre des affaires étrangères a été connu dans Paris, il s'est produit une transformation immense, c'est-à-dire que les timides, les lâches, si vous voulez, qui restaient chez eux, sont prêts à sortir et à défendre la France qui est menacée. (Très-bien! très-bien! — Bravo! bravo!)

En voulez-vous la preuve?

La garde nationale, la partie saine de la garde nationale est, malheureusement, jusqu'à présent, restée chez elle. J'ai fait venir les chefs de bataillon de mon arrondissement, je leur ai exposé la situation; je leur ai dit: Mes collègues sont à Versailles; ils demandent telles et telles choses; il faut en finir; nous ne pouvons pas rester comme cela, nous ne pouvons pas être solidaires d'actes pareils.

Les chefs de bataillon ont rédigé une affiche qui a été apposée dans tous les arrondissements et tous mes collègues en ont sollicité une analogue de tous les chefs de bataillon de leur circonscription.

(M. Tirard lit l'affiche des chefs de bataillon du 2e arrondissement, que nous avons donnée dans la précédente journée.)

Eh bien, messieurs, les mesures qui ont été annoncées tout à l'heure m'épouvantent, je l'avoue, et voici pourquoi... (Mouvements divers.)

Je ne suis pas dans le secret des moyens dont dispose le Gouvernement, mais permettez-moi de vous signaler un fait.

Tout à l'heure, je suis monté en chemin de fer. Il y avait une vingtaine d'hommes armés dans l'intérieur de la gare, qui s'opposaient au départ de certains militaires, de militaires qui venaient ici rejoindre leurs corps, et il y a même eu, à ce sujet, une petite collision. Savez-vous ce que j'ai vu parmi ces hommes? Eh bien, j'ai vu des soldats, des hommes en pantalons rouges;

et ce qui rend, suivant moi, la situation un peu dangereuse, plus dangereuse qu'elle ne le serait sans le détail que je vais dire, c'est qu'une partie des bataillons de garde nationale est armée de chassepots comme les soldats. Qu'est-ce qui les leur a donnés?... L'armée. (Dénégations sur plusieurs bancs.) Messieurs, c'est de l'histoire.

M. LE MINISTRE DES AFFAIRES ÉTRANGÈRES. —. C'est par le pillage des magasins de la guerre qu'on s'est procuré des chassepots.

M. TIRARD. — Ce n'est pas par suite du pillage des magasins de la guerre qu'il y a des soldats dans les rangs des insurgés, et je vous garantis qu'il y en a considérablement.

M. LE MINISTRE DES AFFAIRES ÉTRANGÈRES. — C'est vrai!

Un membre. — Ce sont des insurgés déguisés en soldats.

M. TIRARD. — Messieurs, je n'ai aucun intérêt à vous déguiser la vérité. Quel intérêt aurais-je à le faire? (Bruit.)

M. LE PRÉSIDENT. — Ne répondez pas aux interruptions.

M. TIRARD. — Je vous assure que si je sentais le Gouvernement ayant la possibilité de se défendre, j'en serais très-heureux.

Un membre au fond de la salle. — Appelons à nous la province!

M TIRARD. — Il y a quelque chose dans le discours de M. le ministre des affaires étrangères qui m'a surtout affligé : c'est cet antagonisme qu'on cherche à faire naître entre Paris et la province.

M. LE MINISTRE DES AFFAIRES ÉTRANGÈRES. — Je voudrais l'effacer, au contraire !

M. TIRARD. — Permettez-moi de dire que personne n'est plus opposé que nous au démembrement de la

France sous quelque forme qu'il se présente. Quand nous entendons parler de ruraux et d'urbains, quand nous voyons que l'on cherche absolument à établir une distinction entre les différentes contrées dont le pays se compose, nous en sommes profondément affligés.

M. DE LARCY, *ministre des travaux publics*. — C'est par les Parisiens que la qualification de « ruraux » a été inventée et appliquée à la province.

M. TIRARD. — Nous regrettons vivement qu'on se fasse une arme contre toute une population de quelques articles de journaux qui, en définitive, ne représentent que l'opinion de quelques individus, et dont on ne saurait, en bonne justice, rendre solidaire toute cette population. Je n'ai pas de journaux pour répondre aux articles et aux injures que l'on dirige contre moi et que j'entends répéter autour de moi depuis six mois. Les Parisiens honnêtes, — et c'est l'immense, la très-immense majorité — protestent contre de pareilles exagérations qui sont faites dans un esprit que je n'ai pas besoin de vous signaler.

Messieurs, il se passe des faits, dans Paris, qu'il ne serait peut-être pas prudent de vous faire connaître.

Plusieurs membres à droite. — Pourquoi donc? — Nous voulons tout savoir! — Dites tout!

M. TIRARD. — Le voulez-vous, messieurs? Eh bien...

Sur divers bancs. — Non! non! ne faites pas cela!

M. DE TILLANCOURT. — Nous n'avons pas à vous provoquer. Faites ce que vous voudrez. Vous êtes le seul juge de ce que vous devez dire et de ce que vous devez taire.

M. ERNEST PICARD, *ministre de l'intérieur*. — Songez donc à la France, au pays qui nous entend!

M. LE PRÉSIDENT. — N'interpellez pas l'orateur, messieurs! Tout le monde est président aujourd'hui, excepté le président.

M. TIRARD. — Je ne veux pas rester plus longtemps à

la tribune; mais, je vous en adjure, laissez-nous terminer notre œuvre, qui est en bon chemin. Nous avons autour de nous toute la population saine, et c'est l'immense majorité.

Sur un grand nombre de bancs. — C'est vrai! c'est vrai!

M. TIRARD. — Tout le monde déplore ce qui se passe, et si nous pouvions apporter à Paris ce projet de loi...

A droite. — Ah! ah! — Que l'on commence par rendre le général Chanzy!

M. PAUL BETHMONT. — Mais laissez donc parler un homme qui expose sa vie tous les jours, et qui connaît la situation de Paris.

M. TIRARD. — Messieurs, permettez!... Nous ne vous avons pas ramené le général Chanzy, mais nous sommes allés le chercher hier matin. Lorsque le frère de M. Turquet est venu m'annoncer que notre collègue était arrêté, je me suis rendu près de celui-ci immédiatement et, au risque d'être fusillé, une heure après, j'ai donné l'ordre d'élargissement. (*Très-bien! très-bien!*)

Hier soir, messieurs... (*Interruptions*).

M. LE PRÉSIDENT. — Ne répondez pas aux interruptions.

M. TIRARD. — Mais on nous attaque constamment, il faut bien que nous répondions.

Hier soir, rentrés à Paris, mon honorable ami Schœlcher et un autre de nos collègues ont été à l'Hôtel de Ville afin de demander l'élargissement du général Chanzy, et quand on va à l'Hôtel de Ville, on sait bien quand on y entre, mais on ne sait pas si l'on en sortira. (*Mouvement.*) Nous ne nous contentons pas de rester dans un coin en criant : « Rendez-nous Chanzy! » Nous allons à lui... (*Applaudissements*), ayant fait d'avance le sacrifice de notre vie. Si nous la perdons en sauvant le pays, nous ne la regretterons pas. (*Nouveaux applaudissements.*)

Je me résume, et je donne à mon discours ce que la

ministre des affaires étrangères n'a pas donné au sien : une conclusion.

Si vous voulez bien adopter notre projet, je vous assure que la tranquilité renaîtra dans Paris, et que dans deux ou trois jours, demain peut-être, nous serons maîtres de l'Hôtel de Ville et de tous les édifices publics. Si, au contraire, nous revenons les mains vides, soit aujourd'hui, soit demain, je vous avoue franchement que je ne sais pas ce qui pourra se passer.

Voilà, messieurs, ce qui était de mon devoir de vous dire et de vous faire connaître. (*Vifs applaudissements sur un grand nombre de bancs. — L'orateur, en descendant de la tribune, est félicité par un certain nombre de ses collègues.*)

DÉCLARATION DE M. THIERS

M. THIERS remonte une troisième fois à la tribune et termine son discours par une déclaration d'une grande importance :

La vraie manière d'être conciliants, c'est d'être justes. (*Très-bien!*) Je remercie l'honorable M. Tirard et je suis sûr que l'Assemblée le remerciera avec moi, du noble courage qu'il montre tous les jours dans les circonstances difficiles où nous sommes placés. (*Oui! oui! — Nombreux applaudissements.*)

Lui, M. Schœlcher et M. Clémenceau sont allés demander la liberté du général Chanzy; je les en remercie; en se conduisant ainsi ils servent la République beaucoup mieux que les scélérats qui versaient le sang du général Lecomte et du général Clément Thomas. (*Mouvements divers.*)

Maintenant, qu'il soit bien entendu que la France, ici représentée, ne déclare pas et n'entend pas déclarer la guerre à Paris, que nous n'entendons pas marcher sur Paris; mais que nous attendons de sa part un acte de raison en applaudissant à tous ceux qui font leurs efforts pour le provoquer. (Très-bien! très-bien!) Nous serons heureux de les voir réussir.

Paris veut ses droits : nous travaillerons à les lui rendre, en n'y mettant d'autres réserves que celles qui seront nécessaires pour que les scélérats qui ont opprimé Paris et ont essayé de le déshonorer n'aient plus en main une force dont ils abusent, pour que la tranquillité de Paris soit assurée en sauvegardant sa liberté, et pour que les droits mêmes qu'il réclame restent dans leur intégrité. (Très-bien! très-bien!)

La Chambre approuvera cette déclaration que je fais, que nous ne faisons pas la guerre à Paris; que nous sommes prêts au contraire à lui ouvrir les bras, s'il nous les ouvre lui-même.

Je n'en dis pas davantage, mais je le répète pour que Paris ne puisse pas se tromper sur le sens de la discussion qui vient d'avoir lieu. (Très-bien! très-bien! — Applaudissements.)

L'Assemblée vote à l'unanimité l'ordre du jour suivant :

« L'Assemblée résolue, d'accord avec le pouvoir exécutif, à reconstituer, dans le plus bref délai possible, les administrations municipales des départements et de Paris sur la base des conseils élus, passe à l'ordre du jour. »

La séance est levée à sept heures trois quarts.

LES ÉLECTIONS ILLÉGALES

Les maires et les députés se réunirent en séance générale le soir, à neuf heures, sous la présidence de M. Vautrain.

M. Tirard rendit compte de la séance à la Chambre.

MM. Lockroy et Clémenceau furent délégués au Comité central, pour l'inviter à ne pas faire procéder aux élections. Le Comité les reçut presque insolemment et ne leur donna aucune réponse précise.

Au retour de ces messieurs, les maires et les députés rédigèrent cette affiche qui fut placardée le lendemain matin :

RÉPUBLIQUE FRANÇAISE

LIBERTÉ — ÉGALITÉ — FRATERNITÉ

A la garde nationale et à tous les citoyens, les maires et adjoints de Paris et les députés de la Seine.

La patrie sanglante et mutilée(1) est près d'expirer, et nous, ses enfants, nous lui portons le dernier coup ! L'étranger est à nos portes, épiant le moment d'y rentrer en maître, et nous tournerions les uns contre les autres nos armes fratricides !

Au nom de tous les grands souvenirs de notre malheureuse France ; au nom de nos enfants dont nous détruirions à jamais l'avenir, nos cœurs brisés font appel aux vôtres, — que nos mains s'unissent encore comme elles s'unissaient durant les heures douloureuses et glorieuses du siége. — Ne perdons pas en un jour cet honneur qu'avaient gardé intact cinq mois de courage sans exemple.

Cherchons, citoyens, ce qui nous unit et non ce qui nous divise.

Nous voulions le maintien, l'affermissement de la grande institution de la garde nationale dont l'existence est inséparable de celle de la République.

Nous l'aurons.

Nous voulions que Paris retrouvât sa liberté muni-

(1) Cette affiche a été rédigée par M. Henri Martin.

cipale, si longtemps confisquée par un arrogant despotisme.

Nous l'aurons.

Vos vœux ont été portés à l'Assemblée nationale par vos députés; l'Assemblée y a satisfait par un vote unanime qui garantit les élections municipales, sous bref délai, à Paris et dans toutes les communes de France.

En attendant ces élections, seules légales et régulières, seules conformes aux vrais principes des institutions républicaines, le devoir des bons citoyens est de ne pas répondre à un appel qui leur est adressé sans titre et sans droit.

Nous, vos représentants municipaux, — nous, vos députés, déclarons donc rester entièrement étrangers aux élections annoncées pour demain et protestons contre leur illégalité.

Citoyens, unissons-nous dans le respect de la loi, et la Patrie et la République seront sauvées.

Vive la France! Vive la République!

Représentants de la Seine :

Louis BLANC. — V. SCHŒLCHER. — A. PEYRAT. — Ed. ADAM. — FLOQUET. — Martin BERNARD. — LANGLOIS. — Ed. LOCKROY. — FARCY. — H. BRISSON. — GREPPO. — MILLIÈRE.

Les maires et adjoints de Paris :

1er arrondissement. Ad. ADAM, MÉLINE, adjoints. — 2e arr. TIRARD, maire, représentant de la Seine; E. BRELAY, CHÉRON, LOISEAU-PINSON, adjoints. — 3e arr. BONVALET, maire; Ch. MURAT, adjoint. — 4e arr. VAUTRAIN, maire; LOISEAU, CALLON, adjoints. — 5e arr. JOURDAN, adjoint. — 6e arr. HÉRISSON, maire; A. LEROY, adjoint. — 7e arr. ARNAUD (de l'Ariége), maire, représentant de la Seine. — 8e arr. CARNOT, maire, représentant de la Seine. — 9ᵉ arr. Desmarest, maire. — 10ᵉ arr. Dubail, maire; A. Murat, Degouve-Denuncques, adjoints. — 11ᵉ arr. Mottu, maire, représentant de la Seine; Blanchon, Poirier, Tolain, représentant de la Seine, adjoints. — 12ᵉ arr. Denizot, Dumas, Turillon, adjoints. — 13ᵉ arr. Léo Melliet, Combes, adjoints. — 14ᵉ arr. Héligon, adjoint. — 15ᵉ arr. Jobbé Duval, adjoint. — 16ᵉ arr. Henri Martin, maire, représentant de la Seine. — 17ᵉ arr. François Favre, maire; Malon, Villeneuve, Cacheux, adjoints. — 18ᵉ arr. Clémenceau, maire, représentant de la Seine; J.-A. Lafont, Dereure, Jaclard, adjoints.

22 MARS

PARIS EST DANS LE DROIT

Tel est le titre de l'article à sensation que publiait le *Journal officiel* du Comité le 22 mars au matin. Nous le reproduisons autant comme document que comme curiosité :

Le droit, la souveraineté du peuple sont-ils à Versailles ou à Paris ?

Poser cette question, c'est la résoudre.

L'Assemblée siégeant d'abord à Bordeaux et actuellement à Versailles, a été nommée dans des circonstances particulières et chargée d'une mission déterminée à l'avance, d'une sorte de mandat impératif restreint.

Élue à la veille d'une capitulation, pendant l'occupation du territoire par l'ennemi, les élections de ses membres ont nécessairement et forcément subi la pression de l'étranger et des baïonnettes prussiennes; une partie au moins des députés, ceux des départements envahis, n'ont pu être nommés librement.

Aujourd'hui que les préliminaires de paix, cédant deux provinces à la Prusse, sont signés, les représentants de l'Alsace et de la Lorraine ne pouvaient plus siéger à l'Assemblée : ils l'ont compris eux-mêmes, c'est pourquoi ils ont donné leur démission.

Un grand nombre d'autres représentants, pour des motifs divers, ont imité cet exemple.

L'Assemblée est donc incomplète, et l'élection d'une partie de ses membres a été entachée et viciée par l'occupation et la pression étrangère.

Cette Assemblée ne représente donc pas d'une manière complète, incontestable, la libre souveraineté populaire.

D'un autre côté, par son vote de défiance et de haine contre Paris, où elle a refusé de venir siéger, l'Assemblée de Bordeaux et de Versailles a méconnu les services rendus par Paris et l'esprit si généreux et si dévoué de sa population. Elle n'est plus digne de siéger dans la capitale.

Par l'esprit profondément réactionnaire dont elle a fait preuve, par son étroitesse de vues, son caractère exclusif et rural, par l'intolérance dont elle s'est rendue coupable envers les plus illustres et les plus dévoués citoyens, cette Assemblée provinciale a prouvé qu'elle n'était pas à la hauteur des événements actuels, et qu'elle était incapable de prendre et de faire exécuter les résolutions énergiques indispensables au salut de la patrie.

Il n'y a qu'une assemblée librement élue, en dehors de toute pression étrangère et de toute influence officielle réactionnaire et siégeant à Paris, à qui la France entière puisse reconnaître le caractère de souveraineté nationale et déléguer le pouvoir législatif ou constituant.

Hors de l'indépendance et de la liberté des élections, et en dehors de Paris, il ne peut exister que des faux-semblants de représentation nationale et d'assemblée souveraine.

Que l'Assemblée actuelle se hâte donc d'achever la triste besogne qui lui a été confiée : celle de résoudre la question de la paix ou de la guerre, et qu'elle disparaisse au plus vite. Elle n'a reçu qu'un mandat limité et ne peut, sans violer la souveraineté du peuple, s'octroyer le pouvoir constituant et le droit d'élaborer les lois organiques.

C'est à Paris qu'incombe le devoir de faire respecter la souveraineté du peuple et d'exiger qu'il ne soit point porté atteinte à ses droits.

Paris ne peut se séparer de la province, ni souffrir qu'on la détache de lui.

Paris a été, est encore et doit rester définitivement la capitale de la France, la tête et le cœur de la République démocratique, une et indivisible.

Il a donc le droit incontestable de procéder aux élections d'un conseil communal, de s'administrer lui-même, ainsi que cela convient à toute cité démocratique, et de veiller à la liberté et au repos publics à l'aide de la garde nationale, composée de tous les citoyens élisant directement leurs chefs par le suffrage universel.

Le Comité central de la garde nationale, en prenant les mesures nécessaires pour assurer l'établissement du conseil communal de Paris et l'élection de tous les chefs de la garde nationale, a donc pris des mesures très-sages, indispensables et de première nécessité.

C'est aux électeurs et aux gardes nationaux qu'il appartient maintenant de soutenir les décisions du gouvernement, et d'assurer par leurs votes, en nommant des républicains convaincus et dévoués, le salut de la France et l'avenir de la République.

Demain ils tiendront leurs destinées dans leurs mains, et nous sommes persuadés à l'avance qu'ils feront bon usage de leurs droits.

Que Paris délivre la France et sauve la République !

Le délégué au JOURNAL OFFICIEL.

LA PRESSE ET LES ÉLECTIONS

Le *Journal officiel* contenait encore un long arrêté concernant les élections communales et un avertissement à la presse, auquel l'*Avenir national* répondit le soir dans les termes les plus éloquents et les plus fermes :

FÉDÉRATION RÉPUBLICAINE DE LA GARDE NATIONALE

Le Comité central, n'ayant pu établir une entente parfaite avec les maires, se voit forcé de procéder aux élections sans leur concours.

En conséquence, le Comité arrête :

1º Les élections se feront dans chaque arrondissement par les soins d'une commission électorale nommée à cet effet par le Comité central ;

2º Les électeurs de la ville de Paris sont convoqués jeudi 23 mars 1871, dans leurs colléges electoraux, à l'effet d'élire le conseil communal de Paris ;

3º Le vote se fera au scrutin de liste et par arrondissement ;

4º Le nombre de conseillers est fixé à 90, soit 1 pour 20,000 habitants et par fraction de plus de 10,000 ;

5º Ils sont répartis d'après la population, ainsi qu'il suit :

ARRONDISSEMENTS	POPULATION	NOMBRE de conseillers
Iᵉʳ	81.665	4
IIᵉ	79.909	4
IIIᵉ	92.680	5
IVᵉ	98.648	5
A reporter		18

ARRONDISSEMENTS	POPULATION	NOMBRE de conseillers
Report		18
Ve	104.083	5
VIe	99.115	5
VIIe	75.438	4
VIIIe	70.259	4
IXe	106.221	5
Xe	116.438	6
XIe	149.641	7
XIIe	78.635	4
XIIIe	70.192	4
XIVe	65.506	3
XVe	69.340	3
XVIe	42.187	2
XVIIe	93.193	5
XVIIIe	130.456	7
XIXe	88.930	4
XXe	87.444	4
Total		90

6º Les électeurs voteront sur la présentation de la carte qui leur a été délivrée pour l'élection des députés à l'Assemblée nationale, le 8 février 1871, et dans les mêmes locaux ;

7º Ceux des électeurs qui n'auraient pas retiré leur carte à cette époque ou l'auraient égarée depuis, prendront part au vote, après vérification de leur inscription sur la liste électorale. Ils devront faire constater leur identité par deux électeurs inscrits dans leur section :

8º Le scrutin ouvrira à huit heures du matin et sera clos à six heures du soir ; le dépouillement commencera immédiatement après la clôture du scrutin.

Citoyens,

Le Comité central remet aux mains du peuple de Paris le pouvoir tombé de mains indignes. Les élections communales se feront d'après le mode ordinaire ; mais le Comité central exprime le vœu qu'à l'avenir le vote nominal soit considéré comme le seul vraiment moral et digne des principes démocratiques.

Le Comité central de la garde nationale.

AVERTISSEMENT

Après les excitations à la guerre civile, les injures grossières et les calomnies odieuses, devait nécessairement venir la provocation ouverte à la désobéissance aux décrets du gouvernement siégeant à l'Hôtel de Ville, régulièrement élu par l'immense majorité des bataillons de la garde nationale de Paris (215 sur 266 environ.)

Plusieurs journaux publient en effet aujourd'hui une provocation à la désobéissance à l'arrêté du Comité central de la garde nationale, convoquant les électeurs pour le 22 courant, pour la nomination de la commission communale de la ville de Paris.

Voici cette pièce, véritable attentat contre la souveraineté du peuple de Paris, commis par les rédacteurs de la presse réactionnaire :

(Texte de la protestation des journaux.)

Comme il l'a déjà déclaré, le Comité central de la garde nationale, siégeant à l'Hôtel de Ville, respecte la liberté de la presse, c'est-à-dire le droit qu'ont tous les citoyens de contrôler, de discuter et de critiquer ses actes à l'aide de tous les moyens de publicité, mais il entend faire respecter les décisions des représentants de la souveraineté du peuple de Paris et il ne permettra pas impunément que l'on y porte atteinte plus longtemps en continuant à exciter à la désobéissance à ses décisions et à ses ordres.

Une répression sévère sera la conséquence de tels attentats, s'ils continuent à se produire.

LES AMIS DE L'ORDRE

Le 21 mars, vers deux heures, un certain nombre de citoyens en bourgeois et sans armes, répondant à l'appel du tailleur Bonne, s'étaient promenés sur le boulevard avec des drapeaux sur lesquels on lisait : « *Société des amis de l'ordre* » et « *Vive l'ordre !* »

Le lendemain, 22, ces mêmes citoyens, des rubans bleus à la boutonnière, se rassemblent place de l'Opéra. A une heure, près de huit mille personnes vinrent rejoindre les promoteurs de la manifestation, et on se mit en marche par la rue de la Paix, du côté de la place Vendôme, occupée par les fédérés.

Les avant-postes croisèrent la baïonnette et jetèrent à ceux qui tenaient la tête de la colonne un formel : On ne passe pas !

Sur la place, derrière les barricades, on battait le rappel et les fédérés se mettaient en ligne.

Devant cette attitude énergique, la plus grande partie des manifestants hésitent. Deux ou trois cents des plus entreprenants continuent leur marche en avant aux cris de « *Vive l'ordre !* » Ce qui se passa alors, nul ne saurait le dire exactement. Y eut-il réellement provocation de la part des manifestants? N'y eût-il du côté des fédérés que volonté de terrifier la ville? Nous n'en savons rien.

Voici le récit de cette déplorable aventure, tel qu'il a été publié dans le *Journal officiel* (1) de Versailles

---

(1) L'article du *Journal officiel* de Versailles est la reproduction d'un article des *Débats*.

(journée du 21) et dans le *Journal officiel* du Comité central (journée du 22).

Récit du Journal officiel de Versailles

L'insurrection, qui semblait victorieuse avant-hier, paraît aujourd'hui toucher au terme de son triomphe éphémère. Elle occupe encore, il est vrai, tous les postes dont elle s'était emparée sans combat, mais l'opinion la condamne de plus en plus; elle n'a pas la force morale qu'ont trop souvent donnée à d'autres émeutes l'adhésion d'une grande partie de la population et la morne résignation de ceux qui n'adhéraient pas au mouvement; elle n'a même plus la force matérielle qui seule pourrait compenser ce désavantage; car les séides du Comité central, fatigués par les gardes et les patrouilles des jours précédents, commencent, les uns à céder leurs postes à des bataillons non affiliés à la « Fédération républicaine de la garde nationale, » et les autres, à abandonner purement et simplement les barricades qu'ils s'étaient chargés de défendre.

De toutes parts l'opinion se réveille. On comprend mieux d'heure en heure combien cette victoire momentanée de l'émeute est humiliante pour Paris et fatale pour la France.

Aujourd'hui, quelques hommes de bonne volonté sont partis du lieu où ils s'étaient réunis, en portant un drapeau sur lequel on lisait cette inscription : *Vive l'ordre!* Au bout de quelques instants, ils étaient plusieurs centaines; ils ne tardèrent pas à être plusieurs milliers. De toutes parts, on les acclamait avec enthousiasme.

Le bataillon qui gardait la Bourse est venu leur présenter les armes. Les amis de l'insurrection campés sur la place Vendôme ont inutilement essayé de leur barrer le passage, et l'inconnu qui a voulu les haranguer du balcon de l'hôtel de l'état-major n'a pas pu continuer son discours, parce que ses premiers mots avaient indiqué qu'il voulait parler au nom du Comité central. *Vive l'ordre! Vive l'Assemblée nationale!* tels sont les cris rassurants proférés aujourd'hui avec la plus heureuse unanimité par la foule qui s'est trouvée, dans tous les quartiers, sur le passage de cette manifestation improvisée. *Vive l'Assemblée nationale!* Oui, c'est bien là le mot d'ordre auquel tous les bons citoyens doivent se rallier, car les élus du pays ont seuls le droit de parler au nom de la France, dont Paris ne songe pas à se séparer, quoi qu'en puisse dire nous ne savons quelle feuille inconnue, éclose un de ces matins sur une barricade, entre deux pavés.

Vive l'Assemblée nationale! c'est là ce que crient par leur proclamation les maires et les députés de Paris, qui ne reconnaissent à personne qu'aux représentants de la France le droit de convoquer les électeurs. *Vive l'Assemblée nationale!* c'est le cri du bon sens et du patriotisme; il ne reste plus en ce moment à Paris que quelques sectaires et quelques fanatiques qui y restent sourds, et le moment est proche où ils regretteront d'avoir essayé de se mettre en révolte contre les représentants légitimes du pays.

Récit du Journal officiel de Paris

Le Comité central a ordonné une enquête sur les événements qui se sont passés place Vendôme, dans la journée du 22. Le Comité n'a pas voulu publier un récit immédiat, qui aurait pu être accusé de parti pris. Voici les faits, tels qu'ils résultent des témoignages produits dans l'enquête.

A une heure et demie, la manifestation qui se massait depuis midi sur la place du Nouvel-Opéra, s'est engagée dans la rue de la Paix. Dans les premiers rangs, un groupe très-exalté, parmi lesquels les gardes nationaux affirment avoir reconnu MM. de Heeckeren, de Coëtlegon et H. de Pène, anciens familiers de l'Empire, agitait violemment un drapeau sans inscription. Arrivée à la hauteur de la rue Neuve-Saint-Augustin, la manifestation a entouré, désarmé et maltraité deux gardes nationaux détachés en sentinelles avancées. Ces citoyens n'ont dû leur salut qu'à la retraite, et sans fusils, les vêtements déchirés, ils se sont réfugiés sur la place Vendôme. Aussitôt les gardes nationaux, saisissant leurs armes, se sont portés immédiatement, en ordre de bataille, jusqu'à la hauteur de la rue Neuve-des-Petits-Champs.

La première ligne avait reçu l'ordre de lever la crosse en l'air si elle était rompue, et de se replier derrière la troisième; de même pour la seconde; la troisième devait croiser la baïonnette; mais recommandation expresse était faite de ne pas tirer.

Le premier rang de la foule qui comptait environ huit cents à mille personnes, se trouve bientôt face à face avec les gardes nationaux. Le caractère de la manifestation se dessine dès lors nettement. On crie : *A bas les assassins! A bas le Comité!* Les gardes nationaux sont l'objet des plus grossières insultes. On les appelle : *Assassins! lâches! brigands!* Des furieux saisissent les fusils des gardes nationaux. On arrache le sabre d'un officier. Les cris redoublent; on a affaire non à une manifestation, mais à une véritable émeute. En effet, un coup de revolver vient atteindre à la cuisse le citoyen Maljournal, lieutenant d'état-major de la place, membre du Comité central. Le général Bergeret, commandant la place, accouru au premier rang dès le début, fait sommer les émeutiers de se retirer. Pendant près de cinq minutes on entend le roulement du tambour. Des sommations sont faites. On n'y répond que par des cris et des injures. Deux gardes nationaux tombent grièvement blessés. Cependant leurs camarades hésitent et tirent en l'air. Les émeutiers s'efforcent de rompre les lignes et de les désarmer. Des coups de feu retentissent, et l'émeute est subitement dispersée. Le général Bergeret fait immédiatement cesser le feu. Les officiers se précipitent, joignant leurs efforts à ceux du général. Cependant quelques coups de fusil se font entendre encore dans l'intérieur de la place; il n'est que trop vrai que des maisons on a tiré sur les gardes nationaux. Deux d'entre eux ont été tués : les citoyens Wahlin et François, appartenant au 7° et au 215° bataillon; huit ont été blessés : ce sont les citoyens Maljournal, Cochet, Miche, Ancelot, Legat, Reyer, Train, Laborde.

Le premier des morts, porté à l'ambulance du Crédit mobilier, est le vicomte de Molinet, atteint à la tête et par derrière, au premier rang de l'émeute. Il est tombé au coin de la rue de la Paix et de la rue Neuve-des-Petits-Champs, la face contre terre, du côté de la place Vendôme. Il est de toute évidence que le vicomte de Molinet a été frappé par les émeutiers; car s'il eût été atteint en fuyant, le corps serait tombé dans la direction du nouvel Opéra. On a trouvé sur le corps un poignard fixé à la ceinture par une chaînette.

Un grand nombre de revolvers et de cannes à épée ont été ramassés dans la rue de la Paix et portés à l'état-major de la place.

Le docteur Ramlow, ancien chirurgien-major du camp de Toulouse, domicilié, 32, rue de la Victoire, et un certain nombre de médecins accourus ont donné leurs soins aux blessés et signé les procès-verbaux.

Les valeurs trouvées sur les émeutiers ont été placées sous enveloppe, scellées et déposées à l'état-major de la place.

C'est grâce au sang-froid et à la fermeté du général Bergeret, qui a su contenir la juste indignation des gardes nationaux, que de plus grands accidents ont pu être évités.

Le général américain Shéridan, qui, d'une croisée de la rue de la Paix, a suivi les événements, a attesté que des coups de feu ont été tirés par les hommes de la manifestation (1).

Une députation courut à Versailles annoncer au Gouvernement cette triste affaire. MM. J. Ferry, E. Picard et le général Le Flô la reçurent et se montrèrent indignés contre le Comité et stupéfaits du silence que continuait à garder la partie « saine et modérée » de la population.

Ce fragment de conversation que nous avons recueilli le soir du 22, en revenant de Versailles, expliquera mieux que nous ne pourrions le faire l'erreur dans laquelle vivaient les ministres en comptant sur l'appui de cette partie de la population.

UN BOURGEOIS. — Vous avez tiré sur des hommes sans armes qui criaient : Vive la République !

UN COMMANDANT DE LA GARDE NATIONALE. — Nous ne pouvions laisser traverser nos lignes à cette foule désarmée qui nous aurait envahis et chassés de la Place que nous occupions.

LE BOURGEOIS. — Vous avez agi comme l'Empire au 2 décembre.

LE COMMANDANT. — Vous êtes dans l'erreur. Au 2 décembre, Bonaparte faisait tirer sur des passants

---

(1) Voici les noms des morts et des blessés :

MORTS : MM. *Bellanger*, propriétaire du café de la Porte-Saint-Martin ; — *Varlin*, tapissier ; — *François* ; — *Baude*, ingénieur ; — Vicomte *de Molinet* ; — *Tiby* ; — *Tinnel* ; — *Edm. Colin*, employé ; — *A. Lemaire* ; — *Niel* père ; — *Charron* ; — *Sassary* ; — *Miel*.

BLESSÉS : — MM. *Henry de Pène* ; — *Otto Hottinguer* ; — *Gaston Jollivet* ; — *Dehersin* ; — *Barle* ; — *L. Vinganot* ; — *Train* ; — *Brière*.

inoffensifs ; nous, nous avons fait feu sur une manifestation hostile et dangereuse. Si ces gens-là n'avaient eu d'autre idée que celle de manifester pacifiquement contre le Comité, d'abord ils ne seraient pas venus place Vendôme; ensuite, ils se seraient retirés lorsque l'ordre leur en a été donné par les factionnaires.

LE BOURGEOIS. — C'est de la lâcheté.

LE COMMANDANT. — J'attendais ce gros mot. L'hercule qui soufflette le gamin qui le menace depuis trop longtemps, est aussi traité de lâche parce qu'il abuse de la faiblesse de son adversaire. Au revoir, citoyen.

Le premier mouvement de la population fut celui de la stupeur; puis on se fit la réflexion que cette manifestation était inopportune; que ceux qui n'étaient pas de l'avis du Comité pouvaient se ranger du côté des maires et aller grossir l'armée de l'ordre. Et les événements se pressant, rapides et absorbants, on oublia cette fatale journée, et on pensa à l'avenir qui allait s'assombrissant de jour en jour.

LE CONSEIL MUNICIPAL DE PARIS

A l'Assemblée, la séance s'ouvre à deux heures.

La parole est à M. Vacherot pour le dépôt d'un rapport.

M. VACHEROT. — J'ai l'honneur de déposer sur le bureau le rapport de la commission chargée de l'examen de la proposition de loi sur l'élection du conseil municipal de Paris.

Plusieurs voix. — La lecture et l'urgence !

M. VACHEROT. — Messieurs, après la mémorable discussion d'hier et l'ordre du jour qui en a été la conclusion, il a semblé à la commission chargée d'examiner un projet de loi sur l'élection du conseil municipal de Paris, que cette proposition n'avait plus la même opportunité; et cependant, comme les auteurs de cette proposition ne l'ont pas retirée, la commission a jugé à propos de vous soumettre le très-court rapport que je vais avoir l'honneur de vous lire; mais je crois bon de faire précéder cette lecture de la connaissance de la proposition.

Elle est ainsi conçue :

« Les représentants de la Seine soussignés ont l'honneur de proposer à l'Assemblée nationale le projet de loi suivant :

» Article 1er. Il sera procédé, dans le plus bref délai, à l'élection d'un conseil municipal pour la ville de Paris.

» Art. 2. Ce conseil sera composé de quatre-vingts membres.

» Art. 3. — Le conseil nommera dans son sein son président, qui aura le titre et exercera les fonctions de maire de Paris.

» Art. 4. Il y a incompatibilité entre les fonctions de conseiller municipal et celles de maire ou d'adjoint de l'un des arrondissements de Paris. »

Voici maintenant le rapport de la commission :

« La commission, complétement unie d'intentions et de sentiments avec l'Assemblée nationale, qui a déclaré, par l'ordre du jour voté dans sa séance du 21 mars, qu'elle était résolue, d'accord avec le pouvoir exécutif, à reconstituer, dans le plus bref délai possible, les administrations municipales des départements et de Paris sur la base des conseils élus... » Vous voyez que ce sont les termes mêmes de l'ordre du jour : « Considérant qu'en présence de cette déclaration solennelle de l'Assemblée, par laquelle les droits des autres communes de la France sont également maintenus et garantis, il y aurait inopportunité à résoudre actuellement les questions soulevées par la proposition, et qui se reproduiront naturellement lors de l'examen des projets que le Gouvernement doit présenter dans le plus bref délai possible.

» Vous propose de décider que tous les droits se trouvant ainsi réservés, il n'y a pas lieu d'adopter la proposition. »

M. ERNEST PICARD, *ministre de l'intérieur*. — Je demande la parole.

M. LE PRÉSIDENT. — Vous avez la parole.

M. ERNEST PICARD, *ministre de l'intérieur*. — J'ai l'honneur de déposer sur le bureau de l'Assemblée un projet de loi concernant les élections municipales de France.

De divers côtés. — Lisez ! lisez ! — L'urgence ! l'urgence !

M. LE MINISTRE DE L'INTÉRIEUR. — Voici le texte du projet :

PROJET DE LOI (1)

SUR LES ÉLECTIONS MUNICIPALES EN FRANCE

*Titre I*er. — Art. 1er. Les élections municipales auront lieu dans toute la France. Les pouvoirs conférés par les élections ne pourront dépasser trois ans.

Art. 2. Les commissions municipales cesseront leurs fonctions. Les bureaux électoraux seront composés par les derniers conseils élus d'après l'ordre du tableau.

Art. 3. La loi du 3 juillet 1849 est provisoirement remise en vigueur pour le choix des maires.

Titre II. — Art. 4. Les vingt arrondissements de la ville de Paris nomment chacun trois membres du conseil municipal de la ville de Paris. Ces trois membres seront nommés au scrutin de liste, à moins que, par décret, l'arrondissement n'ait été divisé en sections.

Les membres choisis par les arrondissements de

---

(1) Voir à l'*Annexe* la loi sur les conseils municipaux, votée le 14 avril.

Paris sont pris parmi les éligibles domiciliés depuis trois ans dans l'arrondissement ou y exerçant leur industrie.

Art. 5. Les élections sont faites dans chaque arrondissement par des assemblées électorales convoquées par le préfet de la Seine. Sont électeurs tous les citoyens français âgés de 21 ans, et jouissant de leurs droits civils et politiques.

Art. 6. La liste électorale est dressée, dans chaque arrondissement ou dans chaque commune, par les soins du maire; elle comprend par ordre alphabétique : 1º tous les électeurs ayant leur domicile réel dans la commune depuis un an au moins; 2º ceux qui, n'ayant pas atteint, lors de la formation de la liste, les conditions d'âge et de domicile, doivent les acquérir avant la clôture définitive.

Art. 7. Seront appliquées à la confection des listes, notamment en ce qui concerne les incapacités, les dispositions des lois existantes non contraires à ce qui précède. Les opérations électorales et la tenue des assemblées seront régies par la loi du 8 février 1849.

Art. 8. Il y a un maire et trois adjoints par chacun des vingt arrondissements de Paris; ils sont choisis par le chef du pouvoir exécutif de la République.

Art. 9. Les membres du conseil municipal nomment chaque année l'un d'entre eux pour remplir les fonctions de président, de vice-président et de secrétaire.

Art. 10. Le préfet de la Seine et le préfet de police peuvent assister aux séances du conseil municipal; ils y ont voix consultative.

Art. 11. Le conseil municipal ne s'assemble que sur la convocation du préfet de la Seine. Il ne peut délibérer que lorsque la majorité de ses membres assiste à la séance.

Art. 12. Il y a chaque année une session ordinaire qui est spécialement consacrée à la présentation et à la discussion du budget. Cette session ne peut durer plus d'un mois.

Art. 13. Le conseil municipal vote le budget, et ne délibère que sur les objets d'administration municipale.

Art. 14. Lorsqu'un membre du conseil a manqué à une session ordinaire et à trois convocations extraordinaires consécutives, sans excuses légitimes ou empêchement admis par le conseil, il est déclaré démissionnaire par un arrêté du préfet, et il est procédé à une élection nouvelle.

Art. 15. Les dispositions des articles 5 et 23 de la loi du 22 juin 1833, et 14 du décret du 3 juillet 1848 sur les incompatibilités, et celles de l'article 11 de la loi du 22 juin 1833 sur les exclusions et vacances sont applicables aux membres du conseil municipal de Paris. Il en en est de même des articles 27, 28, 29 et 30 de la loi du 21 mars 1831, relative à l'irrégularité des délibérations des conseils municipaux et à la dissolution de ces conseils.

Art. 16. La présente loi sera mise à exécution dans le plus bref délai.

Tel est, messieurs, le projet de loi que nous avons l'honneur de vous soumettre, et sur lequel, je crois, l'urgence a été demandée déjà par plusieurs membres. (*Oui! oui!*)

Le Gouvernement s'associe à cette demande d'urgence.

L'Assemblée, consultée, vote l'urgence.

Le soir les représentants de la Seine adressaient aux électeurs cette proclamation :

RÉPUBLIQUE FRANÇAISE

LIBERTÉ — ÉGALITÉ — FRATERNITÉ

Paris, le 22 mars 1871.

Citoyens,

Nous ne doutons pas que vous n'éprouviez, à la lecture de la séance d'hier, le sentiment dont notre âme est saisie. Il n'a pas dépendu de nous que cette séance n'ait eu un autre caractère et de meilleurs résultats.

Toutefois, nous avons obtenu la reconnaissance formelle du droit de Paris, qui, en conséquence, sera appelé dans le plus bref délai à élire son conseil municipal.

Dans cette situation, vous comprendrez comme nous la nécessité d'éviter les désastres qui naîtraient en ce moment de tout conflit entre les citoyens.

Vive la France! Vive la République!

Les représentants de la Seine :

Louis BLANC. — Edgar QUINET. — V. SCHŒLCHER. — A. PEYRAT. — Edmond ADAM. — FLOQUET. — Martin BERNARD. — LANGLOIS. — Edouard LOCKROY. — FARCY. — H. BRISSON. — GREPPO. — MILLIÈRE. — CLÉMENCEAU. — TIRARD. — TOLAIN.

LE GÉNÉRAL DE FABRICE

M. LE PRÉSIDENT. — M. le ministre des affaires étrangères a la parole.

M. LE MINISTRE DES AFFAIRES ÉTRANGÈRES. — Messieurs, il n'est pas dans les usages, et il pourrait y avoir à cela beaucoup d'inconvénients, de communiquer à l'Assemblée les éléments des incidents diplomatiques, au moment où ils se produisent; mais dans la situation exceptionnelle qui nous est faite, il n'est pas permis au Gouvernement de vous laissez ignorer un de ces incidents, malheureusement pressentis. En effet, vous pouvez, à cet égard, vous rappeler les craintes que j'exprimais, quand, hier, j'avais l'honneur d'être à cette tribune, sur des éventualités qui, peut-être, viendraient aggraver d'une manière déplorable les maux contre lesquels nous luttons.

J'ai eu l'honneur de dire à l'Assemblée, ce qui est une vérité de bon sens, que l'entreprise criminelle qui a été dirigée à Paris contre le Gouvernement et contre l'autorité de l'Assemblée, faisait courir à la France tout entière les dangers considérables d'une reprise immédiate, totale ou partielle, d'hostilités, et qu'il était fort à craindre que la ville de Paris, s'étant ainsi violemment séparée du pouvoir régulièrement et légalement institué, ne fût traitée en ennemie.

Au moment même où je descendais de la tribune, je recevais de la chancellerie allemande une dépêche plus pressante que celle à laquelle j'avais fait allusion dans mon discours.

Cette nuit encore, il m'en est arrivé une que je ne crois pas possible de cacher à l'Assemblée. Ce matin même je l'ai expédiée à un de nos honorables collègues qui est maire de Paris, avec la réponse que j'ai immédiatement adressée à celui qui me l'envoyait.

Voici comment cette dépêche est conçue :

Rouen, le 21 mars, 1871, midi 2 m.

Le général de Fabrice à Son Excellence M. Jules Favre.

J'ai l'honneur d'informer V. E. que, en présence des événements qui viennent de se passer à Paris et qui n'assurent presque plus l'exécution des conventions dans la suite, le commandement supérieur de l'armée devant Paris interdit l'approche de nos lignes devant les forts occupés par nous, réclame le rétablissement, dans les vingt-quatre heures, des télégraphes détruits à Pantin. Nous serions obligés d'agir militairement et de traiter en ennemie la ville de Paris, si Paris use encore de procédés en contradiction avec les pourparlers engagés et les préliminaires de paix, ce qui entraînerait l'ouverture du feu des forts occupés par nous.

Signé : Fabrice.

Voici la réponse qu'immédiatement j'ai adressée à M. le général comte de Fabrice, qui, en l'absence de M. de Bismark, représente l'autorité allemande en France :

Le ministre des affaires étrangères à M. le général comte de Fabrice.
A Rouen.

Je reçois seulement ce soir fort tard le télégramme que V. E. m'a fait l'honneur de m'adresser aujourd'hui même à midi vingt minutes. Le mouvement insurrectionnel qui a triomphé à Paris n'a été qu'une surprise devant laquelle le Gouvernement ne s'est momentanément retiré que pour éviter la guerre civile.

Il est l'œuvre d'une poignée de factieux désavoués par la grande majorité de la population, combattus par les maires qui résistent courageusement.

Les départements sont unanimes à le condamner et à promettre leur concours à l'Assemblée. Le Gouvernement le maîtrisera, et s'il ne le fait pas demain même, c'est pour épargner l'effusion du sang.

V. E. peut donc être rassurée. Nos engagements seront tenus. Elle ne voudra pas, en présence de ces faits et de notre déclaration formelle, infliger à la ville de Paris, protégée par les préliminaires de paix, les calamités d'une exécution militaire. Ce serait faire expier à des innocents le crime de quelques hommes pervers, ennemis de leur patrie.

Quant au dommage causé au télégraphe de Pantin, le Gouvernement n'a malheureusement pas, quant à présent, le moyen de le réparer. Il en avise les maires qui peut-être pourront y parvenir. Mais j'ai l'honneur de répéter à V. E. que, grâce au bon sens de la grande majorité de la population de Paris, grâce à la ferme attitude de l'Assemblée et à l'appui sans réserve des départements, la cause du droit prévaudra, et, sous peu de jours, il me sera possible de donner une entière satisfaction à V. E. pour celles de ses réclamations que justifient nos engagements.

Jules Favre.

J'ai envoyé ces deux pièces à notre honorable collègue M. le maire du 2ᵉ arrondissement qui, vous le savez, a opposé une résistance courageuse à tous les efforts de l'émeute.

J'ai reçu de lui une réponse dans laquelle il me dit qu'il communiquera cette dépêche à ses collègues de Paris. Je ne pouvais faire autre chose dans la douloureuse extrémité où nous nous trouvons placés.

Je dois dire cependant que ce matin même, de la part de l'état-major prussien, et sans qu'il me soit possible d'entrer dans des détails, il m'est arrivé une communication confidentielle, et que, sur les assurances formelles que j'avais données, comme membre du Gouvernement, de la ferme intention de l'Assemblée de rétablir le régime des lois, et de le faire, coûte que coûte, parce qu'il doit prévaloir sur toute espèce de résistance criminelle, l'état-major prussien est entré avec nous en des pourparlers qui nous font espérer que de semblables mesures ne seront que comminatoires.

Je n'ai pas besoin de dire à l'Assemblée que tous mes efforts tendront à ce résultat : c'est mon devoir rigoureux, et je l'accomplirai autant qu'il me sera possible ; mais je voudrais, messieurs, que ceux-là qui jettent la patrie dans un tel abîme de maux, comprissent la responsabilité qui pèse sur eux devant la civilisation et devant l'histoire. (*Très-bien ! très-bien !*)

Je n'ai pas autre chose à dire à l'Assemblée, sinon que tous résolus à faire notre devoir, nous amènerons certainement la population de Paris à protester contre le servage que lui fait subir une poignée d'hommes, qui ont ainsi consommé un crime audacieux, et que, dans quelques jours, l'exécution des promesses que j'ai faites me sera, messieurs, grâce à vous, facilitée. (*Très-bien ! très-bien ! — Applaudissements.*)

Après quelques paroles de MM. H. Brisson, de Tillancourt et Lockroy, sur l'urgence qu'il y a à s'occuper sans retard de la loi sur le conseil municipal, la séance est levée sur ce mot de M. Millière :

— Il y a la plus extrême urgence. Le terrain brûle sous nos pas.

— Eh bien ! déclarons-nous en permanence, s'écrie M. Victor Lefranc.

DEUX LETTRES INÉDITES DE M. J. FAVRE

Ainsi qu'il l'a dit dans son discours, M. Jules Favre, aussitôt reçue, s'empressa de communiquer la dépêche du général de Fabrice aux maires de Paris. A cette communication était jointe la lettre ci-dessous :

A M. Tirard, maire du 2º arrondissement, député de Paris.

M. le maire et cher collègue,

Permettez-moi de m'adresser à vous à raison du noble rôle que vous jouez dans la honteuse épreuve que nous traversons; d'ailleurs, pressé par le temps, ne pouvant faire une circulaire à tous les maires de Paris, j'écris à celui qui me paraît le plus résolu.

Les craintes qui m'assiégent depuis trois jours et que j'exprimais aujourd'hui à la tribune se réalisent. Déjà, dans la soirée, je recevais de M. de Fabrice, qui représente M. de Bismark, une dépêche plus pressante. En voici une troisième qui m'arrive à minuit et qui vous éclairera sur les dangers que fait courir à Paris la sanglante saturnale de l'Hôtel de Ville.

Je vous envoie en même temps ma réponse.

Communiquez l'une et l'autre pièce à vos collègues et à vos concitoyens.

Je l'aurais fait publier et afficher dans Paris si j'en avais le pouvoir. Je m'en rapporte pour cela à ce que vous croirez possible, comme aussi pour la communication à en faire à ceux qui déchaînent sur leur pays des fléaux auxquels il peut succomber. Je souhaite que leurs yeux s'ouvrent enfin; je souhaite surtout qu'ils disparaissent au plus vite en vous laissant le pouvoir.

Alors la paix sera bientôt faite et nous aurons peut-être encore quelques chances de sauver notre malheureux pays.

Recevez, M. le maire et cher collègue, l'assurance de mon bien sincère dévouement.

Jules FAVRE.

Versailles, 22 mars 1871.

Et à quatre heures de l'après-midi, à l'issue de la Chambre, le ministre des affaires étrangères envoyait au maire du 2ᵉ arrondissement cette nouvelle lettre que nous publions, comme la première, sans aucuns commentaires. Nous l'avons dit, ce n'est pas une étude historique que nous écrivons; ce sont des matériaux pour servir à l'histoire du 18 mars que nous entassons chronologiquement :

A M. Tirard, maire du 2ᵉ arrondissement.

M. le maire,

Je reçois votre lettre : le projet de loi a été déposé. La Chambre s'en occupera d'urgence. Je n'ai pu cacher à la Chambre la dépêche que m'a envoyée le général de Fabrice et je crois avoir donné de suffisantes preuves de dévouement pour que nul ne puisse soupçonner un pareil document.

Le Gouvernement délibère. Il va immédiatement prendre un parti. Ai-je besoin de vous dire que nous voulons aller à votre secours? Que la garde nationale se réunisse sous les ordres de l'amiral Saisset. Nous nous mettrons en communication avec lui et nous ferons tous nos efforts pour rallier les éléments de défense qui nous permettront de dominer la situation.

Recevez, M. le maire, l'expression de mes douloureux sentiments.

Ce 22 mars 1871.

Jules FAVRE.

L'AMIRAL SAISSET

Nous ne suivrons pas dans toutes ses phases la défense militaire que l'insuffisance d'hommes, d'armes et de munitions, — quoi qu'on ait pu dire et croire, — rendait complétement inefficace. Nous avons entendu répéter bien des fois par l'amiral Saisset et le colonel Schœlcher ce mot : *Résister est impossible!* Les troupes qu'on avait réunies n'étaient pas sûres. Une nouvelle venue de Versailles les rendait plus ou moins disposées à la lutte, suivant qu'elle était plus ou moins conforme à leurs désirs.

Le Grand-Hôtel était devenu le quartier général ; mais l'amiral Saisset passait la plus grande partie de ses journées et de ses nuits à la mairie de la Banque avec ses aides de camp, le colonel Schœlcher, le lieutenant-colonel de Beaufond et le colonel Quevauvillers.

Voici les ordres donnés par l'amiral à ce dernier et au directeur des ambulances :

Instructions pour le colonel Quevauvillers, commandant supérieur des positions de la Banque, de la mairie du 2ᵉ arrondissement, de la Bourse et des quartier et arrondissement.

ARTICLE 1ᵉʳ. — Le colonel Quevauvillers est nommé commandant supérieur des positions ci-dessus, sous mon commandement en chef ;

ART. 2. — Il disposera ses forces à l'effet de maintenir les positions indiquées sur le plan convenu ;

ART. 3. — Il évitera les mouvements sur place et dans les rues ;

ART. 4. — Il préférera le combat défensif, aux fenêtres, caves et barricades ;

ART. 5. — Défense absolue de sonner, battre le tambour, crier, se déplacer ;

ART. 6. — Les officiers supérieurs se tiendront à portée du commandant supérieur pour la rapide transmission des ordres ;

ART. 7. — Les escouades de sapeurs, tambours, clairons, musiciens, exclusivement chargés du transport et de la répartition des munitions, se tiendront à la station de l'état-major général indiquée comme point de départ des munitions ;

ART. 8. — Il est expressément défendu d'arrêter des individus, de quitter son poste de combat pour aller au devoir des tués et des blessés ;

Art. 9. — Combattre sur place, avec calme, pour la défense de la société française, frappée par les bas-fonds du crime, est le seul devoir (1).

Commandant en chef.
Vice-amiral,
Saisset.

Service des ambulances.

Messieurs les docteurs, pharmaciens et autres des sociétés de blessés, avisent aux possibilités pratiques de l'enlèvement des tués et blessés à l'ennemi, pour les diriger sur les ambulances indiquées sans déplacer un seul combattant.

Aucune évacuation des blessés des points indiqués ne peut se faire sans un ordre spécial signé du vice-amiral commandant en chef.

Tout est devoir, tout reste devoir; mais le salut de la France prime, pendant le combat, les malheurs de la guerre civile.

Vice-amiral commandant en chef.
Saisset.

Le 22 mars, l'amiral Saisset vint, pour la première fois, à la mairie du 2ᵉ arrondissement. M. Tirard s'y trouvait avec MM. Léo Melliet, J. Meline et deux ou trois de leurs collègues.

M. Léo Melliet dit à l'amiral qu'après les paroles qu'il avait tenues la veille à la Chambre il aurait dû renoncer au grade que M. Thiers lui voulait confier.

— Quand on injurie Paris, on ne vient pas le commander !

(1) *En marge*: forces disponibles; répartition; ambulances; service religieux; vivres (café froid); munitions; postes de combat.

— Où donc, demanda l'amiral, ai-je injurié Paris ?

— Hier, vous avez dit pendant le discours de Jules Favre : « C'est cela, ameutez la province contre Paris. »

— Je l'ai dit, c'est vrai, mais dans un sens ironique. Je l'ai dit parce que le discours du ministre me semblait imprudent et que la conclusion qui en découlait était celle-ci : ameuter la province. Je l'ai dit, comme je lui aurais dit : Vous avez tort !

L'amiral s'échauffait. Léo Melliet n'était pas encore bien convaincu. Les témoins s'efforçaient de couper court à cette discussion, quand le mot « d'attachement dynastique » fit sortir l'amiral de ses gonds.

— Non ! s'écria-t-il avec colère, cela est faux. Je ne suis venu ici avec aucune arrière-pensée. Je me fous des Bonaparte, je me fous des Bourbons, je me fous des Orléans, je me fous de tous les gouvernements, il n'y a qu'une seule chose dont je ne me foute pas, c'est de mon pays ! Je l'aime et je le servirai loyalement jusqu'au bout.

Nous avons transcris cette tirade dans toute son énergique crudité parce qu'elle rend admirablement la pensée du vaillant officier, qui, le cœur brisé de la douleur d'avoir perdu son fils unique, mais plein d'amour pour la patrie, avait fait abnégation de tout encore une fois et était venu faire simplement son devoir.

M. Léo Melliet prit les mains de l'amiral et le pria d'accepter ses excuses. M. Saisset était tellement ému qu'il tendit les bras au jeune maire du 13e et l'embrassa.

23 MARS

UNE LETTRE INÉDITE DE M. THIERS

Le 24 mars, on lisait dans le *Paris-Journal* :

Hier, vers quatre heures, M. Desmarest, maire du 9e arrondissement, est arrivé dans la rue Drouot, pour se rendre dans sa mairie (1).

Il y avait là le 7e bataillon, le 117e et le 216e, des hommes du 253e et du 229e.

M. Desmarest a dit :

« Je viens de Versailles, et j'ai en poche une lettre de M. Thiers.

» Cette lettre dit que le gouvernement de l'Assemblée nationale convoque les électeurs pour le 3 avril, à l'effet d'élire toutes les municipalités de Paris.

» Cette lettre dit aussi que le Gouvernement ne recherchera pas dans des poursuites judiciaires les gardes nationaux égarés. »

A la suite de cela, M. Desmarest a fait demander le chef du poste de la mairie (117e), et est entré dans les bureaux où l'a porté la libre élection du suffrage universel.

---

(1) M. Desmarest était allé à Versailles avec MM. Alph. de Rothschild, Alfred André, E. Ferry et Vautrain.

Voici la lettre du chef du pouvoir exécutif, dont il est question dans cet article :

RÉPUBLIQUE FRANÇAISE

POUVOIR EXÉCUTIF

Présidence du conseil des ministres.

Versailles, 23 mars 1871.

Messieurs les maires,

Vous n'êtes pas en désaccord avec le Gouvernement, en supposant que, dans les circonstances actuelles, il ratifiera toutes les mesures de pardon et d'oubli que vous croirez devoir prendre, pour ramener à la cause de l'ordre les hommes qui se sont laissé engager dans la sédition et qui ne sont coupables que d'égarement.

Recevez, messieurs les maires, l'assurance de ma considération très-distinguée.

Le président du conseil, chef du pouvoir exécutif.

A. THIERS.

UNE LETTRE INÉDITE DE M. E. PICARD

RÉPUBLIQUE FRANÇAISE

POUVOIR EXÉCUTIF

Présidence du conseil des ministres.

mars 1871.

Messieurs les maires,

Je m'empresserai de porter à votre connaissance la loi relative aux élections municipales, dès qu'elle aura été votée. Le Gouvernement a demandé que la loi fût mise à exécution avant le 10 avril.

L'Assemblée y a consenti dans la séance d'hier. Les électeurs pourront donc être convoqués aussitôt après le vote, pour le 3 avril, et, convaincu que, par le concours de tous les bons citoyens, l'ordre indispensable à la liberté du suffrage sera rétabli, je donnerai les instructions nécessaires pour que, par les soins et sous l'autorité régulière des maires, l'élection ait lieu à Paris.

Recevez, messieurs les maires, l'assurance de ma considération très-distinguée.

Ernest PICARD.

LA DÉFENSE

Le 22 mars, dans leur séance de nuit, les maires prirent une mesure décisive, qui fut affichée le lendemain matin et fut très-approuvée par la presse et par la population.

RÉPUBLIQUE FRANÇAISE

LIBERTÉ — ÉGALITÉ — FRATERNITÉ

L'Assemblée des Maires et Adjoints de Paris,

En vertu des pouvoirs qui lui ont été conférés,

Au nom du suffrage universel dont elle est issue et dont elle entend faire respecter le principe;

En attendant la promulgation de la loi qui conférera à la garde nationale de Paris son plein droit d'élection;

VU L'URGENCE :

Nomme provisoirement :

L'amiral SAISSET, *représentant de la Seine*, commandant supérieur de la garde nationale;

Le colonel LANGLOIS, *représentant de la Seine*, chef d'état-major général ;

Le colonel SCHŒLCHER, *représentant de la Seine*, commandant en chef de l'artillerie de la garde nationale.

Paris, 22 mars 1871.

Suivent les signatures des maires et adjoints de Paris.

Les nouveaux commandants entrèrent de suite en fonctions.

LES ADJOINTS A A CHAMBRE

Le jeudi matin, MM. Grivot, Callon, Loiseau-Pinson et quelques adjoints vinrent trouver M. Tirard dans son cabinet et lui annoncer qu'ils partaient pour Versailles.

— Vous avez tort, leur dit le maire du 2º. MM. Desmarest, A. André et F. Favre en arrivent, ils ont vu M. Thiers qui leur a donné les meilleures espérances. Vous allez indisposer l'Assemblée. Suivez mon conseil ; restez ici. D'autant plus que vous n'avez parmi vous qu'un seul maire, M. Grivot.

Les adjoints insistèrent. M. Tirard leur répéta qu'ils allaient peut-être tout gâter ; ils partirent.

Nous cédons la parole à l'*Officiel*.

ASSEMBLÉE NATIONALE

Séance du 23 mars 1871

On vient de déposer le rapport sur la proposition de M. Millière (*les échéances*) et la discussion s'engage sur la loi qui appelle les volontaires. De cette discussion nous ne citerons que le discours de M. Tolain, le seul important, le seul qui rentre dans le cadre de notre livre :

M. TOLAIN. — Messieurs, je croyais que le pays, au point de vue surtout de la force militaire, était déjà assez désorganisé pour que l'on ne vînt pas, dans les circonstances présentes, essayer une organisation militaire, toute particulière et toute nouvelle. J'ajoute que, dans ces mêmes circonstances — et tous les amendements qui vous sont proposés n'ont évidemment pour but que de répondre aux événements en face desquels nous nous trouvons, — je pense que toutes ces propositions ne peuvent aboutir; que c'est une étrange illusion de la part de cette Assemblée que de croire que les bataillons qu'on lui propose d'organiser donneront les moyens de faire face à la situation terrible et imminente dans laquelle nous sommes. (Mouvement.)

A mon sens, c'est une erreur profonde, et la France est dans un grand danger, si vous n'avez d'autre moyen de rétablir le calme dans le pays que ceux qu'on vous propose en ce moment.

De plus, les propositions qui vous sont faites, et surtout celle qu'on allait mettre aux voix, présentent un caractère particulier, un caractère grave, contre lequel je ne saurais trop protester : par la réglementation qui vient de vous être lue, on semble — je n'accuse pas celui qui l'a faite, je crois qu'il se trompe, — organiser purement et simplement en France la guerre civile. (Vives réclamations à droite. — Approbation sur quelques bancs à gauche.)

Un membre à droite. — Il y a trois ans que vous travaillez à la guerre civile.

M. TOLAIN. — J'entends l'un des membres de cette Assemblée me dire : « Il y a trois ans que vous travaillez à la guerre civile. »

Plusieurs membres à droite. — Oui ! oui !

M. TOLAIN. — Je répondrai que, dans ce moment-ci, alors que je suis dans cette Assemblée, je fais un plus grand sacrifice à l'ordre qu'aucun de vous, messieurs, lui ait peut-être jamais fait, car je me suis séparé de bien des amis (Exclamations à droite), et je suis à la veille de voir sombrer l'idéal que je poursuis depuis vingt ans. (Exclamations.)

Oui, messieurs, depuis vingt ans je poursuis un idéal et je suis à la veille de voir tout sombrer dans l'horrible tourmente où nous sommes actuellement.

Quelques membres à gauche. — C'est vrai ! c'est vrai !

M. TOLAIN. — Et c'est moi qui suis ici, dans cette Assemblée, à cette tribune, moi sorti des flancs de la classe ouvrière, moi qui n'ai eu d'autre aspiration pendant toute ma vie que de voir son émancipation et son triomphe, c'est moi qui suis ici au lieu d'être à Paris, que l'on accuse d'avoir organisé l'émeute et la guerre civile !... Je proteste contre cette imputation. (Très-bien ! très-bien ! — Applaudissements sur plusieurs bancs à gauche.)

Si j'ai eu un espoir au milieu des dangers de la patrie, ç'a été pendant le siége de Paris, alors que je me disais : Dans toutes les classes de la société, bourgeois et ouvriers, quand nous aurons ensemble mêlé notre sang, quand nous nous serons vus de près les uns les autres, nous aurons peut-être appris à nous connaître, et de ce sang versé, nous scellerons d'une façon indissoluble la République.

Voilà ce que j'espérais.

Je vous le dis, n'essayez pas d'organiser la guerre civile en France.

Voulez-vous sauver le pays ? Voulez-vous que la situation épouvantable dans laquelle nous sommes ne se répande pas dans le reste de la France ? Eh bien, faites un sacrifice. (*Mouvement.*) Il y a ici des représentants dont les convictions sont opposées aux miennes, mais qui doivent comprendre cependant qu'il faut faire des sacrifices si l'on veut que la nation française reprenne sa place. Eh bien, je leur dis sincèrement, carrément : Déclarez franchement le principe de la République ! votez ensuite la loi municipale... (*Vive approbation à gauche*), et, tous ensemble, alors, après avoir fait cela nous pourrons aller à Paris où le peuple nous recevra avec des applaudissements.

En dehors de cela tous vos efforts n'aboutiront à rien. — (*Bravos et applaudissements à gauche.* — *Exclamations diverses à droite.*)

La loi est votée par 419 voix contre 79.

M. ARNAUD (de l'Ariége). — Vu la gravité des circonstances, les municipalités de Paris se sont transportées à Versailles pour coopérer avec nous. Il est de règle que nul ne peut être dans cette Assemblée quand il n'est pas représentant. Ils ont cru nécessaire pour cela de demander d'être entendus par vous, pour vous éclairer sur la situation.

Il n'y a point d'idée de désordre, sans cela je ne vous présenterais pas cette demande. Il y a des maires qui sont représentants, voulez-vous que l'un d'eux vous fasse cette communication? Ils sont venus ici, chargés par une délégation de conserver l'ordre. (*Bruit.*)

A droite. — Délégation de qui?

M. FLOQUET. — Vous voulez donc la guerre civile?

M. ARNAUD (de l'Ariége). — Du gouvernement, car nous ne reconnaissons que l'Assemblée nationale. Nous croyons que si les communications que nous allons faire sont prises en considération, l'ordre sera rétabli immédiatement dans Paris. (*Cris.*)

Il faut s'unir de cœur avec Paris, lui dire que nous ne formons qu'une âme nationale et républicaine. (*Rumeurs.*)

Nous sommes venus tous à Versailles, nous donnant la main; voulez-vous nous autoriser à être les témoins? (*Rumeurs.*)

Nous désirons tous concilier la déférence que nous devons aux municipalités de Paris et les habitudes parlementaires. Je laisse au président le moyen de tout concilier. Il y a un moyen bien simple, qu'on assigne une tribune aux municipalités. (*Cris, tumulte.*)

M. LE PRÉSIDENT. — Rien n'est plus simple que de concilier les droits de l'Assemblée et la déférence que nous devons aux maires de Paris; il y des maires qui sont députés, ils feront leur communication. Les autres maires pourront prendre place dans la tribune du président, que je mets à leur disposition.

M. BAZE. — Quand j'ai été informé de l'arrivée de MM. les maires, j'ai, en ma qualité de questeur, offert des places distinguées (*Rumeurs*) à MM. les maires.

En ce moment les maires et adjoints de la municipalité de Paris, revêtus de leurs insignes, entrent dans une des tribunes de droite, sont accueillis par plusieurs salves d'applaudissements. Les membres de la gauche se lèvent en criant : « VIVE LA RÉPUBLIQUE! » — *MM. les maires saluent l'Assemblée et répondent par les cris de :* « *Vive la République! vive la France! vive l'Assemblée nationale!* »

Voix au centre et à droite. — A l'ordre ! à l'ordre !

M. DE CASTELLANE. — Nous ne pouvons supporter cela.

(*Un grand nombre de députés siégeant à droite quittent leurs bancs, arrivent au pied de la tribune et interpellent vivement le président.*)

M. BAZE. — Je demande à dire un mot sur ce qui se passe ici.

Je le désavoue hautement et je n'ai pas autorisé cette manifestation !...

Un membre. — Et le Gouvernement ne dit rien !

Plusieurs voix. — Suspendez la séance, monsieur le président !

M. LE PRÉSIDENT. — L'Assemblée n'a pas oublié qu'il a été décidé qu'elle allait se réunir immédiatement dans ses bureaux et qu'il y aurait séance publique ce soir.

Plusieurs voix. — A quelle heure ?

M. LE PRÉSIDENT. — A neuf heures.

La séance est levée parce qu'il n'y a plus rien à l'ordre du jour. (Bruit.)

(*L'Assemblée se retire dans ses bureaux.* — *Il est six heures et un quart.*)

SÉANCE DU SOIR.

La séance s'ouvre à dix heures un quart.

Tribunes pleines.

MM. les maires, sans écharpe cette fois, occupent la galerie du premier étage.

Dans la tribune du Corps diplomatique, on remarque lord Lyons, M. Washburne, le chevalier Nigra, et M. de Moltke, ministre du Danemark.

Les rédacteurs des principaux journaux de Paris sont restés à Versailles, sachant bien que la séance qui va se passer aura un exceptionnel intérêt.

L'aspect de la salle présente une grande animation. Presque tous les députés ont un journal à la main et semblent en commenter vivement les articles.

M. LE PRÉSIDENT. — A la fin de la dernière séance, il s'est produit une émotion qui m'a paru être le résultat d'une déplorable méprise.

M. le président tient à dire que s'il a levé la séance immédiatement après l'entrée de MM. les maires de Paris, c'est qu'il n'y avait plus rien à l'ordre du jour, et que l'Assemblée l'avait déclaré elle-même quelques instants auparavant.

M. le président a regretté que l'Assemblée fût ainsi obligée de lever sa séance lorsqu'elle venait de recevoir MM. les maires de Paris, qui ont donné l'exemple du courage, du dévouement à la liberté et à l'ordre.

Maintenant nous attendons l'arrivée du rapporteur de la commission relative à l'envoi à Paris d'une délégation de quinze membres de cette Assemblée; je prie l'Assemblée de vouloir bien attendre avec quelque patience.

M. de Peyramont dépose le rapport relatif à l'inamovibilité de la magistrature.

M. LE PRÉSIDENT. — La parole est à M. Arnaud (de l'Ariége). (*Mouvement.*)

M. ARNAUD (de l'Ariége). — Je viens apporter à l'Assemblée, au nom de mes collègues représentants des municipalités de Paris, une communication à laquelle nous attachons une grande importance.

Paris est à la veille, non pas d'une insurrection, mais de la guerre civile, dans ce qu'elle peut avoir de plus affreux. Dans cette circonstance, les maires de Paris ont pensé qu'il y avait des mesures à prendre.

Les résolutions que nous vous apportons ont été jugées par nous de nature à éviter une plus grande effusion de sang.

Nous sommes convaincus que le rétablissement de l'ordre et le salut de la République exigent les mesures qui suivent :

1º Que l'Assemblée se mette à l'avenir en communication plus directe et plus intime avec les municipalités de Paris;

2º Qu'elle autorise les maires à prendre les mesures que les circonstances exigeraient;

3º Que les élections de la garde nationale aient lieu avant le 28 de ce mois;

4° Que l'élection du conseil municipal ait lieu avant le 3 avril si c'est possible, que la condition du domicile soit réduite à six mois et que les maires et les adjoints procèdent aussi de l'élection.

Cette communication a été rédigée avant le départ des maires de Paris. Il n'y a rien été changé, et l'incident auquel M. le président a fait allusion n'a eu aucune influence sur les termes de notre communication. Permettez-moi seulement de faire un nouvel appel à la conciliation ; il y a eu des malentendus.

Une voix. — Il n'y a eu que cela.

M. ARNAUD (de l'Ariége). — Il ne doit rien rester ni d'un côté ni de l'autre de l'incident fâcheux qui s'est produit. (Applaudissements répétés.)

L'urgence est déclarée à l'unanimité.

Après un discours de M. Turquet et une réponse de M. Jules Favre à la question posée par l'honorable député de l'Aisne, la séance est levée (1).

Il est minuit.

LE COMITÉ CENTRAL ET LA PRUSSE

En tête de son numéro du 23, le *Journal officiel* du Comité central publiait les deux pièces ci-dessous :

COMITÉ CENTRAL

Citoyens,

Le Comité central a reçu du quartier général prussien la dépêche suivante :

---

(1) Voir page 172.

COMMANDEMENT EN CHEF DU 3ᵉ CORPS D'ARMÉE

Quartier général de Compiègne,
le 21 mars 1871.

Au commandant actuel de Paris.

Le soussigné, commandant en chef, prend la liberté de vous informer que les troupes allemandes qui occupent les forts du nord et de l'est de Paris, ainsi que les environs de la rive droite de la Seine, ont reçu l'ordre de garder une attitude amicale et passive tant que les événements dont l'intérieur de Paris est le théâtre ne prendront point, à l'égard des armées allemandes, un caractère hostile et de nature à les mettre en danger, mais se maintiendront dans les termes arrêtés par les préliminaires de la paix.

Mais dans le cas où ces événements auraient un caractère d'hostilité, la ville de Paris serait traitée en ennemie.

Pour le commandant en chef du 3ᵉ corps
des armées impériales,

Le chef du quartier général,
Signé : Von Schlothem,
Major général.

Le délégué du Comité central aux relations extérieures a répondu :

Paris, 22 mars 1871.

Au commandant en chef du 3ᵉ corps des armées impériales prussiennes.

Le soussigné, délégué du Comité central aux affaires extérieures, en réponse à votre dépêche en date de

Compiègne, 21 mars courant, vous informe que la révolution accomplie à Paris par le Comité central, ayant un caractère essentiellement municipal, n'est en aucune façon agressive contre les armées allemandes.

Nous n'avons pas qualité pour discuter les préliminaires de la paix votés par l'Assemblée de Bordeaux.

*Le Comité central et son délégué
aux affaires extérieures.*

Voici la réponse du Gouvernement de Versailles à ces deux pièces.

Fin de la séance du 23 mars (soir).

M. TURQUET. — J'interpelle le ministre des affaires étrangères pour savoir s'il a eu connaissance d'une dépêche adressée par l'état-major prussien au Comité central de la garde nationale, à Paris.

Le membre lit la dépêche publiée à l'*Officiel* de Paris.

Le ministre des affaires étrangères peut-il nous dire s'il croit cette communication authentique et ce qu'il a à répondre, cette dépêche étant en contradiction avec celle qu'il nous a communiquée hier ? (Lisez la réponse.)

Le membre lit la réponse.

M. JULES FAVRE. — Je ne veux pas refuser de répondre à M. Turquet quand il me demande ce que je pense d'une pièce diplomatique; mais je vous le déclare, ce n'est pas la moindre des humiliations que j'ai eu à supporter — et j'en ai supporté beaucoup — que de m'occuper de pareilles affaires. L'Assemblée a entendu hier la dépêche que j'ai mise sous ses yeux. Je lui ai lu ma réponse. Je lui disais ensuite que j'avais reçu une dépêche confidentielle, où l'on me disait que le *statu quo* ne serait rompu que dans des circonstances exceptionnelles.

Depuis, j'ai reçu deux dépêches semblables : l'une de Rouen, l'autre de Berlin ; cependant, celui avec lequel nous avons été en guerre ne dissimule pas que nous parviendrons à avoir raison de la sédition de Paris. Maintenant vous me demandez ce que je pense des relations diplomatiques entre un chef prussien et un municipal qui se cache derrière l'anonyme. Je ne vous dissimulerai pas que j'ai toujours craint de ces accords secrets, qui ne peuvent nous laisser sans inquiétude.

Ce qu'il faut que la Chambre sache, et c'est malheureusement trop vrai, c'est que, devant cette parodie qui se joue devant nous depuis quelques jours, le mouvement de retraite des Allemands est arrêté. Nous recevons de nombreuses plaintes des pays occupés ; ces plaintes sont plus déchirantes que jamais. Oui, il faut que la France le sache, c'est la folie à jamais maudite de Paris qui consommera le malheur de la France.

Ce qu'il y a de certain, c'est que les événements de Paris ont arrêté les négociations ; ils empêchent de se procurer par le crédit les sommes nécessaires pour solder notre contribution de guerre.

Pendant ce temps, les départements envahis souffrent de l'envahissement. Voilà une des responsabilités qui pèseront le plus sur ceux qui cherchent la satisfaction d'ambitions faciles à deviner, au mépris des malheurs de la France entière.

Je ne puis et ne veux vous donner aucun renseignement sur ce qu'on me demande.

D'abord parce que je ne sais rien, ensuite parce que nous ne devons point considérer comme avenus les actes d'un gouvernement insurrectionnel. Laissez-moi seulement vous déclarer que l'insurrection a aggravé la situation de la France.

LA SOLDE PAYÉE A LA BOURSE

Le 23 l'affiche suivante fut apposée sur les murs :

RÉPUBLIQUE FRANÇAISE

LIBERTÉ — ÉGALITÉ — FRATERNITÉ

Solde de la garde nationale.

AVIS

La solde de la garde nationale et les services d'assistance seront régulièrement continués par les soins des officiers payeurs de chaque bataillon.

Les fonds publics, nécessaires à cet effet, sont à la disposition exclusive des maires issus du suffrage universel.

Le service sera provisoirement établi dès demain au palais de la Bourse, pour les bataillons dépendant des mairies envahies.

Il sera repris dans ces dernières aussitôt que les maires et adjoints y seront réinstallés.

Pour les maires et adjoints de Paris :

Les délégués.
TIRARD. — DUBAIL. — HÉLIGON.

Voici la lettre (1) qui nous a été adressée par un des délégués au paiement de la solde :

Paris, 2 juillet 1871.

Cher monsieur,

Le 23 mars au soir, nous avons été délégués, J. Mau-

(1) Voir à l'*Annexe* la lettre de M. J. Maumy.

my et moi, au service financier des municipalités et de la garde nationale.

En deux heures nous avons organisé à la Bourse une caisse et un contrôle. La caisse a été tenue par M. Ch. Gadala, agent de change, et nous avons payé environ 550,000 francs aux payeurs de la garde nationale, le tout sans erreur ni réclamation.

La Banque de France nous a fourni ces fonds sur une réquisition de MM. Tirard et André, adjoints du 9ᵉ arrondissement.

Bien à vous.
CH. GOUDCHAUX,
Banquier.

LE CAPITAINE SALICIS ET LA MANIFESTATION DES ÉCOLES

A l'École polytechnique (1) le capitaine de frégate Salicis avait réuni le 21ᵉ, le 59ᵉ et une partie du 119ᵉ bataillons et les artilleurs volontaires de la batterie de l'École (2).

Le plan du capitaine Salicis était des plus simples : Entrer de nuit, par le presbytère, dans l'église Saint-Etienne-du-Mont, en sortir par la porte qui donne sur la rue Clovis et prendre en dos la barricade qui fermait cette rue, s'avancer de là jusqu'à la bibliothèque Sainte-Geneviève, après s'être emparé du lycée Corneille et dominer ainsi, sans avoir tiré un seul coup de fusil, la place du Panthéon.

(1) Le capitaine Salicis, avant de dissoudre ses troupes, se rendit à la mairie du 5ᵉ arrondissement et y demanda la grâce du commandant du 119ᵉ, M. Marye, condamné à mort. Le nouveau maire, M. Régère, intimidé peut-être par l'aspect des forces massées à l'Ecole, et ne voulant s'exposer à une affaire, signa la grâce qui lui était demandée.

(2) Voir à l'*Annexe*.

Ce plan, nous assure-t-on, n'a pas été mis à exécution, à cause d'un ordre venu du Grand-Hôtel qui invitait le capitaine Salicis à combiner ses mouvements avec ceux des troupes réunies sous les ordres de l'amiral Saisset.

Le quartier des Écoles ne voulut pas rester en dehors du mouvement. Voici, d'après les journaux, le compte rendu des réunions de l'École de médecine :

Le Comité central veut s'emparer de l'École de médecine. Les élèves, qui n'adhèrent pas le moins du monde à cette idée, préparent leur résistance. Le 23 mars à huit heures, cent cinquante élèves environ se sont réunis à l'École, salle du petit amphithéâtre, à l'effet de s'entendre sur les moyens à adopter pour s'opposer à l'occupation désirée par messieurs du Comité.

M. le docteur Wurtz s'est mis à la tête du mouvement.

A neuf heures, trois délégués, un étudiant en médecine, un étudiant en droit et un élève de l'École des beaux-arts, se sont rendus à l'École polytechnique pour s'entendre avec les élèves et savoir s'ils désiraient faire cause commune avec eux.

Là, ils ont trouvé le capitaine de frégate de Salicis, qui les a félicités de leur détermination, ajoutant qu'il s'était déjà entendu avec le docteur Wurtz pour arriver promptement à une solution pratique.

Le commandant d'artillerie Garnier a immédiatement été mis à la disposition des étudiants, comme organisateur militaire.

Le 24 mars, à deux heures précises, trois cents élèves au moins, parmi lesquels plusieurs docteurs en médecine, se sont réunis, de nouveau, à l'École.

On a d'abord procédé à la nomination d'un président et de deux assesseurs ; après quoi le président ayant déclaré qu'il fallait lutter par tous les moyens possibles contre les manœuvres du Comité, l'assemblée répond par d'unanimes applaudissements.

M. le docteur Trélat demande la parole. Dans une brillante improvisation, il invite tous les auditeurs à se mettre soit à la disposition des maires ou des députés de Paris, soit à celle de l'amiral Saisset.

Il est procédé ensuite au vote concernant l'organisation militaire de la jeunesse des Écoles. La proposition est adoptée à l'unanimité et l'on vote à l'unanimité la déclaration suivante (1) :

« La jeunesse des Écoles, assemblée dans l'amphithéâtre de l'École de médecine, considérant que le Comité central a porté atteinte au suffrage universel ;

» Déclare qu'elle fait cause commune avec les représentants et les maires de Paris, et qu'elle est prête à lutter avec eux par tous les moyens possibles contre ce Comité sans mandat populaire.

» Elle affirme, en outre, qu'elle répudie toute espèce de complicité avec la réaction, qu'elle entend repousser toute tentative de coup d'État venant du pouvoir, et veut maintenir pleine et entière la République une et indivisible.

» Paris, le 24 mars 1871. »

Le soir, vers huit heures, les étudiants, organisés militairement, se rendirent au Grand-Hôtel et se mirent à la disposition de l'amiral Saisset, qui les fit armer et caserner au 3e étage.

Ils restèrent au service de l'ordre jusqu'au samedi, cinq heures.

---

(1) Cette réunion avait pris le nom de FÉDÉRATION RÉPUBLICAINE DES ÉCOLES.

LA REMISE DES ÉLECTIONS

Le Comité crut, malgré son *avertissement*, devoir céder aux protestations unanimes qu'avait soulevées son arrêté fixant au 22 les élections municipales. Le 23, le *Journal officiel* publiait cette proclamation qui annonçait la remise des élections au dimanche 26 mars.

Citoyens,

Votre légitime colère nous a placés, le 18 mars, au poste que nous ne devions occuper que le temps strictement nécessaire pour procéder aux élections communales.

Vos maires, vos députés, répudiant les engagements pris à l'heure où ils étaient des candidats, ont tout mis en œuvre pour entraver ces élections, que nous voulons faire à bref délai.

La réaction, soulevée par eux, nous déclare la guerre.

Nous devons accepter la lutte et briser la résistance, afin que vous puissiez y procéder dans le calme de votre volonté et de votre force.

En conséquence, les élections sont remises à dimanche prochain, 26 mars.

Jusque-là, les mesures les plus énergiques seront prises pour faire respecter les droits que vous avez revendiqués.

Hôtel de Ville, 22 mars 1871.

Le Comité central de la garde nationale.
(SUIVENT LES SIGNATURES.)

Le Comité rejetait audacieusement la responsabilité de l'ajournement des élections sur les maires, sans se demander s'il ne les avait pas forcés d'agir contre leurs principes.

Les principes n'étaient pas en jeu ; mais la France, que le Comité avait oubliée complétement pour s'occuper de la mise à exécution de ses ambitions criminelles et que les maires voyaient menacée et qu'ils s'étaient juré de défendre, de sauver.

Une phrase surtout était remarquable dans la proclamation du Comité central : « *Nous devons accepter la lutte et briser la résistance;* » elle préciisait nettement la phase nouvelle dans laquelle nous allons voir entrer les hommes de l'Hôtel de Ville.

24 MARS

[UNE SÉANCE DU COMITÉ CENTRAL

La déclaration de la presse, la résistance des maires réunis, le nombre des troupes rangées autour des mairies du Centre, amenèrent le Comité central à prendre un parti décisif.

Dans la nuit du 23-24, le Comité central tint deux séances, dont une secrète. Nous les reproduisons telles qu'elles ont été publiées à cette époque par le *Paris-Journal.*

PRÉSIDENCE DU CITOYEN ASSI

Le citoyen Assi prend la parole et annonce que les nouvelles que le Comité vient de recevoir de Versailles sont excellentes.

Le pouvoir exécutif, fatigué de lutter contre la droite et contre la gauche, fait d'importantes concessions. Toutefois, il ne faut pas s'abuser, la parole d'un ministre ne saurait avoir une grande importance, surtout au point de vue de la sécurité individuelle des membres du Comité.

Le citoyen Moreau est d'avis que l'on doit essayer de faire une tentative de conciliation.

Le citoyen Avoine est d'avis que l'on doit surtout essayer de ramener les quelques arrondissements dissidents par la persuasion.

Sur la proposition du citoyen général Bergeret, le Comité convient d'envoyer à la mairie du 1er arrondissement une députation assez nombreuse pour se mettre en rapport avec la municipalité. Le citoyen président est d'avis de faire accompagner la députation par une troupe assez nombreuse pour la faire respecter.

Le général Brunel est chargé de commander les bataillons chargés d'escorter les citoyens délégués.

Le citoyen Maljournal est d'avis que l'on fasse tout ce qu'il sera possible de faire pour occuper le plus rapidement possible les positions qui sont encore au pouvoir des insurgés. La proposition mise aux voix est adoptée.

Les citoyens Fabre et Ferrat pensent que les négociations doivent être reprises au plus vite si l'on veut arriver à quelque chose.

Le citoyen Fortuné (Henri) appuie la proposition.

Le citoyen Assi répond qu'il est prêt à se rendre à l'avis émis par les préopinants, mais que cela ne dépend pas de lui seul. — Les maires et les députés de Paris ne méritent aucune confiance, les ministres sont des canailles, les députés des imbéciles féroces; il est donc bien difficile de pouvoir mettre une ombre de confiance dans des gens pareils.

Une députation des municipalités est introduite. Elle vient discuter les conditions ou plutôt confirmer les paroles de l'amiral Saisset.

On convient de déléguer deux membres auprès de l'amiral pour qu'il puisse leur confirmer ce qu'il a annoncé dans la matinée.

Le citoyen Grollard pense que les délégués doivent être envoyés à la mairie du 2e arrondissement.

Le Comité se forme en séance secrète.

SÉANCE SECRÈTE

Le citoyen Assi prend la parole.

— Citoyens, dans les circonstances actuelles, la guerre civile peut être un crime civique, elle est certainement une nécessité que nous pouvons dire fatale. Voici les conditions que nous offre le Gouvernement. (*Suit la lecture des propositions.*) Certes, je suis prêt à vous proposer de les accepter; mais en présence du retard demandé pour les élections et de l'attitude douteuse de l'Assemblée, je crois qu'il est sage de les rejeter.

Si nous retardons les élections, le pouvoir, qui est le synonyme de la réaction, viendra peser de tout son poids sur les électeurs. Il dirigera le vote de telle façon que nous, les vainqueurs d'aujourd'hui, nous serons non-seulement les vaincus, mais les proscrits de demain.

Nous sommes les maîtres de la situation; nos adversaires, bien que décidés en apparence à la lutte, n'ont ni organisation ni communauté d'idées. Un seul jour de retard peut tout perdre. Si les maires et le Gouvernement ne veulent pas accepter la date de dimanche pour les élections, nous devons rompre les négociations.

Le citoyen Bergeret est d'avis de rompre les négociations et de se préparer à la lutte à outrance. — Après quelques mots du citoyen Billioray, l'assemblée nomme deux membres qui doivent se rendre à la mairie du 2ᵉ arrondissement.

Ces délégués doivent accepter au nom du Comité toutes les conditions proposées par l'amiral Saisset, mais les élections devront être faites au jour fixé par les représentants de la garde nationale. La séance est suspendue.

A minuit, les délégués reviennent annoncer que le Gouvernement repousse les élections à bref délai.

Le Comité, à l'unanimité, déclare les négociations entamées nulles et non avenues.

La séance est levée aux cris de : *Vive la République! Vive la Commune!*

Le lendemain matin (vendredi 24) le Comité faisait afficher les deux proclamations suivantes :

Considérant que la situation réclame des mesures rapides ;

Que de tous côtés des commandements supérieurs, continuant les errements du passé, ont, par leur inaction, amené l'état de choses actuel; que la réaction monarchique a empêché jusqu'ici, par l'émeute et le mensonge, les élections qui auraient constitué le seul pouvoir légal de Paris;

En conséquence, le Comité arrête :

Les pouvoirs militaires de Paris sont remis aux délégués :

Brunel. — Duval. — Eudes.

Ils ont le titre de généraux et agiront de concert, en attendant l'arrivée du général Garibaldi, acclamé comme général en chef.

Du courage encore et toujours, et les traîtres seront déjoués.

Vive la République!

Paris, le 24 mars 1871.

(*Suivent les signatures des membres du Comité central.*)

Citoyens,

Appelés par le Comité central au poste grand et périlleux de commander provisoirement la garde nationale républicaine, nous jurons de remplir énergiquement cette mission, afin d'assurer le rétablissement de l'entente sociale entre tous les citoyens.

Nous voulons l'ordre, mais non celui que patronnent les régimes déchus, en assassinant les factionnaires paisibles et en autorisant tous les abus.

Ceux qui provoquent à l'émeute n'hésitent pas, pour arriver à leur but des restaurations monarchiques, à se servir de moyens infâmes ; ils n'hésitent pas à affamer la garde nationale en séquestrant la Banque et la Manutention.

Le temps n'est plus au parlementarisme ; il faut agir et punir sévèrement les ennemis de la République.

Tout ce qui n'est pas avec nous est contre nous.

Paris veut être libre. La contre-révolution ne l'effraye pas ; mais la grande cité ne permet pas qu'on trouble impunément l'ordre public.

Vive la République !

Les généraux commandants,
BRUNEL. — E. DUVAL. — E. EUDES.

La menace était évidente. La guerre civile allait-elle éclater dans la cité ?

PRÉLIMINAIRES DE CONCILIATION

Vers deux heures, on vint prévenir M. J. Méline que la mairie du Louvre était attaquée. Il s'y rendit en toute hâte. Quatre bataillons fédérés précédés de quatre pièces étaient arrêtés en face de la première ligne des bataillons de l'ordre. A leur tête, le général Lisbonne à cheval et entouré d'un nombreux et brillant état-major. Le général Brunel était entré à la mairie et posait son ultimatum aux officiers réunis dans la grande salle des mariages. Les fédérés, sur l'ordre du général Lisbonne, chargèrent leurs canons et les braquèrent sur la mairie. Le 14e bataillon qui était sur le premier rang eut une contenance héroïque. Le capitaine de Vresse envoya ostensiblement une compagnie occuper les fenêtres de la maison de la rue de Rivoli, 150. Les fédérés comprirent et détournèrent leurs pièces.

Quand M. J. Meline entra dans la salle où le citoyen Brunel discutait d'une voix enrouée, le général demandait à ce qu'on lui rendît la mairie. Voyant entrer le maire, qu'il reconnut à son écharpe, il lui posa directement la question. Celui-ci refusa nettement et ajouta :

— Votre proposition m'étonne profondément. Vous vous dites républicain ; vous reconnaissez donc le principe du suffrage universel. Comment pouvez-vous alors me venir proposer, à moi, maire républicain, élu librement par les électeurs du 1er arrondissement, de vous céder la mairie et d'abandonner le poste qu'ils m'ont confié ?

Le citoyen Brunel n'osa pas insister ; seulement il dit que la situation devenait de plus en plus fausse pour les troupes fédérées, que Versailles ne voulait rien concéder, que Paris tenait à avoir ses franchises municipales, que le Comité central était impatient, les gardes exténués, et que tous enfin voulaient en finir le plus promptement possible. — Nous avons assez attendu, conclut-il, et attendu en vain. Il faut qu'on se décide. Paris ne peut pas rester éternellement entre les mains du Comité central. Je ne sortirai donc d'ici qu'avec votre promesse de laisser faire les élections municipales.

— L'Assemblée doit fixer la date des élections, dit M. Méline.

— C'est possible, répondit le citoyen général; mais supposez qu'après avoir promis, Versailles ne tienne pas.

— Voici ce que je ferai dans ce cas, répondit le maire du 1er arrondissement : je réunirai tout mon arrondissement, ou mieux, les délégués des bataillons de mon arrondissement; je leur poserai la question et s'ils décident que les élections doivent être faites, je les ferai.

— Tout cela est bel et bon, repartit Brunel, mais il me faut une décision immédiate et précise; je n'ai pas le temps d'attendre. Les élections étaient fixées pour le 22, nous les avons reculées jusqu'au 26; voulez-vous accepter cette date?

— Cela ne m'est pas possible, dit M. Meline. Nous sommes aujourd'hui le 24; vous comprenez bien que la population ne peut, en un jour, s'entendre pour confectionner ses listes.

Les officiers appuyèrent hautement l'avis de leur maire.

Le citoyen Brunel accepta alors les élections pour le jeudi 30 mars.

Les officiers, consultés, votèrent à l'unanimité pour la fixation de cette date.

LA PREMIÈRE CONVENTION

A l'intérieur, la discussion durait depuis une heure et demie; et, au dehors, les gardes commençaient à s'impatienter de se regarder en face comme des chiens de faïence. Les fédérés s'impatientaient et déjà le bruit se répandait, parmi eux, que Brunel était arrêté. De part et d'autre on s'agitait, une collision était imminente.

Soudain un coup de feu part, un frisson traverse cette multitude armée; on entend un bruissement d'armes qu'on prépare. Un ordre imprudent, et la bataille va s'engager. — A ce moment, MM. Brunel, Meline et Barré, que M. Ad. Adam vient de prévenir de ce qui se passait en bas, se montrent au balcon de la mairie. Mais cela ne suffit pas à calmer l'agitation des fédérés. Le général Brunel descend alors et fait avec le colonel Barré le tour des lignes, aux acclamations des troupes dissidentes; puis il remonte à la mairie, accompagné cette fois du citoyen chef de bataillon Protot.

Brunel céda la parole à Protot qui faillit, par ses exigences, défaire tout ce qui venait d'être fait. Il acceptait les élections pour le 30; mais, en échange, il voulait que les maires prissent l'engagement que le Gouvernement régulier siégeant à Versailles ne rentrerait pas à Paris avant six mois, et que l'élection du général en chef serait faite par tous les gardes nationaux.

M. Ad. Adam eut mille peines à faire comprendre au citoyen Protot qu'il compliquait inutilement la question en demandant que les maires s'engageassent au sujet de la rentrée du Gouvernement. Le délégué du Comité finit par se laisser convaincre sur ce point; mais il insistait pour la nomination du général en chef par le suffrage universel. C'est alors que Brunel se penchant vers M. Meline lui dit à voix basse : — Hâtez-vous de conclure ou tout est perdu.

A ce moment, un envoyé de la mairie du 2ᵉ entra et remit à M. J. Meline une lettre dans laquelle M. R. Dubail, comme membre de la commission déléguée par les maires siégeant au 2ᵉ arrondissement, et M. V. Schœlcher, comme colonel de l'artillerie de la garde nationale, déclaraient, que venant d'apprendre l'attaque de la mairie du Louvre et pensant que pour éviter l'effusion du sang, la municipalité du 1ᵉʳ arrondissement accepterait les élections pour le jeudi 3 avril, ILS APPROUVAIENT CETTE RÉSOLUTION ET CETTE PROMESSE.

En même temps, M. Dubail écrivait la note suivante :

VILLE DE PARIS

2ᵉ *arrondissement, mairie de la Bourse, rue de la Banque.*

Paris, le 24 mars 1871.

COMMISSION CENTRALE DES MAIRES.

Je m'empresse de vous prévenir que les élections pour le Conseil Municipal de Paris auront lieu le lundi 3 avril, par les soins des maires.

Le maire délégué de la commission.
DUBAIL.

(A communiquer au public.)

La lettre de M. Dubail acheva de décider les membres de la municipalité du 1ᵉʳ, et M. Meline rédigea la convention dont nous donnons ci-dessous copie et qui fut signée par MM. J. Meline, Ad. Adam, Charles Murat, Poirier et par tous les officiers présents.

Vendredi 24 mars 1871.

Une nombreuse réunion d'officiers de la garde nationale vient de promettre aux délégués du Comité central, en présence des adjoints du 2ᵉ et du 11ᵉ arrondissement, que les élections municipales se feraient, de toutes manières, jeudi prochain.

La municipalité a accepté ce vœu exprimé par des

citoyens de toutes les opinions, unis dans un sentiment commun.

Elle fera donc les élections au jour indiqué et elle vous supplie, au nom du salut de la République, de suivre son exemple.

P. S. — L'élection du commandant en chef est demandée dans le plus bref délai.

(*Suivent les signatures.*)

TOUT EST ARRANGÉ

La convention signée, MM. J. Meline, Ad. Adam, André Murat et Poirier, ceints de leurs écharpes, le général Brunel, le commandant Protot et le colonel Barré, escortés par un piquet du 14e bataillon, sortirent et se dirigèrent vers la mairie du 2e arrondissement par la rue Richelieu. En voyant passer les maires et les délégués du Comité central qui causaient tranquillement ensemble, il y eut dans les deux camps une explosion de joie indescriptible. Les esprits, les nerfs tendus depuis deux heures se détendirent tout à coup dans un délire d'enthousiasme. Gardes nationaux fédérés et gardes nationaux de l'ordre levaient la crosse en l'air et s'écriaient : « Tout est arrangé, c'est donc fini! »

Et tous ces hommes, nés dans la même ville, ayant les mêmes intérêts, les mêmes besoins, les mêmes désirs, la même foi politique; ces hommes qui, deux mois auparavant, animés de l'amour sacré de la Patrie, se rangeaient sous les mêmes drapeaux pour combattre l'ennemi commun, l'envahisseur de la France ; — ces hommes qui venaient de se menacer et qui avaient failli s'entr'égorger il n'y avait pas un quart d'heure, — sous le coup de l'émotion, se dirent que tout cela n'était que le résultat d'un malentendu, et dans un magnifique

11.

élan de fraternité et d'espoir, de réconciliation et de bonheur, se tendirent les mains et d'une seule voix jetèrent à ceux qui venaient de tout pacifier, ce cri qui résumait toutes leurs pensées et tous leurs vœux :
« Vive la France, vive la République ! »

Le général Brunel et ceux qui l'accompagnaient se virent arrêtés au coin de la rue de Richelieu par les troupes qui défendaient le 2e arrondissement. Le colonel Quevauvillers accourut et déclara qu'il ne permettrait pas aux fédérés de traverser ses lignes. Comme M. Ad. Adam insistait, le colonel demanda à prendre l'avis des maires réunis à la mairie. Il y fut, leur raconta ce qui se passait et ajouta : « Je réponds sur ma tête que nous sommes en force pour résister. » Les maires répondirent qu'on pouvait autoriser le général Brunel et son escorte à venir jusqu'à la mairie comme délégué du Comité central. M. François Favre et M. Jobbé-Duval furent chargés d'aller porter cette réponse aux délégués qui attendaient toujours à l'angle de la rue Richelieu.

FAUSSE JOIE

Pendant ces allées et venues le bruit d'une entente définitive entre les maires et le Comité central s'était répandu dans le quartier. Aussi MM. Fr. Favre et Jobbé-Duval se virent-ils acclamés tout le long de la rue Neuve-des-Petits-Champs.

Il y avait tant de joie sur tous les visages que les deux envoyés de l'assemblée des maires en furent impressionnés. En arrivant auprès de leurs collègues du 1er arrondissement qui leur racontèrent ce qu'ils avaient conclu, M. Jobbé-Duval se jeta dans les bras du général Brunel et l'embrassa.

On se rendit à la mairie du 2ᵉ où l'on se réunit dans la grande salle du conseil (1).

« J'ai pensé, messieurs les maires, dit immédiatement le général Brunel, qu'avant d'engager une lutte fratricide, il était juste et bon de tenter un dernier effort de conciliation. Je viens donc vous proposer un moyen d'arrangement que vous ne pouvez refuser. Le Comité central avait fixé les élections pour le 26 mars. L'Assemblée les a fixées pour le 3 avril. Faisons chacun un pas, messieurs, et décidons ici, ensemble, que les élections pour le conseil municipal auront lieu le jeudi 30 mars. »

Après s'être consultés du regard une seconde, les maires répondirent d'une seule voix :

— Accordé !

Le citoyen Schœlcher prit la parole :

— Ne croyez-vous pas, messieurs, dit-il, qu'il vaudrait peut-être mieux, pour éviter toute résistance de la part de l'Assemblée, prendre le jour fixé par elle, c'est à dire le 3 avril ?

— Non ! non !

— Les élections municipales auront donc lieu le 30 mars, reprit le citoyen Schœlcher ; quant aux élections pour la nomination du chef supérieur de la garde

---

(1) Le général Brunel est d'une taille un peu au-dessous de la moyenne ; sa figure énergique et nerveuse est pâle, légèrement terreuse; ses moustaches noires, dures, raides, sont allongées en crocs rebelles, solidement cosmétiquées ; ses yeux sont noirs également, très-noirs, mais ternes et un peu incultes ; il bégaie légèrement.

Il était vêtu d'une ample capote grise, avec capuchon et mantelet de la même couleur; sur les manches quatre galons d'argent.

Au képi, deux bandes d'argent, ajoutées aux quatre premières, ainsi que trois étoiles d'argent sur le front, indiquaient le nouveau grade du citoyen Brunel.

nationale, vous désirez qu'elles soient faites le 2 avril, nous acceptons le 2 avril.

M. Jules Meline présentait à la signature des magistrats municipaux présents, l'engagement par lui pris et signé à la mairie du 1er, quand MM. Desmarest, Dubail, Vautrain et Schœlcher soulevèrent une assez grave objection : Quel sera le mode d'élection adopté pour la nomination du chef supérieur de la garde nationale ?

— Le vote universel, répondit M. Protot.

— Le second degré, objectèrent les maires précités.

La discussion allait s'engager sur ce point, quand le citoyen Protot signala que « la volonté populaire » était que le chef suprême de la garde nationale fût élu directement par le suffrage universel, que ce mode serait donc le mode adopté.

— Le Comité le veut ainsi, s'écria un lieutenant à mine farouche, qui se tenait aux côtés du citoyen Brunel.

Le membre du Comité central qui assistait impassible à cette scène crut devoir prendre alors la parole, après s'être excusé de son enrouement.

— Je dois vous dire, messieurs, que je suis ici plutôt comme commandant que comme membre du Comité central. Mes collègues ne m'ont donné ni pouvoirs ni instructions, veuillez donc ne pas me consulter. Je ne puis m'engager à rien.

Pour trancher la question, le colonel Schœlcher pria les personnes présentes d'exprimer leur volonté en levant la main sur les deux questions suivantes :

1º L'élection du général en chef de la garde nationale sera-t-elle faite par le suffrage universel direct ?

2º L'élection, au contraire, sera-t-elle faite par le suffrage restreint ?

A la presque unanimité la première question fut votée affirmativement.

« A tout prix, avait dit un adjoint, il faut éviter toute effusion de sang. »

— Pour les questions de détail, veuillez prier vos collègues, dit M. Schœlcher au membre du Comité, d'envoyer ici, ce soir à 9 heures, quelqu'un des leurs pour en discuter avec les maires.

On signa le traité de paix, on se serra les mains avec joie, on s'embrassa et l'on se quitta aux cris répétés de : Vive la République !

LE RETOUR DES ADJOINTS

Les adjoints revinrent de Versailles dans la nuit et vinrent prier M. Tirard d'aller à Versailles pour soutenir, dans les bureaux, en sa double qualité de maire et de représentant, la proposition de M. Arnaud (de l'Ariége).

M. Tirard hésita longtemps à partir, prévoyant qu'il allait se passer des choses graves, et que la situation, de plus en plus obscure, allait se dénouer brusquement. Enfin, devant les supplications des adjoints, qui voyaient la situation beaucoup plus claire, il se décida à partir.

Dans la journée, la note suivante fut envoyée de la mairie du 2ᵉ aux journaux :

Paris, ce 24 mars 1871.

Sur la demande des maires de Paris, venus à Versailles pour faire connaître à l'Assemblée les vœux de la population et les mesures législatives dont ils réclament l'adoption d'urgence, le président, M. Grévy, a invité l'un d'eux à s'en faire l'interprète. Une tribune spéciale a été mise à la disposition des maires pour assister à la séance. Leur entrée a été saluée par une salve d'applaudissements ; des cris de : « Vive la République ! », partis de l'Assemblée, ont amené dans les tribunes une manifestation contre laquelle les membres de la droite ont immédiatement protesté et se sont couverts; mais l'incident a été absolument étranger à la suspension de la séance.

L'Assemblée s'étant ajournée à neuf heures, les maires ont été l'objet d'un nouvelle manifestation unanime et tout à fait sympathique.

Leur adresse a été lue et l'examen des demandes renvoyé d'urgence à la séance d'aujourd'hui.

Quelques récits laisseraient supposer que les maires ont été insultés par une partie de l'Assemblée, ce qui est inexact, et il importe de le rectifier pour apaiser l'étonnement et l'excitation que la population de Paris en aurait justement ressentis.

L'Assemblée (1) s'occupera d'urgence de faire succéder

(1) Le vendredi 24, M. Thiers adressait aux préfets, etc., la circulaire suivante, destinée à renseigner la France sur la situation :

Circulaire de Versailles.

24 mars 1871, 11 h. 30 m.

La situation n'est pas sensiblement changée; mais le changement est dans le sens du bien. Le parti de l'ordre s'est organisé dans Paris et occupe les principaux quartiers de la ville, notamment la partie ouest, et se trouve ainsi en communications continuelles avec Versailles.

L'armée se renforce et se consolide. Des bataillons constitutionnels, destinés à la garde de l'Assemblée, s'organisent, et les populations, ainsi que les autorités, ne sauraient trop s'occuper de cet objet. Hier, la présence des maires de Paris a produit une émotion vive dans l'Assemblée.

Dans la séance du soir, l'explication de l'un des maires de Paris (M. Arnaud de l'Ariége) a fait disparaître les impressions une loi sur les loyers de Paris à celle qui va sans doute être votée aujourd'hui sur l'échéance des effets de commerce.

L'AFFICHE DE L'AMIRAL SAISSET

RÉPUBLIQUE FRANÇAISE

LIBERTÉ — ÉGALITÉ — FRATERNITÉ

Chers concitoyens,

Je m'empresse de porter à votre connaissance que, d'accord avec les députés de la Seine et les maires élus de Paris, nous avons obtenu du gouvernement de l'Assemblée nationale :

1º La reconnaissance complète DE VOS FRANCHISES MUNICIPALES;

2º L'élection de tous les officiers de la garde nationale, Y COMPRIS LE GÉNÉRAL EN CHEF;

3º Des modifications à la loi sur les échéances;

4º Un projet de loi sur les loyers, favorable aux lotaires jusques et y compris les loyers de 1,200 francs.

En attendant que vous confirmiez ma nomination ou que vous m'ayez remplacé, je resterai à mon poste d'honneur, pour veiller à l'exécution des lois de conci-

pénibles de la journée. L'Assemblée reste unie avec elle-même, et surtout avec le pouvoir exécutif.

L'armée allemande, devenue menaçante lorsque l'on pouvait craindre le triomphe du désordre, a changé tout à coup et est redevenue pacifique depuis qu'elle a vu le Gouvernement raffermi. Elle a fait parvenir au chef du pouvoir exécutif les explications les plus satisfaisantes.

A. THIERS

liation que nous avons réussi à obtenir, et contribuer ainsi à l'affermissement de la RÉPUBLIQUE !

Paris, le 23 mars 1871.

Le vice-amiral, commandant en chef provisoire,
SAISSET.

Cette affiche remplit de joie la population de Paris et causa aux députés de Versailles la plus grande surprise et la plus vive indignation.

— On nous trompe ! Qui nous trompe ?

Tel fut le cri général des membres de la droite qui interrogeaient au hasard tous ceux qu'ils rencontraient et qui leur semblaient venir de Paris.

Quelques-uns accostèrent M. Tirard :

— Est-ce vrai, lui demandèrent-ils, qu'une affiche a été placardée dans Paris, signée du nom de l'amiral Saisset, qui préjuge de nos décisions et fait toutes sortes de promesses de choses qui ne sont même pas encore en discussion ?

— Cette affiche existe, je l'ai vue.

— Et elle est de l'amiral Saisset ?

— De lui-même.

— C'est impossible !

— Je vous répète que je l'ai vue, écrite tout entière de la main de l'amiral.

Alors le Gouvernement nous a trompés en envoyant cet homme à Paris.

— Mais qui vous dit que le Gouvernement,...

Les députés n'en écoutèrent pas davantage ; ils se réunirent dans un des bureaux, et là, furieux déjà de l'aventure des adjoints, discutèrent cette proposition qui devait être présentée à la séance du soir :

NOMINATION DU PRINCE DE JOINVILLE

AUX FONCTIONS DE LIEUTENANT-GÉNÉRAL DES ARMÉES
DE FRANCE

Le bruit s'en répandit aussitôt dans les couloirs et dans Versailles. Les ministres eux-mêmes s'en émurent. M. Jules Simon en parla à l'un des députés de la Seine en lui faisant part de ses craintes pour le résultat de la séance du soir.

M. Thiers lui-même, à l'ouverture de cette séance, comme M. Tirard allait monter à la tribune, s'approcha de lui, et, le prenant à part, lui parla de ce bruit persistant qui circulait dans les bancs de la Chambre, dans les tribunes, partout. — « L'Assemblée n'est pas calme ce soir, lui dit-il, soyez prudent. N'éternisez pas la discussion. Je ne suis pas tranquille. »

M. Tirard annonça que le rapport sur les élections n'étant pas prêt, il renonçait à la parole, et la séance fut levée.

Il sortit à ce mot : *la séance est levée*, un soupir de soulagement indicible. Chacun semblait se dire : « Allons, tout est sauvé; la nuit porte conseil. Demain on ne pensera plus au prince de Joinville.

On était joyeux comme ces passagers qui ont été sur le point de faire naufrage et dont le navire se relève tout à coup, pour reprendre, sous le vent apaisé, sa marche majestueuse vers le port.

NOUVELLE DÉCEPTION

L'enthousiasme ne fut pas de longue durée.

A neuf heures on attendit vainement les membres du Comité à la mairie du 2º arrondissement.

Bonvalet et André Murat se rendirent à l'Hôtel de Ville.

Ils en revinrent à onze heures, navrés. Tout était rompu.

A minuit, les maires — moins les députés — étaient au grand complet dans la salle du conseil de la mairie du 2e.

A eux s'étaient joints MM. Ranc, G. Avenel, Ulysse Parent et Victor Considérant.

Le citoyen Ranvier, membre du Comité central, arriva accompagné du citoyen G. Arnold.

— Tout est rompu !

Les citoyens Brunel et Protot n'avaient, paraît-il, nulle qualité pour traiter avec les maires ; le Comité a fixé les élections pour le 26. Tant pis pour ceux qui s'y opposeraient.

En vain l'assemblée protesta, réclama, tout fut inutile.

— Les élections auront lieu le 26, telle est la volonté du Comité central.

— Vous devez comprendre que nous ne sommes pas les seuls maîtres, ajouta M. Ranvier. Nous avons derrière nous nos hommes que huit jours de garde ont mis sur les dents et qui nous pressent d'en finir. Ils nous accusent déjà d'avoir remis les élections primitivement fixées au 22. Je vous le répète, nous sommes débordés, nous ne pouvons attendre.

La discussion s'éternisant, on proposa et décida de se réunir de nouveau à onze heures du matin, les députés devant revenir de Versailles dans la nuit, et l'on se sépara à deux heures du matin.

25 MARS

LA CAPITULATION

Nous voici arrivés au moment le plus critique de la Résistance, à ce qu'on a appelé la Capitulation des maires.

Avant de raconter ce que firent les représentants légaux de l'autorité régulière, constatons tout d'abord, par quelques citations de journaux, l'état des esprits dans la journée du 25 mars.

« Il faut être sincère de part et d'autre, disait dans le *Journal des Débats* M. John Lemoine : le Comité central ou fédéral de Paris et l'Assemblée qui siége à Versailles sont d'accord sur les principes ; la différence ou le différend est dans une question de dates. Les élections se feront-elles dimanche ou se feront-elles jeudi? S'il n'y avait pas d'autre sujet de guerre civile, ce serait une puérilité; ce serait plus qu'une faute, ce serait un crime.

» Mais tout le monde sent et comprend qu'il y a autre chose en jeu et sous jeu (1). Il y a dans l'Assemblée de

(1) Tout le monde? — Non. L'élite de la population seule pensait comme l'honorable rédacteur des *Débats*. La masse ne voyait dans tout cela « qu'une question de dates. »

Versailles autant d'arrière-pensées que dans le Comité de l'Hôtel de Ville. Nous ferons plus ou moins respectueusement observer à l'Assemblée nationale qu'elle manque de logique. Les fanatiques de provincialisme ne veulent point que Paris jouisse des franchises municipales qui sont accordées à n'importe quel village dont ils sont maires ou suzerains, parce que Paris est une ville exceptionnelle, parce que Paris est le centre de toutes les administrations, parce que Paris, en un mot, est Paris. Et en voulant isoler Paris comme siége et centre du gouvernement de la France, ils refusent d'y venir siéger. Dans ce cas, s'ils ne veulent pas que Paris soit la capitale, qu'ils la laissent se gouverner et s'administrer comme une ville de province. »

L'affiche suivante avait été apposée le matin sur tous les murs :

COMITÉ DE CONCILIATION

Citoyens,

En face des effroyables périls qui menacent la Patrie et la République, qu'importe une vaine question de forme et de vaine légalité ?

Le scrutin seul peut mettre un terme à une crise qui serait autrement sans issue. Le scrutin seul peut calmer les esprits, pacifier la rue, raffermir la confiance, assurer l'ordre, créer une administration régulière, conjurer enfin une lutte détestable, où dans des flots de sang sombrerait la République.

Nous adjurons les maires d'appeler eux-mêmes Paris au scrutin, de convoquer au nom du salut public les électeurs pour jeudi prochain.

Nous adjurons les représentants de Paris d'appuyer et de soutenir cette initiative des maires.

Nous adjurons tous les républicains de s'unir à nous dans notre œuvre d'apaisement et de conciliation.

Vive la République !

> A. Ranc, ancien maire du 9ᵉ arrondissement. — Ulysse Parent, ancien adjoint au maire du 9ᵉ arrondissement. — Georges Avenel, ancien chef de la correspondance générale à la mairie de Paris. — Léonce Levraud, docteur en médecine. — Sémérie, docteur en médecine. — G. Isambert, ex-directeur de la publicité au ministère de l'intérieur. — E. Delattre, ancien préfet de la Mayenne.
>
> (*Suivent de nombreuses signatures.*)

Et c'est à propos de cette affiche que M. Nefftzer écrivait dans le *Temps* du 25 mars cet article que nous croyons devoir, malgré son étendue, publier tout entier.

Nous ne saurions traiter les questions de légalité avec la même indifférence que les signataires de cette pièce. Selon nous, c'est la légalité, la légalité seule qui peut assurer l'avenir du pays et surtout l'avenir des institutions républicaines. Mais, cette réserve faite, nous reconnaissons volontiers que la pensée qui a dicté cet appel est excellente et patriotique. A l'heure actuelle, pour Paris, pour la France entière, la première nécessité c'est de prévenir une lutte sanglante. Or, si l'on réfléchit que, de part et d'autre, on est sous les armes; que certains quartiers, certaines rues sont occupées, moitié par la garde nationale du Comité, moitié par celle qui obéit à l'amiral Saisset, on comprendra qu'une catastrophe sanglante ne peut être évitée que par des concessions mutuelles et une sagesse extrême des deux côtés. Les questions d'amour-propre, les idées de lutte à outrance, bonnes devant l'étranger, seraient ici fort déplacées, et nous estimons que le parti qui s'honorera le plus, dans ces tristes circonstances, sera celui qui aura fait à la paix des rues, à la chose publique, à l'humanité le plus de sacrifices et le plus de concessions.

Il y a trois jours, on pouvait hésiter à tenir ce langage : le Comité insurrectionnel, absolument maître de Paris tout entier, nous tenait, en quelque sorte, sous la menace de ses bataillons, et tout appel à la conciliation eût semblé dicté par la peur. Aujourd'hui la situation est profondément changée. Beaucoup de quartiers et plusieurs mairies sont occupés par les défenseurs de la légalité. A chaque heure ils voient grossir leur nombre, et le pouvoir du Comité qui, un instant, s'étendait sur tout Paris, est circonscrit et limité. C'est pour tous les bons citoyens, pour tous ceux qui n'attendent rien du désordre et des troubles sanglants, une bonne occasion de se montrer conciliants, et nous ajouterons que c'est là la pensée qui devrait dominer à Versailles. L'Assemblée et le Gouvernement ont maintenant une armée dans Paris ; ils peuvent donc accueillir honorablement toutes les propositions qui leur seront faites. Que la garde nationale qui se lève pour soutenir l'ordre devienne ainsi un élément de paix et de concorde, et que sa présence n'inspire pas, à ceux qu'elle rassure, des pensées de vengeance et de répression.

Ce n'est pas la victoire du Comité que nous craignons, et ce n'est pas en vue de ce danger que nous conjurons tous les bons citoyens de s'efforcer d'empêcher la lutte. Déjà douteuse à Paris, cette victoire est impossible en province. Mais qui pourra dire quel sera le prix du triomphe de l'ordre obtenu par les armes ? Qui pourra dire où s'arrêtera la répression, disons le mot, la réaction, qui, comme toujours, fera payer à la liberté et à la République les crimes des agitateurs?

Donc, en ce moment, à l'exception des hommes que des passions mauvaises poussent au désordre et de ceux qui veulent à tout prix le renversement des institutions républicaines, nul ne peut désirer la lutte. Or, nous pensons que les uns et les autres sont en petit nombre. Nous ne croyons pas qu'il y ait à Belleville beaucoup de pillards; nous ne croyons pas qu'il y ait dans l'Assemblée de Versailles une majorité désireuse de renverser la République, et nous sommes convaincus, par-dessus tout, que le chef du pouvoir exécutif ne se prêterait à rien de semblable.

Que de part et d'autre, à Versailles comme à Paris, les honnêtes gens, ceux qui font passer leur pays avant leurs prétentions personnelles, essaient donc de s'interposer. Ce sont des Français qui sont en présence, et c'est sur les ruines de la patrie qu'ils vont s'égorger. Que tout le monde y réfléchisse, et que chacun apporte une parole de concorde et d'apaisement. Le suffrage universel a ses inconvénients; qu'il serve du moins à substituer les luttes pacifiques aux luttes armées, et, puisque Paris est divisé en deux camps, puisque, de manière ou d'autre, il faudra vider la querelle, vidons-la pacifiquement, s'il est possible, car trop de sang a déjà coulé.

Que les maires, pouvoir municipal régulier; que les députés de la Seine, lien naturel et légal entre Paris et la France, reçoivent de l'Assemblée le mandat de dénouer la situation, sans effusion de sang, en appelant la population au vote. Ils y réussiront, nous en avons la presque certitude. La légalité sera sauvegardée, autant que possible, puisque rien ne sera fait sans l'aveu de l'Assemblée; les défiances aussi seront calmées puisque Paris aura obtenu les garanties municipales dont la suppression illégale et prolongée a été, ne l'oublions pas, au moins le prétexte de ces malheureux événements.

L'insurrection de juin vaincue par les armes et durement réprimée a laissé dans notre pays un levain de haine dont la liberté a souvent ressenti les effets. Qui sait si l'insurrection de mars, apaisée à force de modération, de sagesse et d'équité, n'ouvrirait pas une ère de réconciliation sous le drapeau de la République ?

On lisait dans la *Liberté* :

Pour nous, le pouvoir légitime, le pouvoir issu du suffrage universel, est à Versailles ; nous n'en reconnaissons pas d'autre en principe. Les mouvements de Paris ont un caractère absolument local : il importe de les modérer et de les diriger ; cette mission, en l'absence de tout gouvernement, appartient aux députés de Paris.

Nous faisons, de notre côté, appel à la conciliation des partis ; nous conjurons les bons citoyens de ne s'abandonner ni au découragement, ni à l'indifférence. Ils n'ont pas aujourd'hui le choix des moyens ; qu'ils acceptent donc la lutte du scrutin qui leur est offerte, et que pas un d'eux ne manque à l'appel. Il y a quelque chose de plus élevé que le soldat, c'est le citoyen ; de plus enviable que le courage militaire, le courage civil.

Dans le *Bien public* :

Parisiens, nos compatriotes, vous avez élu vos maires, vous avez élu vos députés ; maires et députés s'offrent à vous pour régler vos intérêts, c'est autour d'eux seuls que vous devez vous grouper, sinon vous condamneriez vous-mêmes les choix que vous avez faits et vous donneriez de votre intelligence politique la plus déplorable idée.

Dans la *Cloche* :

Nous faisons un appel suprême aux hommes de cœur, aux honnêtes gens.
Restons unis pour la République et devant les Prussiens.
Les députés de Paris et les maires sont les négociateurs naturels d'une trêve et d'un apaisement.
Qu'ils se montrent, qu'ils interviennent, et qu'ils ne se rendent pas complices, par leur silence, des intrigues bonapartistes et des machinations prussiennes.

Dans le *Rappel* :

Les députés et les maires de Paris représentent aujourd'hui les seuls pouvoirs régulièrement élus et la grande autorité morale qui a le droit d'intervenir, non-seulement pour le conseil, mais pour l'action.
On attend beaucoup d'eux, de leur patriotisme et de leur énergie. Mais qu'ils se hâtent. Qu'ils aient des délibérations un peu moins longues et qu'ils prennent des décisions un peu plus rapides. C'est l'heure des actes, non des discours.

On le voit, le 25 mars, la partie « saine et modérée » de la population de Paris voulait en finir et ne comprenait rien aux atermoiements de l'Assemblée.

LES DEUX CONVENTION

A onze heures du matin, six représentants de la Seine : MM. Clémenceau, Floquet, Greppo, Lockroy, Schœlcher et Tolain, revenaient de Versailles, rapportant à la mairie du 2º arrondissement les plus désolantes nouvelles sur les dispositions de l'Assemblée.

— « Ils ne veulent rien faire, dit en entrant M. Floquet, ils ne feront rien. »

Et M. Clémenceau ajouta :

— « Nous sommes pris entre deux bandes de fous : ceux qui siégent à l'Assemblée et ceux qui siégent à l'Hôtel de Ville, et nous serons bien heureux si nous parvenons à sauver la République. »

Quelques instants après, MM. Ranvier et G. Arnold, membres délégués du Comité central, entrèrent dans la salle des réunions.

La discussion recommença presque dans les mêmes termes que dans l'entrevue de la nuit. Les maires et les députés discutaient vivement, sentant bien que le terrain manquait sous leurs pieds et que l'instant approchait où il faudrait céder. Ils essayaient cependant de rendre les conditions de la capitulation moins dures.

Au citoyen Arnold qui s'écriait : « *Nous sommes bien bons de discuter quand nous pourrions en finir d'un seul coup,*» un maire répondait : « Nous sommes prêts à résister. » Et, en faisant cette réponse, il savait bien cependant que les chefs de bataillon du 2º, consultés quelques minutes auparavant, avaient déclaré que l'esprit des troupes rendait la résistance impossible, et que, la veille, M. Thorel, chef du 10º bataillon, avait dit en présence du colonel Schœlcher : « Nos hommes ne se battront pas et on votera dimanche. »

La question entre les maires et les délégués se résumait ainsi : « Voulez-vous, disaient ces derniers, convoquer les électeurs pour le jour que nous avons choisi? et alors nous vous rendrons vos mairies et vous serez sûrs que les élections seront faites régulièrement puisqu'elles seront faites par vos soins et sous vos yeux. Dans le cas où vous ne consentiriez pas à convoquer les électeurs, nous sommes assez forts pour nous passer de vous. »

Le 20 mars, dans la première séance tenue par l'Assemblée nationale à Versailles, M. E. Picard avait dit, on s'en souvient :

« Messieurs, s'il s'agissait uniquement de savoir si
» la ville de Paris doit posséder un conseil municipal
» élu, je ne viendrais pas à cette tribune contredire
» l'honorable préopinant; mais, il vous l'a dit lui-
» même, il y a en ce moment dans la ville de Paris
» une insurrection très-grave et d'une nature particu-
» lière, qui accepte encore quelques membres des mu-
» nicipalités, sauf à les renverser demain. Eh bien ! je
» lui demande à lui-même : *Est-il possible, au milieu*
» *d'une insurrection pareille et sous la présidence des in-*
» *connus qui tiendraient les urnes, de faire des élections ?* »

Les maires étaient remis en possession de leurs mairies, les urnes restaient entre leurs mains ; les élections auraient donc ainsi un caractère presque légal.

Telle fut, croyons-nous, la pensée de chacun des magistrats municipaux, lorsqu'ils apposèrent leurs signatures au bas de ce document qui appelait tous les électeurs au scrutin.

CONVENTION AUTHENTIQUE

RÉPUBLIQUE FRANÇAISE

LIBERTÉ — ÉGALITÉ — FRATERNITÉ

Les députés de Paris, les maires et adjoints élus, réintégrés dans les mairies de leurs arrondissements et les membres du Comité central fédéral de la garde nationale, convaincus que le seul moyen d'éviter la guerre civile, l'effusion du sang à Paris, et, en même temps, d'affermir la République, est de procéder à des élections immédiates, convoquent, pour demain, dimanche, tous les citoyens dans les colléges électoraux.

Les bureaux seront ouverts à huit heures du matin et seront fermés à minuit.

Les habitants de Paris comprendront que, dans les circonstances actuelles, le patriotisme les oblige à venir tous au vote, afin que les élections aient le caractère sérieux qui seul peut assurer la paix dans la cité.

Vive la République!

Les représentants de la Seine présents à Paris :

CLÉMENCEAU. — FLOQUET. — GREPPO. — LOCKROY. — SCHŒLCHER. — TOLAIN.

Les maires et adjoints de Paris :

1er arrondissement. Ad. ADAM, J. MELINE, adjoints. — 2e arr. E. BRELAY, LOISEAU-PINSON, adjoints. — 3e arr. BONVALET, maire; Ch. MURAT, adjoint. — 4e arr. VAUTRAIN, maire; DE CHATILLON, Ch. CALLON, Ch. LOISEAU, adjoints. — 5e arr. COLLIN, JOURDAN, adjoints. — 6e arr. A. LEROY, adjoint. 9e arr. DESMAREST, maire. — 10e arr. A. MURAT, adjoint. — 11e arr. MOTTU, maire; BLANCHON, TOLAIN, adjoints. — 12e arr. A. GRIVOT, maire; DENIZOT, DUMAS, TURILLON, adjoints. — 13e arr. COMBES, Léo MELLIET, adjoints. — 15e arr. JOBBÉ-DUVAL, adjoint. — 16e arr. E. SÉVESTE, adjoint. — 17e arr. Fr. FAVRE, maire; MALON, VILLENEUVE, CACHEUX, adjoints. — 18e arr. CLÉMENCEAU, maire. — 19e arr. DEVEAUX, SARTORY, membres de la commission administrative.

Les membres du Comité central délégués G. RANVIER. — G. ARNOLD.

Cette proclamation aux électeurs de Paris fut envoyée à l'Imprimerie nationale et, là, les membres du Comité central lui firent subir quelques variantes d'une grande importance :

CONVENTION

(Texte falsifié).

RÉPUBLIQUE FRANÇAISE

LIBERTÉ — ÉGALITÉ — FRATERNITÉ

Le Comité central de la garde nationale, auquel se sont ralliés les députés de Paris, les maires et adjoints, convaincu que le seul moyen d'éviter la guerre civile, l'effusion du sang à Paris, et, en même temps, d'affermir la République, est de procéder à des élections immédiates, convoque pour demain dimanche tous les citoyens dans les colléges électoraux.

Les habitants de Paris comprendront que, dans les circonstances actuelles, le patriotisme les oblige à venir tous au vote, afin que les élections aient le caractère sérieux qui, seul, peut assurer la paix dans la cité.

Les bureaux seront ouverts à huit heures du matin et fermés à minuit.

Vive la République !

Les maires et adjoints de Paris :

1er arrondissement. Ad. ADAM, MELINE, adjoints. — 2e arr. Émile BRELAY, LOISEAU-PINSON, adjoints. — 3e arr. BONVALET, maire ; Ch. MURAT, adjoint. — 4e arr. VAUTRAIN, maire ; DE CHATILLON, LOISEAU, adjoints. — 5e arr. JOURDAN, COLLIN, adjoints. — 6e arr. A. LEROY, adjoint. — 9ᵉ arr. Desmarest, maire; E. Ferry, André, Nast, adjoints. — 10ᵉ arr. A. Murat, adjoint. — 11ᵉ arr. Mottu, maire; Blanchon, Poirier, Tolain, adjoints. — 12ᵉ arr. Grivot, maire; Denizot, Dumas, Turillon, adjoints. — 13ᵉ arr. Combes, Léo Melliet, adjoints. — 15ᵉ arr. Jobbé-Duval, Sextius Michel, adjoints.—16ᵉ arr. Chaudet, Seveste, adjoints. — 17ᵉ arr. Fr. Favre, maire; Malon, Villeneuve, Cacheux, adjoints. — 18ᵉ arr. Clémenceau, maire; J.-A. Lafont, Dereure, Jaclard, adjoints. — 19ᵉ arr. Deveaux, Sartory, adjoints.

Les représentants de la Seine présents à Paris :

Lockroy. — Floquet. — Tolain. — Clémenceau. — V. Schœlcher. — Greppo.

Le Comité central de la garde nationale :

Avoine fils, Ant. Arnaud, G. Arnold, Assi, Andignoux, Bouit, Jules Bergeret, Babick, Barou, Billioray, Blanchet, L. Boursier, Castioni, Chouteau, C. Dupont, Fabre, Ferrat, Henri Fortuné, Fleury, Pougeret, C. Gaudier, Gouhier, H. Géresme, Grelier, Grolard, Jourde, Josselin, Lavalette, Lisbonne, Maljournal, Édouard Moreau, Mortier, Prudhomme, Rousseau, Ranvier, Varlin.

D'après l'affiche ainsi corrigée, ce n'étaient pas les *Maires*, c'était le *Comité central* qui convoquait les électeurs.

De plus, un certain nombre de signatures (je ne parle pas de celles des membres du Comité) avaient été ajoutées pour donner sans doute une autorité plus grande à la Convention; d'autres retranchées.

Ainsi M. CALLON, qui avait donné sa signature, n'était pas porté sur l'affiche falsifiée ; et MM. FERRY, ANDRÉ, NAST, POIRIER, SEXTIUS MICHEL, CHAUDET, J.-A. LAFONT, DEREURE, JACLARD, qui pour différents motifs n'avaient pas signé, se trouvaient parmi les signataires.

Nous laissons la parole à M. André Murat, qui, le lendemain dimanche, qualifiait, dans une lettre adressée à tous les journaux, comme il le méritait, le procédé du Comité central. Cette énergique protestation valut à M. A. Murat l'honneur d'être incarcéré dans la soirée du 26.

Paris, le 26 mars 1871.

Monsieur le rédacteur,

Il faut, au moment de l'ouverture du scrutin, et en présence du fait inqualifiable de la falsification du texte de la convention signée par les maires, adjoints, représentants du peuple présents à Paris, et M. Ranvier et M. G. Arnold, membres du Comité central, que la vérité soit connue sur les rapports entre la réunion des maires et le Comité central.

Dimanche, 19, une délégation de maires et de députés se rendit à l'Hôtel de Ville pour inviter le Comité central à laisser aux municipalités élues l'administration générale de la ville de Paris en même temps que celle de leurs arrondissements respectifs ; après une longue discussion, le Comité voulut en délibérer, la délégation se retira à la mairie du deuxième, où quatre délégués du Comité vinrent peu après ; et là, d'un commun accord, il fut convenu que l'Hôtel de Ville serait rendu le lendemain à neuf heures, à une commission des maires ; *cette promesse n'a pas été tenue.*

Après ce refus, et comme il était impossible aux municipalités de reconnaître l'autorité civile du Comité, elles protestèrent, et se virent expulsées l'une après l'autre de leurs mairies.

Vendredi, alors que la situation était des plus tendues, que les municipalités faisaient des efforts inouïs pour faire accepter du Gouvernement et de l'Assemblée les élections réclamées avec raison, le général Brunel, du Comité, vint investir la mairie du 1er arrondissement avec plusieurs bataillons et des canons. Là, et pour éviter l'effusion du sang, une transaction intervint. La municipalité s'engagea à faire faire les élections le 30. Le général se rendit ensuite à la mairie du 2e, où les maires réunis donnèrent leur approbation à cette nouvelle convention. Le Comité central, protestant de la signature de son général, *refusa de la ratifier*.

De nouvelles négociations dans le but de la conciliation furent tentées officieusement d'abord et officiellement ensuite, et samedi à midi une affiche fut faite par les maires et acceptée par le Comité central.

L'on pouvait croire que tout était terminé, et, pour ma part, je me rendis à ma mairie vers deux heures et demie pour reprendre mes fonctions et prendre les mesures nécessaires pour que les élections pussent avoir lieu dimanche, ce qui me fut refusé, le Comité central me refusant à accomplir la convention. Le soir, une affiche apposée par ledit Comité annonce que les maires se sont ralliés au Comité, ce qui est *faux*, et pour mieux tromper l'opinion publique, la signe de nos noms.

Ces violations de conventions faites, et l'apposition de nos signatures sur une affiche n'émanant pas de nous, constituent la moralité et nous indiquent la confiance qu'il est possible d'avoir dans la bonne foi et l'honorabilité de pareils gens.

Recevez, etc.

A. MURAT,
Adjoint au 10e arrondissement.

Le Comité central avait débuté par un mensonge, il finissait par un mensonge. Les mairies ne furent pas rendues; personne ne fut appelé — hormis les intéressés — à vérifier le scrutin, et l'on vit au dépouillement se produire ce fait bizarre, dans les mairies non occupées par les fédérés seulement les membres des anciennes municipalités furent réélus.

Nous ne voulons pas prétendre que le scrutin a été fraudé; mais nous tenons à montrer que les gens qui avaient falsifié la convention signée par eux et leurs délégués, étaient bien capables de tricher les électeurs.

M. THIERS ET M. TIRARD

La séance du 25 mars à l'Assemblée nationale, fut uniquement consacrée à la discussion du projet de loi, relatif à la magistrature. Nous nous bornerons à en reproduire le sommaire :

Séance du 25 mars 1871, à Versailles.

SOMMAIRE. — Lecture du procès-verbal : M. Destremx. — Excuses. — Discussion du projet de loi relatif à la magistrature : MM. Limperani, le duc. d'Audiffret-Pasquier, de Peyramont, Victor Lefranc. — Invitation faite par M. le chef du pouvoir exécutif à la commission des quinze, à l'effet de recevoir une communication du Gouvernement. — Communication par M. le ministre de l'ordre du jour du général commandant les troupes de Lyon : M. Limperani. — Reprise de la discussion du projet relatif à la magistrature : MM. de Gavardie, Lenoël, Henri Brisson. — Amendement de M. Limperani : MM. Ventavon, rapporteur, le garde des sceaux, Martel. Retrait.— Amendement de M. Guichard : M. Guichard. Rejet. — Lettre de Mgr l'évêque de Versailles, annonçant, pour mardi prochain, la célébration d'un service funèbre à l'intention des soldats morts pendant la guerre. — Reprise de la discussion. Adoption de l'article unique. — Amendement de M. Lepère : MM. Lepère, Victor Lefranc, le garde des sceaux. — Amendement de M. Brisson : MM. Brisson, Victor Lefranc. Retrait. — Retrait, par M. Arnaud (de l'Ariége), de sa proposition relative à des mesures à prendre au sujet des événements de Paris. — Proposition de M. Louis Blanc, tendant à déclarer que les maires de Paris ont agi en bons citoyens. — Dépôt, par M. de Fourtou, du rapport de la commission chargée d'examiner la proposition de M. Giraud et plusieurs autres, tendant à modifier la loi électorale.

A trois heures, un envoyé de la mairie du 2e arriva au palais de Versailles, fit demander dans la salle des Pas-Perdus M. Tirard, et lui remit le texte autographe de la convention qu'il avait, par mesure de prudence, emporté avec lui.

M. Tirard réunit immédiatement ses collègues et leur communiqua la convention, déclarant qu'il n'y adhérerait pas. MM. Arnaud (de l'Ariége) et Henri Brisson firent la même déclaration, ne voulant pas, dirent-ils, s'associer à un acte extra-légal qu'ils blâmaient. Après une assez longue discussion les représentants de la Seine rentrèrent en séance. M. Arnaud (de l'Ariége) monta à la tribune :

Messieurs, dit-il, la proposition que nous avions eu l'honneur, mes collègues et moi, de présenter à l'Assemblée avait un caractère tout particulier d'urgence. Depuis, les événements se sont précipités à tel point qu'ils rendent désormais sans objet cette proposition. Par conséquent, je n'ai plus rien à faire que de la retirer. (*Marques d'approbation sur un grand nombre de bancs.*)

M. LOUIS BLANC. — Je demande la parole pour une proposition.

M. LE PRÉSIDENT. — M. Louis Blanc a la parole.

M. LOUIS BLANC. — Messieurs, nous apprenons qu'une affiche signée par la majorité des maires et adjoints de Paris appelle tous les citoyens de Paris à prendre part demain aux élections du conseil municipal. Vous vous rappelez, messieurs, que ces maires et adjoints sont venus, il y a deux jours, vous demander l'autorisation de prendre les mesures que leur paraissent réclamer l'urgence et l'extrême gravité des circonstances. Dans la séance d'hier, pour des motifs que le Gouvernement a déclarés d'une importance suprême, mais qu'il n'a pas cru pouvoir nous faire connaître, la discussion de la proposition des maires a été écartée. Or, la crise devenant de plus en plus pressante, les maires, de plus en plus convaincus de la nécessité d'y pourvoir sans retard et sous leur responsabilité, ont pensé qu'il n'était pas possible, sans un danger imminent pour la paix publique, de laisser plus longtemps Paris privé de conseil municipal, que toute la population a réclamé pendant tant d'années et qu'elle demande aujourd'hui avec une incontestable unanimité.

Je viens donc, messieurs, au nom de ceux de nos collègues de la représentation de Paris, qui, depuis huit jours, ont fait tant d'efforts pour arriver à la pacification de la capitale, vous conjurer de reconnaître qu'en prenant, en toute connaissance de cause, le parti que leur imposait la plus alarmante des situations, les maires et les adjoints de Paris ont agi en bons citoyens. (*Vive approbation à gauche. — Mouvement prolongé.*)

A droite. — Le renvoi à la commission d'initiative !

A gauche. — Ce n'est pas une proposition !

A droite. — Si ! si ! à la commission d'initiative !

Un membre à gauche. — C'est une communication des maires.

M. LE PRÉSIDENT. — La communication de M. Louis Blanc affecte manifestement le caractère d'une proposition à l'Assemblée. (Oui! oui! — Non! non!)

Écoutez, messieurs, et vous verrez si lorsqu'on propose à l'Assemblée de reconnaître certaines choses, cela ne constitue pas une proposition.

Je relis les conclusions de la proposition de M. Louis Blanc.

« Je viens donc, messieurs, au nom de ceux de nos collègues de la représentation de Paris, qui, depuis huit jours, ont fait tant d'efforts pour arriver à la pacification de la capitale, vous conjurer de reconnaître qu'en prenant, en toute connaissance de cause, le parti que leur imposait la plus alarmante des situations, les maires et adjoints de Paris ont agi en bons citoyens. »

Ont signé : MM. Louis BLANC, PEYRAT, Edgar Quinet, BRISSON, Edmond ADAM, LANGLOIS, GREPPO, Martin BERNARD, TIRARD, MILLIÈRE, Jean BRUNET.

Voix nombreuses. — A la commission d'initiative!

M. LE PRÉSIDENT. — M. Louis Blanc demande-t-il la déclaration d'urgence? (Non! non!)

M. COCHERY. — Je demande le renvoi à la commission des quinze! (Non! non!)

M. LE PRÉSIDENT. — On demande le renvoi à la commission des quinze.

M. HENRI FOURNIER. — Nous demandons formellement le renvoi à la commission d'initiative.

M. LE PRÉSIDENT. — Le renvoi à la commission d'initiative sera de droit, si la demande de renvoi à la commission des quinze n'est pas accueillie.

Je mets aux voix la proposition de renvoi à la commission des quinze.

(*Le renvoi à la commission des quinze n'est pas adopté.*)

M. LE PRÉSIDENT. — En conséquence la proposition sera renvoyée à la commission d'initiative parlementaire.

M. Tirard hésitait encore à adhérer à la Convention, il se rendit auprès de M. Thiers, lui fit part de ses scrupules, de ses appréhensions.

« IL FAUT CEPENDANT ÉVITER TOUTE EFFUSION DE SANG, » répondit M. Thiers.

M. Tirard, en sortant du cabinet du chef du pouvoir excutif, rédigea et remit à l'envoyé de la mairie du 2ᵉ la lettre suivante, qui fut imprimée dans la nuit et affichée le dimanche matin, 26 mars.

RÉPUBLIQUE FRANÇAISE

LIBERTÉ — ÉGALITÉ — FRATERNITÉ

Aux habitants du 2ᵉ arrondissement.

Versailles, 25 mars 1871.

Chers concitoyens,

De grands efforts ont été tentés par les municipalités de Paris, pour placer sur le terrain légal les légitimes revendications de leurs administrés.

Je me suis opposé, pour ma part, autant que je l'ai pu, à tous actes de violence, et je remercie la garde nationale du patriotique concours qu'elle a bien voulu me donner en cette circonstance.

Aujourd'hui, j'apprends à Versailles, où j'ai dû me rendre en toute hâte, que, vu la gravité des circonstances et pour éviter toute effusion de sang, mes collègues, maires et adjoints de Paris, invitent les électeurs à procéder demain à l'élection des membres du conseil municipal.

Convaincu de l'imminente nécessité de cette mesure, et voulant à tout prix conjurer la guerre civile, je viens de signer avec plusieurs députés de Paris une demande déposée par mon collègue Louis Blanc, tendant à obtenir une déclaration par laquelle l'Assemblée nationale reconnaît « qu'en prenant en toute connaissance de cause le parti que leur imposait la plus alarmante des situations, les maires et adjoints de Paris ont agi en bons citoyens ».

Cette proposition a été renvoyée à la commission d'initiative parlementaire, et, en attendant qu'il ait été statué sur son sort, je déclare m'associer à la convocation par laquelle les maires et adjoints invitent les électeurs de Paris à procéder demain à l'élection du conseil municipal.

Le maire du 2e arrondissement, représentant de la Seine,
P. Tirard.

En même temps, M. Louis Blanc remettait à l'envoyé des maires cette affiche qui fut imprimée et apposée sur les murs le dimanche matin, avec la lettre de M. Tirard.

RÉPUBLIQUE FRANÇAISE

LIBERTÉ — ÉGALITÉ — FRATERNITÉ

Proposition faite par M. Louis Blanc et ses collègues à l'Assemblée nationale.

Versailles, 25 mars 1871.

Messieurs,

Nous apprenons qu'une affiche, signée par la majorité des maires et adjoints de Paris, appelle les citoyens de Paris à prendre part demain aux élections d'un conseil municipal.

Vous vous rappelez, messieurs, que ces maires et adjoints sont venus, il y a deux jours, vous demander l'autorisation de prendre les mesures que leur paraîtraient réclamer l'urgence et l'extrême gravité des circonstances.

Dans la séance d'hier, pour des motifs que le Gouvernement a déclarés d'une importance suprême, mais qu'il n'a pas cru pouvoir nous faire connaître, la discussion de la proposition des maires a été écartée.

Or, la crise devenant de plus en plus pressante, les maires, de plus en plus convaincus de la nécessité d'y pourvoir sans retard et sous leur responsabilité, ont pensé qu'il n'était pas possible, sans un danger imminent pour la paix publique, de laisser plus longtemps Paris privé du conseil municipal que toute la population a réclamé pendant tant d'années et qu'elle demande aujourd'hui avec une incontestable unanimité.

Je viens donc, messieurs, au nom de ceux de mes collègues de la représentation de Paris qui, depuis huit jours, ont fait tant d'efforts pour amener la pacification de la capitale, vous conjurer de reconnaître qu'en prenant, en toute connaissance de cause, le parti que leur imposait la plus alarmante des situations, les maires et adjoints de Paris ont agi en bons citoyens.

Louis BLANC. — Edgar QUINET. — A. PEYRAT.— Henri BRISSON. — LANGLOIS. — GREPPO. — Edmond ADAM. — Martin BERNARD.—BRUNET. — MILLIÈRE.—TIRARD. *Représentants de la Seine.*

M. Tirard revint à Paris vers huit heures du soir et son étonnement fut des plus grands lorsqu'il lut sur les murs l'affiche falsifiée du Comité central. Il courut en toute hâte à la mairie. Tous les gardes nationaux étaient retirés; — nous dirons plus tard pourquoi. M. Ch. Floquet s'y trouvait qui lui raconta la duperie dont ils étaient victimes de la part du Comité central.

M. Loiseau-Pinson fit immédiatement recopier la Convention d'après le texte autographe que M. Tirard avait entre les mains et l'envoya à l'imprimerie Dubuisson et à l'imprimerie Paul Dupont, qui ne purent livrer les affiches qu'à cinq heures du matin.

FIN DE LA RÉSISTANCE

Il nous faut remonter de quelques heures le cours de cette journée du 25 mars pour raconter ce qui s'était fait dans Paris.

Au matin, l'affiche suivante, rédigée par l'amiral Saisset dans la soirée du 23, avait été placardée :

Le vice-amiral Saisset aux gardes nationales de la Seine.

Investi du commandement en chef des gardes nationales de la Seine et d'accord avec les maires de Paris, élus par le suffrage universel, j'entre en fonctions à partir de ce jour.

Je n'ai d'autre titre à l'honneur de vous commander, mes chers concitoyens, que celui de m'être associé à votre héroïque résistance en défendant de mon mieux contre l'ennemi, jusqu'à la dernière heure, les forts et les positions placés sous mon commandement.

M'appuyant sur les chefs élus de nos municipalités, j'espère arriver, par la persuasion et de sages avis, à opérer la conciliation de tous sur le terrain de la République ; mais je suis fermement résolu à donner ma vie, s'il le faut, pour la défense de l'ordre, le respect des personnes et de la propriété, comme mon fils unique a donné la sienne pour la défense de la patrie.

Groupez-vous autour de moi, accordez-moi votre confiance et la patrie sera sauvée.

Ma devise reste celle des marins : « Honneur et patrie. »

> Le vice-amiral, membre de l'Assemblée nationale'
> commandant en chef des gardes nationales de
> la Seine,
>
> SAISSET.

En apprenant qu'il y avait eu des signatures échangées entre les maires et les membres du Comité central, le colonel Quevauvillers monta à la mairie du 2e, y trouva quelques maires et adjoints et leur déclara, en présence d'un certain nombre d'officiers, que pour lui la résistance était possible et qu'il avait près de 20,000 hommes à sa disposition (1).

M. Loiseau-Pinson lui raconta ce qu'il venait d'être convenu entre les maires et les délégués du Comité.

— L'Assemblée, ajouta-t-il, ne voulant prendre en considération aucune de nos propositions, nous avons cru devoir appeler les électeurs à voter demain, puisque nos mairies nous sont restituées. Et puis, s'il faut tout dire, malgré notre profond respect pour l'Assemblée nationale, il y a une chose qui nous a révoltés et a été pour beaucoup dans la décision que nous venons de prendre : c'est la proposition de nommer le prince de Joinville lieutenant-général des armées dont il a été fortement question à la Chambre.

M. Quevauvillers et les officiers présents répondirent que si le fait était vrai, ils n'avaient plus qu'à se retirer.

Le colonel donna sur-le-champ aux commandants

---

(1) Voir à l'*Annexe* la communication adressée aux journaux, le 27 mars, par M. le lieutenant-colonel de Beaufond.

l'ordre de faire rentrer les troupes et ne fit laisser à la mairie que la garde ordinaire.

A quatre heures, l'amiral Saisset partait pour Versailles. Les pièces ci-dessous fourniront au lecteur quelques détails utiles à connaître au sujet de ce départ :

Aux officiers de la sixième légion.

« Les députés et maires de Paris ayant cru devoir accepter la date des élections communales fixée par le Comité central de la garde nationale, il m'a paru indispensable de me démettre de mes fonctions et de me rendre immédiatement à Versailles, afin de me tenir à la disposition du ministre de la marine.

» Je ne saurais trop vous remercier de l'honneur que vous m'avez fait en me plaçant à votre tête ; j'en garderai religieusement le souvenir.

» A. Trèves,
» Capitaine de frégate,
» ancien commandant du fort de Noisy. »

Monsieur le rédacteur,

Je me fais un devoir de vous communiquer le plus tôt possible la pièce suivante qui est entre mes mains, et que je n'ai pu remettre qu'il y a quelques instants à M. le capitaine de vaisseau Trèves, que son service avait éloigné de chez lui.

C'est un ordre écrit du vice-amiral Saisset avant son départ pour Versailles.

Dans ces circonstances, je remercie tous les républicains sincères qui m'avaient en foule apporté leur adhésion, et je leur demande de persévérer dans les sentiments qui nous guidaient dans notre lutte pacifique en faveur du suffrage universel.

Quant à moi, je resterai comme eux républicain, et l'ennemi déclaré de la violence ou de la réaction.

Recevez, monsieur le directeur, l'assurance de ma considération très-distinguée.

Édouard DUPONT.

Copie d'un ordre du vice-amiral Saisset adressé au colonel Trèves de la garde nationale, et remis à M. Dupont par son aide de camp.

« J'ai l'honneur d'informer MM. les chefs de corps, officiers, sous-officiers et gardes nationaux de la Seine, que je les autorise à rentrer dans leurs foyers, à dater du samedi 25, sept heures du soir.

» Le vice-amiral commandant en chef la garde nationale de la Seine.

» *Signé :* SAISSET.

» Pour copie conforme :

» *L'aide de camp de l'amiral,*
» A. CLÉMENT. »

« Je vous ai cherché partout, mon cher commandant, et j'ai dû, ne vous trouvant pas, donner à M. Édouard Dupont copie de l'invitation ci-dessus. L'amiral est parti pour Versailles, où il va pour donner sa démission de commandant en chef, les maires de Paris l'y ayant invité.

» Je suis, etc.

» *Signé :* A. CLÉMENT. »

On comprend maintenant par quelle suite de circonstances M. Tirard trouva son arrondissement dépourvu de troupes à son retour de Versailles (1).

(1) Dans la soirée, l'affiche suivante avait été collée sur les murs du 2º arrondissement :

MAIRIE DU 2º ARRONDISSEMENT (BOURSE)

Paris, 25 mars 1871.

Par suite de la résolution prise par les députés de la Seine et les

LA DERNIÈRE AFFICHE DE LA RÉSISTANCE

Pendant qu'on allait à Versailles porter aux représentants de la Seine la Convention qui venait d'être signée, les représentants présents à Paris rédigeaient et faisaient afficher cette déclaration :

RÉPUBLIQUE FRANÇAISE

LIBERTÉ. — ÉGALITÉ. — FRATERNITÉ.

Paris, le 25 mars 1871.

Citoyens,

Dans Paris, où le pouvoir législatif a refusé de siéger, d'où le pouvoir exécutif est absent, il s'agit de savoir si le conflit qui s'est élevé entre des citoyens également dévoués à la République doit être vidé par la force matérielle ou par la force morale.

Nous avons la conscience d'avoir fait tout ce que nous pouvions pour que la loi ordinaire fût appliquée à la crise exceptionnelle que nous traversons.

Nous avons proposé à l'Assemblée nationale toutes les mesures de conciliation propres à apaiser les esprits et à éviter la guerre civile.

Vos maires élus se sont transportés à Versailles et se sont faits l'écho des réclamations légitimes de ceux qui veulent que Paris ne soit pas tout à la fois déchu de sa situation de Capitale et privé des droits municipaux qui appartiennent à toutes les villes, à toutes les communes de la République.

maires de Paris, les élections municipales se feront demain dimanche.

Les fonctions de maire et d'adjoint ne sont pas incompatibles avec celles de conseillers municipaux.

Le maire,
LOISEAU-PINSON.

Ni vos maires élus, ni vos représentants à l'Assemblée nationale n'ont pu réussir à obtenir une conciliation.

Aujourd'hui, placés entre la guerre civile pour nos concitoyens et une grave responsabilité pour nous-mêmes, décidés à tout plutôt qu'à laisser couler une goutte de ce sang parisien que naguère vous offriez tout entier pour la défense et l'honneur de la France, nous venons vous dire : terminons le conflit par le vote, non par les armes.

Votons, puisqu'en votant nous nous donnons le conseil municipal élu que nous devrions avoir depuis six mois.

Votons, puisqu'en votant nous investirons du pouvoir municipal des républicains honnêtes et énergiques qui, en sauvegardant l'ordre dans Paris, épargneront à la France le terrible danger des retours offensifs de la Prusse et les tentatives téméraires des prétentions dynastiques.

Nous avons dit hier à l'Assemblée nationale que nous prendrions sous notre responsabilité toutes les mesures qui pourraient éviter l'effusion du sang.

Nous avons fait notre devoir en vous disant notre pensée.

Vive la France ! vive la République !

Les représentants de la Seine présents à Paris :

V. SCHŒLCHER. — Ch. FLOQUET. — Édouard LOCKROY. — G. CLÉMENCEAU. — TOLAIN. — GREPPO (1).

C'était comme la dernière plainte de Paris, comme le dernier cri de la résistance vaincue.

(1) Nous croyons être certain que M. Greppo était à Versailles lorsque ses collègues rédigeaient la déclaration ci-dessus et que son nom y a été ajouté par erreur.

26 MARS

A travers les barricades, la population sombre, mais résignée, s'en va voter, se demandant pourquoi ce n'est pas l'Assemblée nationale qui l'y convie.

Elle n'a pas eu le temps de se consulter, et elle ne veut pas voter pour un grand nombre de ses anciens magistrats municipaux. Des affiches viennent d'être posées; si la sentinelle qui se promène le long du trottoir ne vous crie pas brutalement : « Au large! » on peut s'approcher et lire. Quelques noms sont connus, ce sont ceux de journalistes radicaux, d'ouvriers remarqués dans les clubs; l'Empire a condamné ces gens-là; ce doivent être des républicains. » Et, à défaut d'autres, on vote pour eux.

Que le lecteur compare maintenant les élections des 5-8 novembre 1870 à celles du 26 mars 1871.

27 MARS

LES MAIRES DE PARIS ONT AGI EN BONS CITOYENS

ASSEMBLÉE NATIONALE.

Séance du 27 mars 1871.

La séance est ouverte à deux heures et demie.

M. LE PRÉSIDENT. — M. Peltereau-Villeneuve a la parole pour le dépôt d'un rapport.

M. PELTEREAU-VILLENEUVE. — Messieurs, la commission d'initiative m'a fait l'honneur de me charger de vous faire le rapport sur la proposition de MM. Louis Blanc, Peyrat, Edgar Quinet, Brisson, Edmond Adam, Langlois, Greppo, Martin Bernard, Jean Brunet, Milière et Tirard, tendant à faire déclarer que les maires et adjoints de Paris, en appelant les citoyens de cette ville à prendre part aux élections du conseil municipal, ont agi en bons citoyens.

Voici ce rapport :

La commission d'initiative à laquelle a été renvoyée la proposition de MM. Louis Blanc, Peyrat, etc., tendant à faire déclarer que les maires et adjoints de Paris, en appelant les citoyens de cette ville à prendre part aux élections du conseil municipal, ont agi en bons citoyens,

Après en avoir délibéré :

Continuant à s'en rapporter à la sagesse et à la fermeté du Gouvernement sur la conduite à tenir à l'occasion des événements de Paris,

A L'HONNEUR DE PROPOSER A L'ASSEMBLÉE NATIONALE DE NE PAS PRENDRE EN CONSIDÉRATION LA PROPOSITION DE MM. LOUIS BLANC ET AUTRES COLLÈGUES.

De plusieurs côtés. — Très-bien ! très-bien !

M. THIERS, chef du pouvoir exécutif, président du conseil des ministres. — Je demande la parole.

M. LE PRÉSIDENT. — M. le président du conseil a la parole.

M. THIERS, chef du pouvoir exécutif. — Messieurs, j'ai très-peu de choses à dire ; mais j'en ai pourtant quelques-unes ; et, en demandant à la commission une discrétion commandée par la gravité des circonstances, je ne commettrai pas la faute de manquer moi-même à cette discrétion indispensable. Néanmoins j'espère vous en dire assez pour que la quiétude puisse rentrer dans vos esprits.

Je remercie la commission de la confiance qu'elle veut bien nous témoigner, à moi et à mes collègues ; nous en sommes profondément reconnaissants ; et je supplie l'Assemblée de croire que nous n'en sommes pas indignes.

Les événements de Paris sont d'une telle gravité qu'un gouvernement vraiment politique, une assemblée vraiment politique, doivent savoir attendre avec sang-froid, sans se livrer à des discussions intempestives, qui ne pourraient qu'aggraver encore la situation. Mais je prie l'Assemblée d'être bien convaincue que derrière ce silence nécessaire, il ne se cache pas de péril pour les principes et qu'il n'y a pas davantage de péril pour l'ordre public. (*Très-bien! très-bien!*)

Soyez assurés qu'aucun des principes essentiels de gouvernement n'aura été sacrifié. (*Très-bien! très-bien!*) Par principes de gouvernement, j'entends, en cette matière, que rien ne soit fait pour qu'une seule ville en France puisse prétendre à dominer la France entière. Les droits de Paris seront consacrés, comme les droits de toute autre ville ; et je vous demande de mettre à l'ordre du jour le plus tôt possible la loi des attributions municipales de cette cité. (*Très-bien! très-bien!*)

Ainsi, les droits de Paris ne seront pas méconnus ; mais j'entends par les principes de gouvernement des institutions telles qu'une seule ville, quelque glorieuse, quelque considérable qu'elle soit, ne puisse pas dominer le reste de la France. (*Bravo! bravo! — Applaudissements.*)

Ainsi, liberté pour Paris, liberté pour la France !

M. JULES FAVRE, ministre des affaires étrangères. — Union dans la liberté et non pas séparation !

M. LE CHEF DU POUVOIR EXÉCUTIF. — Comme le dit notre illustre collègue, le ministre des affaires étrangères, union dans la liberté et non séparation.

M. FARCY. — Et avec la liberté !

M. LE CHEF DU POUVOIR EXÉCUTIF. — Oui, avec la liberté.

Maintenant, si je vous garantis qu'aucun principe n'est sacrifié, je puis vous garantir que tout ce que la prévoyance humaine peut faire pour que l'ordre soit matériellement rétabli et maintenu partout, tout ce qui peut être fait est fait ou sera fait ; et, soyez-en parfaitement convaincus, respect restera à la loi. (*Très-bien! très-bien!*)

Mais, je le reconnais, en demandant cette confiance et cette circonspection à l'Assemblée, nous lui demandons quelque chose de difficile. Sous le poids de l'accablante responsabilité que vous avez placée sur nos têtes, nous avons beaucoup à souffrir, — car il nous faut rester exposés, et c'est notre devoir de les braver, aux mille et mille interprétations que le silence et les lenteurs d'une politique temporisatrice entraînent toujours avec eux. Mais je conviens aussi que, sans le vouloir, malgré nous, nous associons l'Assemblée à une situation tout aussi pénible que la nôtre.

Oui ! je sais bien que dans vos départements, qu'ici même on demande aux uns : Que faites-vous ? qu'on demande aux autres : Que laissez-vous faire ?

Eh bien, messieurs, un mot adressé à ceux de mes collègues qui sont dans cette position.

On vous dit : Mais l'Assemblée, en ne voulant pas affirmer les principes, se déconsidère.

Messieurs, douter de votre attachement à ces principes, ce serait commettre à votre égard une bien grande injustice ; tout le monde connaît votre opinion et tout le monde sait bien que vous ne la désavouez pas, alors que vous pensez que c'est un devoir de haute prudence de ne pas l'exprimer en ce moment.

M. JULES FAVRE, ministre des affaires étrangères. — Très-bien !

M. LE CHEF DU POUVOIR EXÉCUTIF. — Et nous-mêmes, est-ce que nous voudrions qu'on doutât un seul instant de notre attachement invariable aux principes de toute notre vie, aux principes d'ordre que nous avons tous et toujours défendus ? (*Très-bien ! très-bien !*)

Eh bien, messieurs, savez-vous comment une assemblée, une grande assemblée s'entoure de considération dans des circonstances terribles ? C'est en sachant prendre l'attitude qui convient à un aussi grand corps politique. Ce qui honore le plus une assemblée dans des conjonctures semblables, c'est la gravité de l'attitude, c'est la fermeté, et, au besoin, ce qu'il y a de plus digne au monde, le silence, la pensée n'en souffre pas.

Maintenant si, d'un côté, je demande à ceux qui sont impatients, — et je le comprends, légitimement impatients d'affirmer leur principe, — si je leur demande de sacrifier leur impatience à la gravité inouïe des événements, d'un autre côté je comprends aussi la situation de ceux à qui l'on reproche de laisser soupçonner, par leur silence, des projets que les ennemis de l'ordre public veulent attribuer à cette Assemblée.

En effet, les ennemis de l'ordre public disent que cette Assemblée, avec ses opinions, avec ses passions bien légitimes, médite un attentat contre l'ordre de choses établi.

Eh bien, messieurs, l'une de ses assertions n'est pas plus vraie que l'autre. Je répète ici que je proclame de nouveau devant vous la politique que vous avez accueillie.

Il y a dans cette Assemblée, comme dans le pays, des partis divers et qui, tous, peuvent avouer leurs opinions. Les partis monarchiques, quoique divisés entre eux, peuvent soutenir noblement leur principe; car l'opinion qu'ils embrassent est une opinion respectable. (*Mouvements divers.*)

M. LE DUC DE BISACCIA. — Les partis monarchiques ne sont plus divisés.

Plusieurs membres : — Non ! non ! ils ne le sont plus.

M. LE CHEF DU POUVOIR EXÉCUTIF. — Si vous êtes tellement impatients, messieurs, que vous ne puissiez même pas supporter qu'on abonde en votre sens — car je dis que les opinions que vous professez sont de nobles opinions, que vous pouvez avouer à la face du soleil — si vous m'interrompez pour de telles paroles, en vérité, je ne sais plus quelle liberté vous me laisserez à cette tribune. (*Très-bien! très-bien! — Parlez! parlez!*)

Eh bien, je vous l'ai dit, et je le répète devant cette Assemblée, devant le pays et devant l'histoire — car jamais l'histoire n'a eu les yeux plus ouverts ni plus attentifs qu'aux événements immenses qui se passent en ce moment — j'affirme qu'aucun parti ne sera trahi par nous, que, contre aucun parti, il ne sera préparé de solution frauduleuse. (*Très-bien! très-bien!*) Nous n'avons accepté que cette mission : défendre l'ordre et réorganiser en même temps le pays, de manière à lui rendre la vie, la liberté de ses opérations, le commerce, la prospérité, s'il se peut, après de si grands malheurs ; et quand tout cela sera rétabli, la liberté de choisir comme il le voudra, en ce qui concerne ses futures destinées. Voilà la seule mission que nous avons acceptée; nous manquerions à nos devoirs si nous préparions frauduleusement une solution quelconque, qui serait la déception de tous les partis au profit d'un seul. (*Applaudissements sur un grand nombre de bancs.*)

Ainsi, messieurs, d'aucun côté, d'aucun côté absolument, entendez-le bien, vous ne vous verrez trahis. Je n'ai jamais menti devant mon pays, ni autrement, et je mentirais indignement à cette heure, si je ne disais pas une chose qui est la réalité même. Non ! ni moi, ni mes collègues, nous ne cherchons à rien précipiter, ou plutôt nous ne cherchons qu'à précipiter une seule chose : c'est la convalescence et la santé de notre cher pays. (*Nouveaux applaudissements.*)

Il y a des ennemis de l'ordre qui disent que nous nous préparons à renverser la République. Je leur donne un démenti formel. Ils mentent à la France, ils veulent la troubler et l'agiter en tenant un pareil langage ! (*Marques très-vives d'approbation dans diverses parties de l'Assemblée.*)

Nous avons trouvé la République établie comme un fait dont nous ne sommes pas les auteurs, mais je ne détruirai pas la forme du Gouvernement dont je me sers maintenant pour rétablir l'ordre. (*Nouvelles et plus vives marques d'approbation sur les mêmes bancs. — Applaudissements.*) Je ne trahirai pas plus les uns que les autres. Je le jure devant Dieu! La réorganisation du pays nous occupera, et nous occupera uniquement. Ils mentent cent fois les misérables qui répandent contre nous des accusations calomnieuses de trahison, afin d'ôter au pays toute paix et tout repos! (*Très-bien! — Bravo! bravo!*)

Messieurs, je m'adresse à tous les partis indistinctement; savez-vous à qui appartiendra la victoire? aux plus sages. (*Très-bien! très-bien!*) Travaillez-y tous, tâchez de remporter devant la France, devant les siècles, le prix, le véritable prix pour gouverner, le prix de la raison et de la bonne conduite. (*Très-bien! — Bravo!*)

M. JULES FAVRE, ministre des affaires étrangères. — Très-bien!

M. LE CHEF DU POUVOIR EXÉCUTIF. — Ni pour mes collègues, ni pour moi, je ne puis accepter d'autre responsabilité que celle que je prends ici. Mais soyez tranquilles : nous ne vous laisserons jamais ignorer l'existence du péril, s'il pouvait y avoir du péril en ce moment.

Certainement la situation est très-grave; mais soyez-en bien convaincus, cette grande et noble nation, qui est encore si puissante malgré tous ses malheurs, ne laissera pas triompher dans son sein les misérables qui voudraient la couvrir de sang, de confusion et de ruines ! Non : la France restera maîtresse d'elle-même, digne de ses destinées, digne de son passé, et digne aussi, je l'espère, de son avenir. Oui, cet avenir sera conforme à tout ce que la Providence a donné à la France dans tous les temps et qu'elle ne lui refusera pas, pour la première fois, dans ces jours de calamités où nous sommes. Elle aura eu ses épreuves douloureuses à traverser; mais elle les traversera, et j'espère qu'elle en sortira avec sa grandeur immortelle, que rien n'a encore atteint sérieusement. (*Sensation profonde.*)

Mais, je vous en supplie, ne croyez pas à d'autres périls que ceux que nous viendrons vous annoncer à cette tribune. Je ne veux pas dire par là qu'il n'y en ait pas; mais il n'y a rien d'alarmant en cet instant, et tout ce qui peut être fait pour donner à l'ordre public la garantie de la force, tout cela s'accomplit avec une sollicitude incessante.

Tout ce que nous vous demandons aujourd'hui, c'est une attitude digne, calme et discrète, et c'est dans l'intérêt même du résultat attendu par vous que nous vous donnons ce conseil. (*Très-bien! très-bien!* — *Applaudissements.*)

M. LE PRÉSIDENT. — Le rapport de la commission d'initiative parlementaire qui vient d'être déposé sera imprimé et distribué.

Plusieurs membres. — Consultez tout de suite l'Assemblée!

Autres membres. — Non! non! l'impression!

M. LAMBERT DE SAINTE-CROIX. — Ce rapport conclut au rejet de la prise en considération; mettez-le aux voix, monsieur le président!

M. LE PRÉSIDENT. — L'Assemblée peut assurément voter dès à présent, si elle le veut, la prise en considération; mais ce n'est pas à moi à prendre l'initiative de lui proposer un vote immédiat.

Je suis les formes du règlement. Si quelqu'un demande que contrairement à ses dispositions et aux habitudes de l'Assemblée, au lieu d'ordonner l'impression et la distribution du rapport, je mette immédiatement en délibération la prise en considération, je me conformerai aux vœux de l'Assemblée.

Plusieurs voix. — Non ! non ! l'impression !

M. LE PRÉSIDENT. — Alors le rapport sera imprimé et distribué. (Non ! non !)

M. PELTEREAU-VILLENEUVE, rapporteur. — Je demande la parole.

M. LE PRÉSIDENT. — M. Peltereau-Villeneuve a la parole.

M. PELTEREAU-VILLENEUVE, rapporteur. — Messieurs, dans la pensée de la commission, la solution avait un caractère d'urgence, et il nous a paru qu'elle ne pouvait être retardée. (Marques d'assentiment.)

Tout le monde l'attend dans cette Assemblée et au dehors.

Nous avons pensé que les explications qui avaient été données par M. le chef du pouvoir exécutif venaient confirmer, développer le sentiment qu'avait eu la commission, celui d'affirmer la politique conservatrice, protectrice, libérale de l'Assemblée, et surtout d'assurer l'exécution des lois. (Très-bien ! sur quelques bancs à droite.)

Ce sentiment a été, comme il devait l'être, celui de tous les membres qui ont pris part à la résolution. Nous croyons que retarder la décision par l'impression et la distribution du rapport, ce serait, alors que le pays est dans l'attente des résolutions de l'Assemblée sur une des questions les plus brûlantes et les plus actuelles, ce serait, dis-je, faire un acte qui ne serait pas opportun. (Assentiment sur plusieurs bancs.)

Nous venons supplier la Chambre de prendre immédiatement une résolution. Les opinions doivent être formées ; elles ne le seront pas plus demain qu'aujourd'hui, et, suivant moi, il y aurait inopportunité à ne pas se prononcer aujourd'hui. (Très-bien ! très-bien !)

M. LE PRÉSIDENT. — L'Assemblée veut-elle passer immédiatement à la délibération !

Voix nombreuses. — Oui ! oui !

Un membre. — C'est contraire au règlement !

M. LE PRÉSIDENT. — Le règlement ne s'y oppose pas d'une manière formelle; seulement ce n'est pas la marche et l'usage ordinaires.

M. AMÉDÉE LEFÈVRE-PONTALIS. — Nous ne sommes pas dans des temps ordinaires.

M. LE PRÉSIDENT. — Je ne consulterai pas la Chambre sur le point de savoir si elle veut délibérer immédiatement, en présence d'une disposition formelle du règlement. Mais le règlement, article 76, porte, en matière de propositions renvoyées à la commission d'initiative parlementaire :

« Au jour fixé pour la discussion, l'Assemblée délibère sur la prise en considération. »

Si l'Assemblée veut que la discussion s'ouvre à l'instant même, elle peut le décider.

M. COCHERY *et plusieurs membres.* — Nous demandons la discussion immédiate.

M. LE PRÉSIDENT. — C'est entendu et je vais consulter l'Assemblée pour savoir si elle veut que la discussion s'ouvre immédiatement.

(L'Assemblée, consultée, décide que la délibération s'ouvrira immédiatement.)

M. LE PRÉSIDENT. — Si personne ne demande la parole pour la discussion, je donnerai une nouvelle lecture des conclusions de la commission et je les mettrai ensuite aux voix.

La parole n'étant pas réclamée, voici les conclusions sur lesquelles l'Assemblée doit se prononcer :

La commission a l'honneur de proposer à l'Assemblée de ne pas prendre en considération la proposition de M. Louis Blanc.

LES CONCLUSIONS DE LA COMMISSION SONT MISES AUX VOIX ET SONT ADOPTÉES.

CONCLUSION

I

La Commune a tenu sa première séance (1). L'œuvre des maires est terminée.

Huit longs jours, huit longues nuits, infatigables, pleins d'anxiété et de fièvre, espérant toujours et toujours déçus, ils sont restés sur la brèche, tenant d'une main ferme le drapeau de la légalité.

— A quoi cela a-t-il servi, puisqu'ils ont capitulé au bout de ce temps ? demandera-t-on.

A quoi a donc servi cette héroïque défense de Paris, qui a fait l'étonnement, l'admiration du monde, puisqu'on a capitulé le 28 janvier ?

Les maires savaient-ils, eux loyaux, que les drôles qui avaient usurpé le pouvoir et la confiance de Paris le 18 mars, seraient fourbes jusqu'au bout et violeraient la Convention qu'eux-mêmes avaient proposée et signée? Savaient-ils que jusqu'au bout la population croirait à ces gens et espérerait en eux ?

— Mais pourquoi capituler?...

Pour répondre à cette question, que le lecteur nous permette de reprendre brièvement les faits que nous avons exposés dans leur succession rapide et un peu

(1) Voir l'Annexe.

confuse et nous espérons que, pour lui comme pour nous, la conclusion se fera alors d'elle-même : Les maires ont capitulé le 25 mars parce qu'il leur était impossible de résister plus longtemps; parce que, acculés au fond d'une impasse, ils virent ouverte la porte de la légalité, qui se referma derrière eux.

Nous avons montré dans l'Introduction de ce livre quel abîme s'était formé entre Paris et la Province, séparés depuis cinq mois, lorsque ces deux parties intimes d'un même tout se trouvèrent brusquement rejetées dans le cercle d'évolutions politiques et appelées à travailler en commun à la reconstitution du pays affaibli par huit mois de luttes incessantes.

Paris, monté pour la guerre et envoyé au feu rarement, avait pris l'habitude de l'oisiveté, de la bohème, de la vie des camps, sans en prendre la discipline; et, confiant dans son erreur patriotique, il envoyait à l'Assemblée une majorité de républicains radicaux, convaincu que ses élus voteraient la continuation de la lutte.

La Province, au contraire, surmenée par la main puissante de Gambetta, aigrie par une suite non interrompue de défaites, à bout de force et de courage, ne souhaitait que la paix et prenait ses députés parmi les ennemis acharnés du « dictateur de Bordeaux », les légitimistes.

La scission des esprits, complète entre les populations, fut plus complète encore entre la droite et la gauche de l'Assemblée nationale. Il s'ensuivit les plus fâcheux malentendus (1).

---

(1) L'accord est rétabli aujourd'hui. La province, par son vote du 2 juillet, vient de sceller le pacte d'alliance, et rangé autour de M. Thiers et de Gambetta, le grand parti républicain va enfin se constituer, se discipliner et marcher rapidement aux conquêtes pacifiques qui referont la France grande, puissante et libre.

Paris, au sortir du siége, avait besoin de grands ménagements; la fièvre intense qui le dévorait rendait toute crise dangereuse. L'Assemblée ne vit rien de tout cela, ne comprit point l'angoisse poignante, la déception cruelle qui blessait dans ses plus chères espérances cette population courageuse qui avait tant souffert pour les voir se réaliser. Elle la frappa tout d'abord dans ses affections : Garibaldi, Gambetta, Victor Hugo. Elle la frappa dans ses intérêts : loi sur les échéances, loi sur les loyers. Elle la frappa enfin dans ses opinions en lui imposant des chefs militaires dont le passé politique lui était en horreur, à tort ou à raison : Vinoy, d'Aurelles de Paladine et Valentin. Elle la désaffectionna de son Gouvernement, elle la désorganisa politiquement et fit tant et si bien qu'elle la partagea, comme nous l'avons dit, en deux fractions dont l'une se mit à la remorque des émeutiers, et dont l'autre prit le parti de tout laisser faire sans s'émouvoir.

Au dernier jour, quand toutes les maladresses eurent été commises par l'Assemblée et par les chefs militaires; quand on eut exaspéré Paris en lui retirant son titre de capitale et en lui enlevant d'un seul décret six de ses journaux; comme l'heure d'être habile était passée et que l'heure d'être énergique était venue, les chefs militaires trouvèrent moyen d'être, une fois de plus, maladroits, et, ce qui est plus grave, d'une faiblesse incompréhensible.

M. Vautrain, maire du 4e arrondissement, avait signalé le danger au ministre de l'intérieur et il avait caractérisé sa pensée par cette phrase : « Quand on veut dompter le taureau, on le prend par les cornes. » M. Vinoy crut faire mieux sans doute en le prenant par la queue, et se montra tout étonné lorsque l'animal l'envoya d'un coup de corne sur la route de Versailles.

Le Comité central n'était pas un comité anonyme,

ses membres étaient connus du Préfet de police ; on pouvait facilement découvrir ses ramifications dans les bataillons, et ce fut une grande faute de ne pas commencer l'attaque par l'arrestation des chefs et de tous les principaux affiliés.

M. Vinoy préféra essayer de reprendre les canons avec des troupes dont les officiers eux-mêmes n'étaient pas sûrs et qu'on laissa — parce qu'on avait oublié d'envoyer des attelages — de trois heures à neuf heures du matin (1), sous la pluie et le froid en contact avec une population qui n'avait rien d'hostile en apparence.

II

Le 19 mars, les maires se trouvaient dans la situation la plus fausse qu'on puisse imaginer. Ayant vécu, depuis le mois de septembre, en contact direct et permanent avec la population parisienne, ils en connaissaient mieux que personne les dispositions et les aspirations. Aussi furent-ils les premiers à découvrir, dès le début, les causes de l'insurrection et à en proposer le remède : les élections municipales et la proclamation de la République. Mais l'Assemblée disposait, et, après comme avant, elle ne comprit pas. Elle refusa de mettre le nom de la République au bas de sa proclamation. Elle demanda quelques jours pour préparer une loi. Quelques jours ? quand le temps passait avec la rapidité du vent, emporté par l'aile brûlante de l'émeute !...

Les maires essayèrent de convaincre le Comité cen-

(1) Le 18 mars, à huit heures du matin, passant boulevard Rochechouart, nous demandions à un soldat du 88ᵉ qui montait la garde au coin d'une rue ce qu'il faisait là :

— Je n'en sais rien, nous répondit-il, je m'ennuie, je gèle et je crève de faim.

tral. Le Comité, qui, lui, connaissait la population de Paris, qui s'appuyait sur elle et la conduisait d'une main habile vers le but qu'il avait choisi, le Comité, disons-nous, promettait de se retirer et ne se retirait jamais, trouvant chaque jour de nouveaux prétextes, de nouveaux fuyants, et laissant croire qu'il apportait les élections municipales tant désirées ; il amena les maires à signer cette Convention qui leur a été si amèrement reprochée depuis.

Mais pouvaient-ils ne pas signer lorsque M. Thiers, M. E. Picard, M. Jules Favre, leur assuraient qu'il serait fait droit aux légitimes réclamations de Paris ? M. Tirard, le dernier qui adhéra à la Convention, ne le fit, nous l'avons vu, que lorsque l'illustre chef du pouvoir exécutif lui dit ce mot qui était alors sur toutes les lèvres : — Il faut éviter toute effusion de sang.

S'ils n'avaient pas signé, il fallait combattre. Combattre !... Cela est bientôt dit. Mais qui donc le 25 mars aurait osé assumer sur sa tête la responsabilité d'une lutte inégale qui eût autorisé toutes les représailles, tous les pillages ?...

Il fallait céder. On céda. Mais on ne le fit qu'en s'entourant des formes légales ; on ne le fit qu'avec la promesse que les mairies seraient rendues et que les maires tiendraient les urnes.

La parole donnée ne fut pas tenue. Le Comité central couronna son œuvre déloyale par une déloyauté dernière.

Sur qui doit retomber la responsabilité ? Sur ceux qui ont été trompés ou sur ceux qui ont menti ?

Nous avons fait un traité avec la Prusse. Si les clauses de ce traité n'étaient pas exécutées par nos ennemis, l'Assemblée serait-elle coupable de l'avoir ratifié ou les Prussiens de nous l'avoir imposé ?

— Mais, nous objectera-t-on, pourquoi alors n'avoir

pas capitulé tout de suite? nous aurions pu nous entendre et confectionner des listes.

Pourquoi?... Parce que si le premier jour les maires ne s'étaient jetés entre le Comité central et Versailles, c'en était fait de l'Assemblée et du Gouvernement (1).

Nous avons vu ce que la Commune a fait de Paris, on frémit à la pensée que de pareils fanatiques auraient pu être, — ne fût-ce que pour quelques jours! — les maîtres de la France!

Les maires ont tenu huit jours le Comité central en échec et ces huit jours le Gouvernement a pu les employer à organiser son armée.

Qu'on ne vienne donc plus accuser les maires et rejeter sur eux la responsabilité des malheurs qui nous ont accablés. Nous croyons bien plutôt qu'on doit leur être reconnaissant des efforts infructueux qu'ils ont faits auprès de l'Assemblée et du Comité central pour arriver à tout concilier pacifiquement, et que l'histoire, plus impartiale et plus juste, dira quelque jour qu'en agissant comme ils l'ont fait LES MAIRES DE PARIS ONT AGI EN BONS CITOYENS.

(1) A un maire qui, dans la Journée du 14, disait à M. Thiers : — « Envoyez donc quelques bataillons s'emparer du tunnel des Batignolles, ce qui nous permettra d'être en communication directe avec vous. » Le chef du pouvoir exécutif répondit : « — Je n'ai pas deux bataillons. » Voir à l'*Annexe* la lettre de M. Vautrain au *Journal de Paris* et celle de M. Degouves-Denuncques.

ANNEXE

Sous ce titre, nous donnons toutes les pièces qui se rapportent aux événements dont nous nous occupons et qui, dans le texte même du livre, auraient obscurci et encombré outre mesure le récit des journées qui suivirent le 18 mars.

N'ayant pas eu l'intention de discuter ce procès encore pendant de la Révolution de Mars, nous avons voulu mettre ainsi sous les yeux du lecteur toutes les pièces de ce procès, afin qu'il puisse lui-même comparer et juger.

Ces citations ont, en outre, cet avantage de bien préciser la situation des esprits telle qu'elle était lorsque les maires de Paris entreprirent de résister au Comité central.

Nous n'avons pas voulu entasser seulement des matériaux, nous avons voulu aussi apporter les preuves de ce que nous avions avancé : que la Révolution était fatale, que fatalement la population de Paris devait la laisser passer et que la résistance était moralement impossible.

DÉCLARATION DES COMITES

Nous avons dit, dans l'Introduction de ce livre, que le Comité central et la Commune étaient sortis des Comités d'arrondissement dits *Comités de vigilance;* comme preuve, que le lecteur rapproche les signatures du document ci-dessous des signatures apposées au bas des actes émanant de la Commune.

DÉCLARATION DES COMITÉS.

De nombreuses délégations se sont présentées à la Corderie depuis qu'il est question de l'entrée des Prussiens, et ont déclaré qu'elles pensaient trouver là une organisation militaire toute prête pour marcher contre l'envahisseur lorsqu'il mettrait le pied dans Paris.

Les membres présents ayant prié les délégués d'indiquer quels groupes ils représentaient, il a été cité des noms de citoyens qui n'ont reçu aucun mandat des Comités suivants constituant la réunion de la Corderie :

Association internationale des travailleurs,
Chambre fédérale des sociétés ouvrières,
Délégation communale des sociétés ouvrières.

Dans ces circonstances, les trois groupes de la Corderie informent les travailleurs de Paris qu'ils n'ont donné mandat à personne au sujet d'une action contre les Prussiens.

Les membres présents croient de leur devoir de déclarer que, dans leur pensée, toute attaque servirait à désigner le peuple aux coups des ennemis de la Révolution, monarchistes allemands ou français, qui noie-

-raient les revendications sociales dans un fleuve de sang.

Nous nous souvenons des lugubres journées de juin.

Ch. Beslay. — Henri Goullé. — C. Rochat, de l'Internationale. — Avrial, Pindy, Rouveyrol, de la Chambre fédérale des Sociétés ouvrières. — Ant. Arnaud. — Léo Melliet.— Jules Vallès, de la délégation communale des vingt arrondissements.

DÉMISSION DE GAMBETTA

Bordeaux, le 6 février 1871.

Ma conscience me fait un devoir de résigner mes fonctions de membre d'un gouvernement avec lequel je ne suis plus en communication d'idées ni d'espérances. J'ai l'honneur de vous informer que j'ai remis ma démission aujourd'hui même. En vous remerciant du concours patriotique et dévoué que j'ai toujours trouvé en vous pour mener à bonne fin l'œuvre que j'avais entreprise, je vous prie de me laisser vous dire que mon opinion profondément réfléchie est qu'à raison de la brièveté des délais et des graves intérêts qui sont en jeu, vous rendrez un suprême service à la République en faisant procéder aux élections du 8 février, et vous réservant après ce délai de prendre telles déterminations qui vous conviendront.

Je vous prie d'agréer l'expression de mes sentiments fraternels.

Léon Gambetta.

On lisait dans la *Vérité* :

Hier, nous exprimions le regret de rencontrer le *Soir* parmi les adversaires exagérés de M. Gambetta. Notre confrère croit devoir s'expliquer mieux aujourd'hui, et nous déclarer qu'il n'a pas combattu l'homme, mais ses principes, sa conduite, entachée de dictature et de jacobinisme. Nous n'avions pas besoin de cet éclaircissement; mais que dira le *Soir*, en lisant, dans l'*Avenir national*, l'apologie suivante du même Gambetta ?

« Les ennemis de la République peuvent attaquer M. Gambetta, l'insulter, l'outrager, ils n'empêcheront pas les hommes impartiaux de reconnaître ce qu'il a fait pour la défense nationale, et la France de lui en être reconnaissante. C'est à lui, à son activité extraordinaire, infatigable, que nous avons dû les armées du Nord, de l'Est, de l'Ouest, et ces armées nous auraient sauvés, délivrés, si la défense de Paris eût été livrée à des cœurs plus fermes, à des esprits plus résolus, à des chefs moins insuffisants, moins incapables. Si les membres du gouvernement de Paris avaient eu l'ardeur de Gambetta, son entrain, sa foi dans le génie patriotique et dans les ressources de la France, notre drapeau flotterait encore sur nos forts, et les Prussiens auraient été écrasés sous Paris. L'énergie et, qu'on nous passe le mot, le diable-au-corps de Gambetta, bien secondé, pouvaient nous sauver ; c'est l'inaction du gouvernement de Paris qui a tout perdu. Quand on a été si faible, quand on porte la responsabilité d'un politique si fatale, il faudrait être plus modeste. »

Peut-être l'éloge est-il aussi excessif et aussi peu mérité que la critique ; mais le *Soir* conviendra sans peine que mieux eût valu, dans l'intérêt de ses opinions, qui sont les nôtres, dans celui de la justice et de la modération, ne pas juger un homme avant de connaître ses actes.

L'ASSEMBLÉE NATIONALE A BORDEAUX

Voici les noms des membres de la commission qui était chargée d'examiner la proposition de M. Thiers, chef du pouvoir exécutif, relative à la translation de l'Assemblée nationale dans une ville voisine de Paris :

1er *bureau*. — M. de Maillé.
2e *bureau*. — M. Flaud.
3e *bureau*. — M. Prax-Paris.
4e *bureau*. — M. Beulé.
5e *bureau*. — M. le baron Vast-Vimeux.
6e *bureau*. — M. de Lasteyrie.
7e *bureau*. — M. Buffet.
8e *bureau*. — M. Baze.
9e *bureau*. — M. de Cumont.
10e *bureau*. — M. Gatien Arnoult.
11e *bureau*. — M. L. Brun (Ain).
12e *bureau*. — M. Mortimer-Ternaux.
13e *bureau*. — M. Vitet.
14e *bureau*. — M. le comte Daru.
15e *bureau*. — M. de Carayon-Latour.
Président : M. Vitet; secrétaire : M. Paris.

1er *bureau*. — M. de Maillé propose que l'Assemblée se transporte à Tours ou à Bourges.

2e *bureau*. — M. Thiers, qui prend la parole dans ce bureau, assure que le Gouvernement est tout disposé à établir son siége définitif à Paris. Mais une fraction considérable de la majorité manifeste la crainte que l'Assemblée ne soit pas en sûreté dans la capitale, et exige que Paris cesse d'être la métropole politique du pays. M. Thiers se croit obligé de ménager des susceptibilités influentes. Voilà pourquoi il conseille Versailles comme une étape nécessaire avant l'installation définitive à Paris.

M. Flaud, qui adopte le pis-aller de M. Thiers, est élu par trente voix sur trente-huit votants.

3e *bureau*. — MM. le duc Decazes, Peyrat et de Larcy, demandent le retour à Paris.

M. Mettetal et M. Prax-Paris soutiennent que l'Assemblée est perdue si elle se transporte dans la capitale.

Conclusions : 22 voix pour M. Prax-Paris,
» 14 pour le duc Decazes.

5e *bureau*. — M. Lambrecht et M. Victor Lefranc pensent, comme M. Thiers, que Paris est et doit rester la capitale politique du pays.

M. Vast-Vimeux qui soutient la thèse contraire est élu commissaire.

7e *bureau*. — Elu commissaire M. Buffet qui se déclare contre Paris.

8e *bureau*. — Discussion très-vive. Les légitimistes, soutenu par le général Ducrot, déclarent que l'Assemblée s'exposerait aux plus grands dangers en se risquant dans la ville du 10 août et du 24 février. La suprématie de Paris a porté malheur à la France. Il est temps d'en finir avec cette souveraineté néfaste.

MM. Baze, Peyrat, Grévy et Saint-Marc-Girardin refusent de s'associer à ces hostilités systématiques contre la première ville de France.

M. Baze est élu commissaire.

9e *bureau*. — M. Eugène Pelletan demande en vain si c'est parce que Paris s'est défendu qu'on veut lui retirer son titre de capitale.

M. Edouard Lockroy se dit curieux de savoir ce que ferait l'Assemblée à Carpentras, si le peuple nommait un gouvernement à Paris.

Ici, réponse précieuse : c'est justement dans le cas où il y aurait révolution à Paris, qu'il serait plus sain pour l'Assemblée d'être à Carpentras!

M. Cumont, un décentralisateur à outrance, est nommé commissaire.

11e *bureau*. — M. Brun (de l'Ain) veut bien accepter Versailles comme une étape, mais non comme un but.

Victor Hugo n'admet pas que la souveraineté politique de Paris soit mise en discussion. Paris est le centre absolu et nécessaire. Ajourner le retour à Paris, c'est outrager Paris. Outrager Paris, c'est commettre un crime de lèse-majesté nationale.

Résultat du scrutin :

Pour M. L. Brun : 20 voix.
Pour M. Victor Hugo : 17.

L'ASSEMBLÉE NATIONALE ET PARIS

Nous avons indiqué sommairement dans notre introduction l'effet déplorable que produisit sur la nerveuse population de Paris le vote de l'Assemblée contre son retour dans la capitale.

La presse parisienne tout entière protesta avec les représentants de la Seine contre ce vote de méfiance, qui attira même sur l'Assemblée le blâme des journaux étrangers.

La question est encore pendante, puisque, à l'heure où nous écrivons, il n'est pas encore question du retour des députés à Paris. Il ne nous paraît pas hors de propos de donner ici, comme preuve de ce que nous avons affirmé, des extraits de divers journaux et des protestations des représentants de la Seine et de l'un d'eux en particulier, M. Edgar Quinet.

LA CLOCHE

C'est une idée puérile, j'ajoute que c'est une idée peu loyale, que de vouloir tenir plus longtemps l'Assemblée nationale hors de Paris.

Il est puéril d'avoir peur de quelques hâbleries. Il n'est pas français de redouter quelques malheureux qui ne se sont pas encore consolés du siége.

Craindre la pression de certains clubistes, c'est outrager la majorité de Paris, qui a du bon sens.

Craindre l'influence généreuse et essentiellement républicaine de Paris tout entier, c'est outrager la souveraineté même de la nation, pour laquelle deux millions d'âmes ont souffert et sont prêts à souffrir encore, dans Paris.

Que l'Assemblée y prenne garde ! Elle va se décapiter.

Paris ne pardonnera pas l'insulte qu'on lui fait, et les représentants qui diffèrent de venir maintenant ne viendront jamais.

L'Assemblée n'a pas plus le droit de se retirer sur un mont Aventin que la Commune n'a le droit de s'installer à Belleville ou aux Batignolles.

De part et d'autre, il y a défiance et sédition contre Paris ; c'est aux députés de Paris à le dire, au lieu de s'amuser à de petites sécessions de détail, dans cette grande Assemblée sollicitée par le vertige d'une sécession générale.

Louis ULBACH.

LE MOT D'ORDRE

L'idée de transporter le siége du Gouvernement hors de Paris n'est pas nouvelle ; ces ruraux n'ont même pas l'originalité dans la sottise.

En 1848, — les réactionnaires de la Constituante avaient eu également de violentes démangeaisons d'aller siéger à Fouilly-les-Oies, et voici en quels termes la *Démocratie pacifique* répondait à ces vœux anti-patriotiques :

« ..... Oui, ils ont peur de Paris révolutionnaire, ces exhumés de toutes les monarchies, condamnés à fonder une République. Ils se remémorent avec épouvante le 14 juillet 1789, le 10 août 1792, le 21 janvier 1793, le 29 juillet 1830, le 24 février 1848, ces ineffaçables étapes de la Révolution, et pour raffermir leurs courages effarés, ils vont se réfugier... où ? Dans la ville même où s'est levée la Révolution.

Paris, qui fait les révolutions, est une ville maudite dont les provinces ne sauraient trop se méfier. Le Minotaure des bords de la Seine dévorerait l'Assemblée constituante, comme il a dévoré successivement trois royautés.

Hélas! il faut en finir avec le monstre de la centralisation, dont la devise est : *Rien par la France!* — « Ne permettons pas, disent les derniers échos de l'opinion légitimiste, que le siége de l'Assemblée nationale soit, à Paris, à la merci de trois cent mille communistes ; mais transportons-le sur les rives de la Loire, sous les ombrages de quelque gothique château, où nous pourrons remettre en question, à notre aise, la République de 1848, sans crainte d'être troublés autrement que par le chant des oiseaux. »

Paris est une grande ville, ce n'est pas une patrie, c'est le centre de la France, ce n'est pas la France. Il n'y a pas de Parisiens proprement dits, il n'y a que des Français habitant Paris, mais qui tiennent, par les relations les plus intimes, à toutes les parties de la nation française.

Ne cherchez donc pas à nous diviser en faisant accroire aux simples et aux ignorants que l'intérêt de Paris diffère de l'intérêt de la province et que la capitale est à la merci d'une multitude dirigée par quelques meneurs.

Par cela même qu'on vit à Paris, au centre de la France, au foyer de la civilisation, le peuple parisien est le plus éclairé de tous les peuples. Il a la conscience de sa valeur morale, sachant que, lorsqu'il parle, le monde se recueille pour l'écouter, et que lorsqu'il marche le monde s'ébranle pour le suivre.

Que ceux donc qui sont décidés à combattre franchement pour le triomphe de l'humanité ; que ceux qui désirent la constitution d'un ordre social définitif, ne craignent pas de voir Paris rester le siége de l'Assemblée. Si le peuple assiste à cette Assemblée, ce sera en esprit principalement. Sa pensée planera sur le nouveau cénacle et donnera à ceux qu'elle embrasera le don des langues, c'est-à-dire l'éloquence irrésistible qui fera triompher le droit de tous et saura concilier tous les intérêts.

La République, une et indivisible, ne voudrait pas plus des muets de Constantinople, que la France démocratique n'a voulu, sous le dernier règne, des eunuques de Bas-Empire. »

THE TIMES

L'Assemblée a pris ce qu'elle croit être une mesure de prudence, mais nous pensons qu'en cette occasion, comme en bien d'autres, la vraie prudence consiste à faire face au danger. Nous connaissons les raisons qu'on fait valoir contre le retour à Paris, et notre correspondant de Bordeaux nous apprend que la majorité les tient pour bonnes ; mais M. Thiers se prononce en faveur de la capitale : seulement il ne croit pas devoir user de son influence pour vaincre sur ce point l'opposition de la majorité.

. . . .

En se retirant à Versailles, on laisse le champ libre à Belleville, tandis qu'en siégeant à Paris on peut enrayer instantanément les velléités insurrectionnelles.

Le choix de Fontainebleau aurait été une provocation à établir un gouvernement rival, mais Versailles est trop près de Paris, et en même temps trop loin pour qu'il soit désirable d'y résider. Si l'on avait cru ne pas pouvoir siéger à Paris, on aurait dû s'éloigner davantage, car on n'a pas oublié qu'à une époque où les communications n'étaient pas faciles, la population parisienne a pu venir chercher Louis XVI à Versailles.

Du reste, malgré tout ce qu'on peut dire contre Paris, cette ville, comme Londres, devra continuer à être la tête de la nation. C'est vers la capitale que gravitent les intelligences les plus distinguées: la littérature, les arts, les sciences, la politique, la législation y ont leur centre naturel. Un mode défectueux de représentation peut grossir en apparence la force réelle des éléments révolutionnaires que Paris renferme; mais il n'en reste pas moins vrai que toutes les forces vives de la France, forces bienfaisantes ou malfaisantes, s'y rencontrent.

Si, comme on semble le croire à Bordeaux, il y a un antagonisme permanent entre la capitale et la province, ce serait précisément une raison pour réunir l'Assemblée à Paris, dût-elle s'appuyer sur la force pour réprimer des tentatives insurrectionnelles.

. . . .

La crise est, au demeurant, profonde, et nous ne désirerions pas préjuger les actes futurs de l'Assemblée française; mais la précipitation, l'intolérance, l'étroitesse d'esprit qu'elle déploie, sont de mauvais augure. Nous espérons que l'Assemblée deviendra plus sage et plus calme quand la présente période d'agitation sera passée ; toutefois, les excitations du moment n'auraient fait qu'affermir un corps composé d'éléments plus consistants. Ce n'est donc pas sans une certaine anxiété qu'on se demande si l'Assemblée est à la hauteur de son immense tâche, tâche qui doit être accomplie, et bien accomplie, pour que la France soit tranquille et obtienne la sécurité dont elle a besoin.

A NOS MANDANTS ÉLECTEURS DE LA SEINE

Le compte rendu de la séance du 10 mars vous a dit avec quelle énergie nous avons insisté pour la translation de l'Assemblée nationale à Paris. Nous avions hâte d'être au milieu de vous.

Nous avons du moins contribué à déjouer le projet de donner pour résidence à l'Assemblée la ville de Fontainebleau.

Inutile d'ajouter que si, plus tard, on venait proposer de changer la résidence provisoire de Versailles en résidence définitive, cette atteinte au droit de Paris, seule capitale possible de la France, rencontrerait de notre part une résistance inflexible.

En attendant, et vu l'état déplorable où l'Empire a jeté notre pays, nous croyons nécessaire d'éviter tout ce qui pourrait donner lieu à des agitations, dont ne manqueraient pas de profiter nos adversaires politiques et les envahisseurs de la France, encore campés sur son territoire.

Nous estimons, en outre, que notre présence au poste que vos suffrages nous ont assigné ne saurait être inutile, soit qu'il s'agisse de consolider la République, soit qu'il y ait à la défendre.

Sauvegarder la République, hâter la délivrance du sol français, voilà les deux grands intérêts du moment.

La République! Nous la servirons en restant sur la brèche, jusqu'à ce que l'Assemblée actuelle, nommée pour trancher la question de paix ou de guerre et pourvoir aux nécessités résultant de sa décision, fasse place à une Assemblée constituante.

La France! Nous la servirons, en nous gardant de tout ce qui serait de nature à amener des conflits dont, nous le répétons, nos ennemis du dedans et du dehors n'auraient que trop sujet de se réjouir.

Telle est, chers concitoyens, la ligne de conduite que nous nous sommes tracée. Nous avons l'espoir que vous l'approuverez.

Peyrat. — Edmond Adam. — Edgar Quinet. — Schœlcher. — Langlois. — Henri Brisson. — Greppo. — Tolain. — Gambon. — Lockroy. — Jean Brunet. — Floquet. — Tirard. — Clémenceau. — Martin Bernard. — Farcy. — Louis Blanc.

LETTRE DE M. EDGAR QUINET

Bordeaux, 11 mars 1871.

Puisque l'on met en suspicion le peuple de Paris, je viens témoigner de ce que j'ai vu en des jours mémorables.

J'ai assisté au siége de Paris, et pendant ces cinq mois, ce qui m'a frappé et étonné, c'est le calme, la tranquillité d'âme, la sérénité héroïque de cette immense population, au milieu de tant de dangers et de causes d'émotions et de troubles : batailles, bombardement, famine, isolement du reste de la terre.

Un peuple, si maître de lui, si docile à la raison, en des jours pareils, voilà ce qui fera éternellement l'admiration du monde. Car cela ne s'est pas encore vu, que je sache, à aucune époque de l'histoire.

Paris a bien mérité de la France et de la civilisation. C'est le sentiment unanime de l'Europe et même de nos ennemis.

Vous sembleriez proclamer le contraire, si vous transportiez ailleurs qu'à Paris le siége de l'Assemblée.

Votre présence dans la capitale signifiera : gloire à l'héroïsme, reconnaissance, confiance ; et ce langage sera compris.

Mais en choisissant une autre ville pour y siéger, vous paraitrez tenir Paris pour suspect et vouloir le punir.

Le punir ! Et de quoi ? De son héroïsme ? Tout le monde y applaudit. D'avoir fait la révolution du 4 septembre ? Vous-mêmes venez de sanctionner cette révolution en confirmant la déchéance de la dynastie renversée le 4 septembre.

Pensez que la France est non-seulement envahie, mais mutilée, démembrée.

Prenez garde de la décapiter.

Edgar Quinet.

ACTION ET RÉACTION

DÉPÊCHES DU GOUVERNEMENT

A côté des dépêches que nous avons publiées dans l'*Introduction*, d'après le *Journal officiel* du Comité, s'en trouvaient d'autres. Nous croyons utile d'en reproduire ici quelques-unes, afin que le lecteur se rende bien exactement compte de ce que faisaient le Gouvernement et l'autorité militaire.

Bordeaux, le 4 mars 1871, 4 h. 10 m.

Chef Pouvoir exécutif à M. Jules Favre, Paris.

Vous n'avez donc reçu ni mes lettres, ni mes dépêches télégraphiques, à en juger d'après ce que vous m'écrivez. M. le général d'Aurelles est parti hier, et doit être à Paris maintenant.

Trois divisions, représentant 36,000 hommes, sont en marche vers Versailles, les unes par Nantes, les autres par Chartres. Obtenez l'évacuation de Versailles ; l'Assemblée ne voulait pas revenir à Paris, et ne le veut pas encore ; mais elle ira, s'il le faut, à Versailles, tout en préférant Fontainebleau. Or, nous ne pouvons pas nous séparer d'elle sans de grands périls pour elle et pour nous, et sans manquer à tous nos devoirs.

Lorsque les événements seront plus clairs, nous la ferons partir, et nous la suivrons. Nous allons vous renvoyer Picard et un ou deux de nos collègues. Le général Vinoy a bien fait de ne pas aller attaquer les Gobelins, et de ne pas s'exposer à être séparé du gros de ses forces. Il n'est pas possible que la garde nationale n'intervienne à son tour, et ne fasse cesser les désordres qui vous inquiètent. — Si elle ne le fait point, nous le ferons ; mais les troupes, même en chemin de fer, ne peuvent pas aller aussi vite que vous le supposez. Croyez qu'en fait de choses pareilles, rien ne sera négligé.

A. Thiers.

Paris, 4 mars 1871, 1 h. matin.

Général Vinoy à guerre Bordeaux.

Si vous avez une division prête, envoyez-la-moi, car un mouvement insurrectionnel sérieux s'organise publiquement. Gardes nationaux de Montmartre, la Chapelle, Belleville et Mouffetard désarment les gardiens de la paix, pillent munitions et canons de remparts. Effectif trop faible pour attaquer ou protéger efficacement.

Vinoy.

Bordeaux, 5 mars 1871, 8 h. 40.

Chef pouvoir exécutif à général Suzanne, ministre guerre intérim, Paris.

Soyez tranquille, quant aux renforts; deux colonnes arrivent, l'une du Havre à Cherbourg, à Mantes, 5 mars; l'autre du Mans, de Poitiers à Chartres; deux officiers ont été envoyés : M. Dulon à Nantes, M. Bermont à Chartres, pour recevoir ces colonnes et les diriger sur le point que vous indiquerez. Si Versailles n'était pas libre, envoyez au-devant d'elles pour les diriger où vous jugerez convenable, peut-être à Saint-Germain. Mon avis est de ne pas les jeter dans le sein de la population, mais de les établir à l'Ecole-Militaire, au Champ de Mars, aux Invalides, dans les Tuileries bien fermées.

En réoccupant successivement, avec les anciennes troupes du général Vinoy, les postes abandonnés, on reprendra ainsi Paris peu à peu. J'approuve tout à fait la manière d'opérer du général Vinoy, consistant à ne pas éparpiller les troupes et à ne pas brusquer l'emploi de la force.

Les tapageurs vont se diviser, se fatiguer, et, pendant ce temps, nos renforts arriveront. L'Assemblée doit se transporter près de Paris, non à Paris même; elle aura 6,000 hommes avec elle, les deux colonnes de Mantes et de Chartres seront de 30,000 hommes, total 40,000 hommes; avec cela on terminera le désordre, presque sans coup férir. Je n'interdis pas la force si elle est nécessaire; mais il ne faut l'employer qu'à propos, et, dans ce cas, avec la dernière énergie.

Lisez cette dépêche au général Vinoy, car elle est autant pour lui que pour vous.

Mes amitiés à lui et à vous.

A. THIERS.

Bordeaux, 6 mars 71. — 10.

Chef du Pouvoir exécutif à délégué Guerre, Paris.

Je suis bien heureux d'être d'accord sur tous les points avec vous et le général Vinoy.

Veillez bien à la réception des troupes et inspectez les pour vous assurer de leur composition et, s'il est possible, de leur esprit. Établissez-les de manière à laisser ensemble les brigades et même les divisions si vous pouvez. Traitez les troupes le mieux possible, quoi qu'il doive en coûter. Assurez-vous de leur nombre et faites-moi connaître l'instant de leur arrivée. Vous avez raison de faire occuper chaque fort par les troupes françaises au moment du départ des troupes allemandes.

Pour cela, tenez-vous bien informé du mouvement de l'évacuation, et si la garnison n'était pas prête, mettez en attendant un détachement de gendarmes.

Vous avez six forts de la rive gauche, 500 hommes par fort suffiraient, il me semble (3,000 hommes), et laisseraient plus de force pour Paris même. Du reste, c'est à vous à déterminer ces détails. Choisissez pour ces petites garnisons les troupes qui vous sembleront les moins bien organisées, et avoir besoin de renfermer.

Ayez un bon commandant responsable par fort, en

outre des officiers de troupes, pour qu'il ne change pas si on changeait de garnisons.

Faites avec les Prussiens les marchés de fusils dont vous me parlez, mais veillez à leur qualité et à leur prix. J'espère que l'arrivée des renforts fera une suffisante impression sur les molestations qui semblent se fatiguer et se diviser.

Chaque jour qui s'écoule est pour vous et contre eux. Ne livrons pas bataille. Légions bien résolues vigoureusement, si elles doivent donner. Mes amitiés au général Vinoy.

A. THIERS.

LE PRÉFET D'ILLE-ET-VILAINE

On lisait dans l'*Avenir*, de Rennes, du 6 mars :

Samedi, les bruits les plus lugubres circulèrent dans la ville de Rennes. On ne parlait de rien moins que d'une insurrection formidable à Paris, dont un quartier était entièrement détruit, disait-on. Des batteries d'artillerie étaient demandées en toute hâte à Rennes pour être dirigées sur la capitale.

Voilà ce que l'on disait, et les mesures militaires en question, ajoutaient des rumeurs qui paraissaient trop autorisées, s'exécutaient instantanément.

L'esprit public étant excessivement tendu, et l'inquiétude portée jusqu'au trouble, la préfecture avait cru devoir faire afficher l'avis suivant :

Les bruits les plus alarmants et les plus exagérés circulent dans la ville au sujet de la situation de Paris : il est du devoir de l'administration de faire connaître à la population la vérité tout entière.

Le général commandant la division a reçu la dépêche suivante, en date de Bordeaux, 4 mars, 10 heures 40 du matin :

Une insurrection criminelle s'organise dans ce moment à Paris. J'y envoie des forces qui, jointes à la garde nationale honnête de Paris et autres troupes régulières qui y sont encore réunies, comprimeront, je l'espère, cette odieuse tentative.

Il résulte des renseignements parvenus à la préfecture, que des mesures promptes et énergiques ont été prises pour prévenir et réprimer, s'il était nécessaire, toute tentative d'insurrection.

Rennes, 4 mars, 4 h. 30, soir.

Le préfet d'Ille-et-Vilaine,
Comte DE BARTHÉLEMY.

L'AFFAIRE DES GOBELINS

Le *Bien public* donne sur l'affaire des Gobelins des renseignements dont il garantit l'exactitude :

« Depuis quelques jours déjà le directeur de l'établissement était sollicité par la garde nationale du quartier de faire éloigner les anciens sergents de ville enrégimentés qui gardaient les galeries concurremment avec les douaniers ; on savait que des armes, de la poudre et des cartouches étaient emmagasinées dans les bâtiments. Hier, dans la journée, on vit sortir deux fourgons d'artillerie, et on s'imagina que l'on enlevait furtivement des munitions que la garde nationale de cet arrondissement considère comme sa propriété ; aussitôt trente à quarante officiers, à la tête des détachements des 102e, 184e, 185e et 176e bataillons se présentèrent chez le directeur, qui fit tous ses efforts pour calmer l'irritation ; il fut impossible toutefois de les empêcher de s'emparer de quelques fusils chassepots et munitions qui furent portés à la mairie, où se trouvent déjà dix-huit pièces de canon gardées à vue par la garde nationale. Quatre-vingt-six sergents de ville furent désarmés, mais aucune effusion de sang n'est à regretter.

» Ce qu'on peut constater, c'est que l'affaire est toute locale. »

LA PRESSE ET LES CANONS

Nous avons parlé de l'imprévoyance funeste de l'autorité militaire. A l'appui de ce que nous avons dit, nous croyons devoir publier ce passage d'un article du *Mot d'ordre* :

« A ce sujet, il serait utile de savoir quelles sont décidément les intentions de l'administration. La veille du 1er mars et le lendemain, plusieurs pièces du Luxembourg ont été délivrées à différents bataillons, *sur des ordres réguliers de la place*; parmi les canons restés au Luxembourg, plusieurs portent encore écrit à la craie le numéro d'un bataillon qui devait les venir chercher, ou cette mention : *A partir*.

» Depuis, M. Vinoy qui a signé ces ordres, et l'administration qui l'y a autorisé, semblent avoir tout oublié, et les gardes nationaux qui, il y a deux jours, obéissaient, en montant cette faction, à des instructions précises, sont accusés, en la continuant, de commettre un acte révolutionnaire. Il faudrait s'expliquer une bonne fois : le Gouvernement entend-il empêcher la réorganisation de l'artillerie de la garde nationale? »

Nous ajouterons qu'un ordre, de livrer 18 canons, également signé : *Vinoy*, fut présenté, par des gardes nationaux, dans les premiers jours de mars, à MM. C..., architecte à Versailles, et M..., auteur dramatique, de faction à l'entrée du parc de la place Wagram. Cet ordre fut déclaré valable par l'état-major, et les dix-huit canons réclamés furent livrés aux gardes nationaux, qui les emmenèrent à Montmartre.

On lisait dans la *Guienne*, du 4 mars :

« Au moment de mettre sous presse, le bruit s'accrédite, à Bordeaux, que les communications télégraphiques entre Paris et la province seraient interrompues, et qu'un mouvement insurrectionnel ayant éclaté dans la capitale, le général Vinoy se serait replié sur la rive gauche de la Seine. »

On lisait dans le *Journal de Bordeaux* :

« Des bruits très-graves circulent en ville. Les émeutiers de Belleville se seraient emparés de tous les faubourgs, à partir de la rue du Faubourg-Montmartre. Ils auraient barricadé tous ces quartiers et possédoraient trois cents canons, qu'ils ont pris aux remparts. La circulation serait interceptée.

» Le général Vinoy occuperait le faubourg Saint-Germain avec dix mille hommes et quatre canons seulement. Il y aurait eu cette nuit, un échange très-actif de télégrammes entre le gouvernement de Bordeaux et M. Jules Favre.

» Il y aurait eu conseil des ministres à trois heures du matin.

» Les renseignements nous manquent. On s'attendait à une lutte dans Paris.

» Nous reproduisons ces rumeurs sous les plus expresses réserves. »

D'autre côté, une correspondance de l'agence Havas du 4 mars, ajoutait à ces détails :

« Que va faire l'Assemblée ? Les avis sont singulièrement divergents. Les hommes qui, depuis longtemps, ont pris part à la direction des affaires, voudraient que sans perdre un instant, l'Assemblée partît pour Paris.

Prendre possession du siége du Gouvernement, faire comprendre à Paris qu'il ne sera pas destitué de son rôle de capitale, ce sont de véritables nécessités politiques. Se montrer énergiques, aller à son devoir, comme on va au feu, ce serait la conduite la plus prudente et la plus digne.

» D'autres répondent — la droite surtout — que jamais l'Assemblée ne jouira d'aucune sécurité si elle siége Paris ; et, plus que jamais, on propose Fontainebleau. Mais devant la gravité de la situation, il faudra bien prendre un parti. On s'attend à une communication du Gouvernement et à une délibération ardente.

» Il n'est pas exact que M. de Rochefort soit parti pour Paris. Il est encore à Bordeaux. Mais MM. Pyat et Malon sont partis hier soir. M. le général d'Aurelles de Paladine est probablement arrivé à Paris maintenant ; à moins qu'il n'ait dû s'arrêter en route pour donner des ordres et concentrer certains corps.

» Il y a, à cette heure, un conseil du Gouvernement. C'est là ce qui retarde l'ouverture de la séance. — On m'assure que M. Thiers fait maintenant (2 h.) une communication officielle dans les bureaux. — On a proclamé la Commune à Paris. — Il va se produire une interpellation sur ces événements.

» Les communications faites dans les bureaux par M. Thiers sont beaucoup moins alarmantes qu'on pouvait le craindre; il n'y a pas eu encore un coup de feu de tiré. Quelques bataillons de la garde nationale se sont armés et retranchés dans les quartiers de Belleville, la Villette, le faubourg du Temple. Le général Vinoy est avec ses troupes massées autour du Louvre et des Tuileries. Des sommations ont été faites aux insurgés; ils seront attaqués demain, s'ils n'abandonnent pas leurs barricades. On paraît croire que les insurgés ne défendront pas leurs positions.

» M. Thiers aurait indiqué de porter immédiatement

l'Assemblée à Paris, ou du moins tout auprès. Fontainebleau n'est pas un point acceptable, et si la Chambre ne rentre pas à Paris directement, ce serait à Versailles qu'elle se réunirait. Le départ serait fixé à quelques jours (cinq ou six jours). Il est probable que la séance d'aujourd'hui sera courte ; elle serait trop violente si la discussion s'engageait longuement. Les hommes les plus accrédités auprès de l'Assemblée vont de groupe en groupe réclamant le calme et le silence.

» La tentative d'insurrection de Belleville serait, dit-on, une protestation contre le vote du traité de paix. »

Le *Temps*, en reproduisant cette correspondance, ajoutait :

« Nos lecteurs de Paris seront quelque peu surpris de ces singulières révélations ; ils savent, en effet, qu'en dehors des incidents qui se sont produits vendredi dans le quartier des Gobelins, et l'occupation de quelques postes isolés par des gardes nationaux, Paris a conservé le calme le plus parfait.

» Il n'en est pas moins vrai que l'Assemblée de Bordeaux a pu croire la capitale en pleine insurrection. Nous lui ferons observer qu'elle échapperait à de semblables erreurs, si elle revenait tout simplement siéger à Paris, et nous ajouterons qu'il serait bien plus facile de prévenir ou de réprimer une insurrection à l'endroit même où elle se produit, qu'en s'en tenant éloignée de cent lieues. »

Le *Mot d'Ordre* :

Les habitants de Paris doivent être très-étonnés d'apprendre qu'il y a eu une révolution dans leur ville. Ils ne s'en seraient jamais doutés. Il est vrai que Paris, douloureusement indigné, a pris devant l'intrusion prussienne une attitude menaçante qui s'est changée en attitude de deuil : il est vrai qu'il y a eu des défilés de gardes nationaux sur la place de la Bastille; ce qui, pour être plus solennel et moins gai qu'une revue ordinaire, n'était pas plus inquiétant pour l'ordre. Mais est-ce qu'il y a dans tout cela l'ombre d'une révolution, ou même d'une émeute ?

Paris a été inquiet et sur la défensive le 1er mars, en deuil le 2 et le 3, et depuis il a repris son activité laborieuse que rien ne troublerait si le Gouvernement ne prétendait pas établir son autorité comme il a fait la paix, c'est-à-dire à tout prix, et s'il laissait les municipalités, seuls légitimes représentants de la cité, organiser l'ordre et les services publics.

Il y a dix-huit cent mille témoins qui savent qu'il n'y a eu à Paris ni révolution ni tentative de révolution. Pourquoi faire ? Pourtant, malgré le démenti qui peut leur être infligé par ces dix-huit cent mille témoins, les membres du Gouvernement qui résident à Paris ont envoyé à leurs collègues des dépêches qui leur annonçaient que la capitale de la France était en pleine révolution. La nouvelle en a été publiée à Bordeaux, d'où elle s'est répandue dans tout le pays, qui s'imagine peut-être que depuis trois jours on s'égorge dans les rues alors qu'on ne s'y est jamais promené avec plus de sécurité.

Nous savons de source certaine que le Gouvernement, sous prétexte de réorganiser la garde nationale, va commencer par lui prendre ses fusils.

Le général d'Aurelles de Paladine se prépare à publier un arrêté licenciant tous les bataillons actuellement existants et ordonnant aux gardes, sous des peines sévères, de rapporter leurs armes dans les quarante-huit heures.

Cette fois encore, les capitulards diront que c'est la garde nationale qui a commencé.

Quoi qu'il arrive, nous ne saurions trop engager la

garde nationale à demeurer calme devant ces provocations sans excuse.

Il est certain qu'on veut de nouvelles journées de Juin pour égorger la République ; mais nous ne la laisserons pas glisser dans le sang.

Aujourd'hui, la République n'est pas seulement le droit, la République est *la loi !*

Tant que la République sera debout, les républicains se tiendront sur la défensive ; aucune insulte, aucune provocation ne les troublera de leur impassibilité hautaine, et nous en sommes fermement convaincus, ils se renfermeront dans la légalité, comme dans une forteresse inexpugnable.

L'OFFICIEL ET LA CLOCHE

On lit dans le *Journal officiel* :

Une note insérée au *Journal officiel* du 4 mars a justement condamné les actes d'insubordination des gardes nationaux qui, sous l'impulsion d'un comité central anonyme, se sont emparés d'armes et de munitions de guerre.

Plusieurs bataillons de la garde nationale, entre autres ceux de l'arrondissement de Passy, se sont émus de cette interprétation donnée aux mesures qu'ils avaient cru devoir prendre pour soustraire à l'ennemi des objets affectés à la défense et appartenant à l'État.

Ils ont agi de leur propre mouvement, sans obéir à des influences illégales ; le but qu'ils se proposaient était donc bien réellement de sauvegarder des propriétés de l'État et non d'en faire un usage non autorisé par leurs chefs. Ils tiennent à le constater, et nous les en félicitons.

A propos de cette même note du 4 mars dont parle le

Journal officiel, la *Cloche* publiait sous ce titre : LA PAIX DE LA CITÉ, un long article de M. Frédéric Lock, dont nous extrayons ces lignes :

La trace de cette mauvaise éducation perce encore dans la note officielle, provenant évidemment du ministère, sinon du ministre de l'intérieur. C'est encore le style et l'esprit du temps des Pinard et des Piétri.

Il n'avait certainement pas vu Paris dans les journées de lundi et de mardi le rédacteur officiel, qui ne voit les gardes nationaux agir que sous prétexte de soustraire les canons à l'ennemi.

Il n'y avait pas là de « prétexte; » c'était la pensée vraie, l'inspiration sincère des gardes nationaux, qui se trompaient peut-être sur le danger menaçant les pièces, mais chez qui il était bien naturel de ne vouloir pas laisser tomber aux mains de l'ennemi ces canons que la population parisienne avait payés de ses deniers, qui avaient été fabriqués par l'industrie parisienne, que la garde parisienne avait offerts elle-même au Gouvernement avec de patriotiques espérances si cruellement déçues. Elle voulait les sauver, elle était résolue à les défendre contre l'ennemi : qui donc oserait l'en blâmer?

Nous n'aimons pas ces incriminations qui tombent presque toujours à faux, ces rapprochements forcés et trompeurs entre des faits que rien ne rattache logiquement les uns aux autres. C'est là un vieux bagage officiel de monarchie qu'il faut rejeter où vont les vieilles défroques et les empereurs avilis.

Le danger, s'il y en a eu, est passé. Adressez-vous donc à la raison, au patriotisme, à l'intelligence que vous avez eu tant d'occasions de reconnaître, que vous proclamez encore aujourd'hui être le caractère du peuple parisien; invitez-le, d'une parole amicale, à remettre ces canons, dont la patrie aura besoin un jour, à l'autorité qui est légalement chargée d'en assurer la conservation et l'entretien. Parlez en citoyen à des citoyens, et vous serez entendu, écouté, obéi.

Paris, qui a fait taire ses plus justes colères pour nous conserver Belfort, saura différer ses plus légitimes impatiences pour envoyer un rayon d'espoir à nos frères d'Alsace, de Metz, de Strasbourg.

Nos ennemis, d'ailleurs, veillent encore : la Prusse ne nous a pas épuisés autant qu'elle le voulait ; la bande bonapartiste n'a pas perdu l'illusion de remettre la main sur la France, qu'elle a si bien exploitée pendant vingt ans. L'un et l'autre ennemis ont les yeux sur nous : des discordes intestines leur fourniraient l'occasion d'intervenir dans nos affaires intérieures, sous prétexte de rétablir l'ordre.

Qu'il nous souvienne que les intrigues bonapartistes ont su tourner à leur profit les sentiments très-divers qui ont jeté républicains contre républicains dans les funestes journées de juin 1848 : c'est un enseignement qui doit porter fruit.

PROROGATION DES ÉCHÉANCES

Le Syndicat général de l'Union nationale du Commerce et de l'Industrie, composé des bureaux de soixante chambres syndicales et représentant sept mille commerçants, se réunit deux fois, les 3 et 6 mars, pour examiner la situation du commerce parisien. Après une longue et sérieuse discussion, l'assemblée adopta la rédaction de la pétition suivante qui fut adressée à l'Assemblée nationale à Bordeaux.

A MM. les députés composant l'Assemblée nationale à Bordeaux.

Messieurs,

Les soussignés, membres du Syndicat général de l'Union du Commerce et de l'Industrie, ont l'honneur de vous présenter respectueusement les considérations suivantes :

Pendant la longue et douloureuse épreuve que la France vient de subir, le législateur a compris qu'il fallait accorder des délais pour le payement des effets de commerce créés avant la crise et il a successivement promulgué des décrets fixant de nouvelles échéances. Ces décrets ont un caractère tout à fait de circonstance et le dernier laisse même pressentir la nécessité d'une loi qui doit régler définitivement la situation.

D'après ce dernier décret, toutes les valeurs en souffrance dont l'échéance a été successivement ajournée, deviendraient exigibles le 13 mars. Il n'est pas un seul esprit pratique qui ne comprenne sur-le-champ l'impossibilité d'appliquer une telle disposition. A peine les chefs de maisons de commerce auront-ils eu le temps de reprendre leurs travaux, de revoir leurs livres et à plus forte raison de réunir les ressources nécessaires au solde de l'arriéré. Il ne faut pas perdre de vue qu'un grand nombre d'entre eux étaient absents au moment de l'investissement de la Capitale et ne seront pas même de retour à Paris le 13 mars courant.

Partout en France le commerce a été paralysé ; dans un grand nombre de départements il a été complètement anéanti. Il renaîtra, nous en avons le ferme espoir; mais il lui faut du temps, il lui faut des facilités pour remplir ses engagements.

Il est donc indispensable qu'un nouveau et dernier délai soit accordé.

Dans votre sagesse, vous apprécierez quel doit être ce délai final.

Nous pensons qu'il suffirait d'accorder quatre-vingt-dix jours à dater du 13 mars pour toutes valeurs en souffrance avant le 13 août 1870.

Mais il ne nous paraît pas possible d'admettre tous les effets à une seule échéance, car le commerce ne pourrait sans un grave préjudice subir la liquidation de l'énorme quantité de valeurs restées en souffrance. Il faut donc que les payements soient échelonnés et que les valeurs qui étaient payables avant le 13 août ne puissent être protestées et donner lieu à poursuites avant le 13 juin 1871; celles payables du 13 août au 13 septembre 1870, qu'aux époques correspondantes du 13 juin 1871 au 13 juillet 1871. Enfin toutes les autres deviendront exigibles aux termes correspondants du 13 juillet au 13 août 1871, c'est-à-dire de mois en mois.

La cessation de payement d'un débiteur entraînant la faillite, il y aurait dans ce cas déchéance du terme accordé par le législateur, et la faillite serait reportée de droit à la date du premier décret de sursis, de telle sorte que l'intégralité de l'actif puisse être répartie entre tous les créanciers.

En ce qui touche les intérêts afférents à chaque engagement, tout en respectant ce qui est de droit commun, le syndicat général a l'honneur de vous faire observer que, toute vie commerciale et industrielle ayant cessé depuis le commencement des hostilités, il émet, en outre, le vœu qu'il ne soit dû d'intérêts pour les opérations du commerce et de l'industrie qu'à partir du 13 mars 1871.

Les soussignés ont l'honneur d'être, avec une haute et respectueuse considération,
Vos très-humbles serviteurs.

(*Suivent les signatures.*)

Les chambres de commerce du Havre et de Rouen protestèrent également contre cette loi ruineuse.

LE DÉCRET VINOY

M. le général Vinoy vient de toucher à la liberté de la presse.

C'est l'acte le plus imprudent qui ait été commis depuis le 4 septembre ; c'est aussi l'injure la plus grave adressée à la ville de Paris.

Un ancien sénateur de l'Empire qui voudrait faire haïr la République, renier la liberté, ne s'y prendrait pas autrement ; et quand M. Thiers vient de rapprocher avec tant de peine l'Assemblée de Paris, laisser croire que la presse parisienne complote une émeute, c'est encourager la défiance de quelques provinciaux effarés, c'est agrandir le schisme, c'est envenimer la question (1).

Nous ne sommes pas suspects. Aucun des journaux supprimés n'avait nos principes et nos sympathies ; mais nous les regrettons comme des adversaires indispensables. Le moyen de faire dédaigner la modération c'est de la changer en privilége.

Nous serons désormais plus embarrassés pour prêcher l'union, l'ordre, la soumission aux lois, tant que ceux

(1) On remarquera que nous n'extrayons nos citations que des journaux modérés, laissant de côté les journaux radicaux justement suspects.

qui prêchaient le contraire seront étouffés par la botte d'un soldat.

La République du bon sens, que nous défendons, est atteinte dans sa dignité, dès qu'on peut croire qu'il lui faut la force brutale pour se maintenir et pour persuader.

Le général Vinoy avait d'autres conquêtes à faire sur les Prussiens que la conquête de leurs procédés de dictature. Il est bien tard pour leur emprunter des méthodes de discipline.

Nous protestons avec énergie contre cet abus de l'état de siége, et nous espérons que la presse tout entière, sans distinction de cocarde, protestera comme nous.

(La Rédaction de la Cloche.)

Tous les journaux, sans distinction d'opinions, blâmèrent la mesure radicale du général Vinoy.

PROCLAMATIONS DU GOUVERNEMENT

RÉPUBLIQUE FRANÇAISE

Les faits les plus regrettables se sont produits depuis quelques jours et menacent gravement la paix de la cité. Des gardes nationaux en armes, obéissant, non à leurs chefs légitimes, mais à un Comité central anonyme qui ne peut leur donner aucun ordre sans commettre un crime sévèrement puni par les lois, se sont emparés d'un grand nombre d'armes et de munitions de guerre sous prétexte de les soustraire à l'ennemi dont ils redoutaient l'invasion. Il semblait que de pareils actes dussent cesser après la retraite de l'armée prussienne. Il n'en a rien été : ce soir le poste des Gobelins a été forcé et des cartouches ont été pillées.

Ceux qui provoquent ces désordres assument sur eux une terrible responsabilité ; c'est au moment où la ville de Paris, délivrée du contact de l'étranger, aspire à reprendre ses habitudes de calme et de travail qu'ils sèment le trouble et préparent la guerre civile. Le Gouvernement fait appel aux bons citoyens pour étouffer dans leurs germes ces coupables manifestations.

Que tous ceux qui ont à cœur l'honneur et la paix de la cité se lèvent ; que la garde nationale, repoussant de perfides instigations, se range autour de ses chefs et prévienne des malheurs dont les conséquences seraient incalculables. Le Gouvernement et le général en chef sont décidés à faire énergiquement leur devoir, ils feront exécuter les lois ; ils comptent sur le patriotisme et le dévouement de tous les habitants de Paris.

3 mars 1871.

Le ministre de l'intérieur,
Ernest PICARD.

Avant de quitter Paris, le Gouvernement avait jeté un dernier cri d'appel à la population, qui n'y répondit pas sur-le-champ par la cause que nous avons développée dans l'Introduction. Nous n'avons pas cru devoir donner dans le texte ces deux pièces nécessaires ; mais qui n'eurent malheureusement pas le résultat qu'on en attendait :

RÉPUBLIQUE FRANÇAISE

Gardes nationaux de Paris,

On répand le bruit absurde que le Gouvernement prépare un coup d'État.

Le Gouvernement de la République n'a et ne peut avoir d'autre but que le salut de la République. Les mesures qu'il a prises étaient indispensables au maintien de l'ordre : il a voulu et il veut en finir avec un comité insurrectionnel dont les membres, presque tous inconnus à la population, ne représentent que les doctrines communistes et mettraient Paris au pillage et la France au tombeau, si la garde nationale et l'armée ne se levaient pour défendre d'un commun accord la Patrie et la République.

Paris, le 18 mars 1871.

THIERS. — DUFAURE. — E. PICARD. — J. FAVRE. — J. SIMON. — POUYER-QUERTIER. — Général LE FLÔ. — POTHUAU. — LAMBRECHT. — DE LARCY.

RÉPUBLIQUE FRANÇAISE

A LA GARDE NATIONALE DE LA SEINE.

Le Gouvernement vous appelle à défendre votre cité, vos foyers, vos familles, vos propriétés.

Quelques hommes égarés, se mettant au-dessus des lois, n'obéissant qu'à des chefs occultes, dirigent contre Paris les canons qui avaient été soustraits aux Prussiens. Ils résistent par la force à la garde nationale et à l'armée.

Voulez-vous le souffrir ?

Voulez-vous, sous les yeux de l'étranger, prêt à profiter de nos discordes, abandonner Paris à la sédition ?

Si vous ne l'étouffez pas dans son germe, c'en est fait de la République et peut-être de la France !

Vous avez leur sort entre vos mains.

Le Gouvernement a voulu que vos armes vous fussent laissées.

Saisissez-les avec résolution pour rétablir le régime

des lois, sauver la République de l'anarchie, qui serait sa perte; groupez-vous autour de vos chefs : c'est le seul moyen d'échapper à la ruine et à la domination de l'étranger.

Paris, le 18 mars 1871.

Le général commandant supérieur des gardes nationales,
D'AURELLES.

Le ministre de l'intérieur,
ERNEST PICARD.

OCCUPATION DES MAIRIES

MAIRIE DU IVe ARRONDISSEMENT

On lit dans l'*Opinion nationale* :

« On se rappelle que le Comité qui prétend gouverner Paris a délégué M. Tony Moilin pour remplacer, au 6e arrondissement, MM. Hérisson, maire, et Albert Leroy, adjoint, quoique ceux-ci eussent été élus par le suffrage universel. Par un coup de surprise, M. Tony Moilin avait pris possession de la mairie de la place Saint-Sulpice et expulsé les seuls titulaires légaux.

» Hier, 21 mars, vers deux heures de l'après-midi, M. Albert Leroy fut réintégré dans ses fonctions par les gardes nationaux du quartier de la manière la plus paisible. Cela fait, il ne demanda, pour appuyer son droit et faire respecter moralement tout au moins le suffrage universel, qu'un poste de 100 gardes, qui ne tardèrent pas à être réunis à la mairie.

» Cependant des bruits de la menace d'une descente de bataillons étrangers à l'arrondissement ne tardèrent pas à se répandre. Avec des républicains dévoués à l'ordre en même temps qu'à la liberté, je courus à la mairie me placer près du seul représentant réel de l'autorité, et je crois remplir un devoir civique en disant ce qui s'est passé.

» Après le passage de la manifestation en faveur de l'ordre, vers quatre heures et demie, le 186ᵉ bataillon, qui est, dit-on, de Belleville, vint occuper la rue de Rennes à la hauteur de la rue du Vieux-Colombier, en vue de la place Saint-Sulpice. Prévenu, M. Albert Leroy signa l'ordre de convoquer les neuf bataillons de l'arrondissement.

» A peine un commencement d'exécution de cet ordre avait-il pu avoir lieu, que l'on entendit le tambour et le clairon et qu'on vit déboucher par la rue Saint-Sulpice et marcher contre le poste de la mairie, M. Lullier, à cheval, accompagné de quelques officiers également à cheval, et conduisant deux bataillons, dont l'un, le 120ᵉ, marchait en tête. Le 186ᵉ, à ce signal, déboucha à son tour par la rue du Vieux-Colombier, et joignit son action aux deux autres. M. Lullier, se trouvant ainsi à la tête de plus de deux mille hommes, marcha contre les cent hommes du poste.

» Les portes de la mairie furent fermées. Je restai devant mes camarades de la garde nationale. M. Lullier poussa son cheval jusque sur moi, et alors que ses hommes nous entouraient, brandissant son sabre :

» — Que le chef de la mairie descende et vienne ici ! s'écria-t-il.

» — De quel droit intimez-vous cet ordre ? répondis-je avec plusieurs autres.

» — Je suis Lullier, général en chef de la garde nationale.

» — Ce ne serait pas une raison pour donner des ordres à un maire. Mais qui vous a nommé général ?

» — Le Comité central de la garde nationale de Paris, reconnu par 215 bataillons de la garde nationale.

» — Non, cela n'est pas ; nous ne reconnaissons pas

le Comité, et il n'y a eu d'ailleurs aucune convocation régulière des gardes nationaux pour le nommer.

» — Mille tonnerres de Dieu ! cria de nouveau M. Lullier en brandissant son sabre au-dessus de ma tête, ouvrez vite cette mairie, ou je l'enfonce à coups de canon.

» Pendant ce temps, les gardes qui suivaient M. Lullier s'approchaient la baïonnette en avant ; d'autres qui avaient entouré le petit poste, frappaient à coups de crosse contre les portes ; quelques-uns entreprenaient l'escalade et commençaient la prise d'assaut.

» — De grâce, évitez l'effusion du sang, m'écriai-je. Respectez aussi le suffrage universel qui a élu les républicains que vous voulez chasser de la mairie où ils sont légalement.

» — Que m'importe? vociféra M. Lullier avec les plus gros jurements, Je massacrerai 100,000 hommes s'il le faut; je ne laisserai pas pierre sur pierre dans cet arrondissement réactionnaire. Je ferai un exemple nécessaire.

» Quelques-uns de ses hommes ajoutèrent :

» — Nous désarmerons les bataillons de ce quartier. S'ils résistent, gare à eux.

» A ce moment, deux officiers du 120e me mirent en état d'arrestation au milieu d'un peloton. Mais une minute à peine s'était écoulée que les portes de la mairie ayant cédé, le flot des envahisseurs se précipita en avant, et j'eus la chance d'être lâché. Je me retirai sur les derrières, et j'assistai à la violation du suffrage universel par ceux-là mêmes qui le convoquent pour demain.

» Je dois ajouter que M. Albert Leroy put échapper à la colère des envahisseurs qui, ayant installé un piquet à la mairie, montèrent vers le Luxembourg, dont ils chassèrent aussi les gardes nationaux du 6e arrondissement, après que M. Lullier eût commandé d'armer aux hommes de sa troupe, dont il avait déployé une partie en tirailleurs.

» Entre temps un bataillon du quartier, le 193ᵉ, avait pu réunir environ 400 hommes qui, bravement, vinrent s'établir sur la place Saint-Sulpice, en face du piquet de Belleville. Sa bonne tenue ou peut-être un ordre provenant d'un remords de l'attentat finirent par engager les hommes de M. Lullier à s'en aller dans la soirée.

» Le 6ᵉ arrondissement est maintenant rentré en possession de sa mairie.

» J'affirme les exécrables paroles prononcées par M. Lullier, à la tête de ceux dont il se dit le général ; j'ai certainement adouci son horrible langage ; je n'ai rien exagéré. Les menaces d'exécution sommaire dont je suis l'objet ne sauraient peser sur ma volonté et m'empêcher de faire mon devoir. Absolument dévoué à la République, je ne reconnais de pouvoir que celui émané du suffrage universel ; à ce titre, l'Assemblée nationale a seule aujourd'hui le droit de commander au pays ; à elle seule, tout citoyen digne de ce nom doit obéir.

» J.-A. BARRAL. »

La mairie du 6ᵉ fut réoccupée le lendemain matin par le Comité.

RÉPUBLIQUE FRANÇAISE

MAIRIE DU IXᵉ ARRONDISSEMENT

Désignés par le suffrage universel pour remplir les fonctions de maire et adjoints, nous sommes restés à notre poste tant que nous avons pu exercer l'autorité mise en nos mains par la libre confiance des électeurs.

L'envahissement de notre mairie par une force militaire étrangère au 9ᵉ arrondissement met en ce moment obstacle à l'accomplissement du service public dont nous avons accepté la charge et l'honneur.

Signé : Le maire, L.-MARIE DESMAREST.

Les adjoints, E. FERRY. — A. ANDRÉ. — J. NAST.

MAIRIE DU Xᵉ ARRONDISSEMENT

22 mars 1871.

Monsieur,

Siégeant hier à la réunion des maires de Paris, qui se tient en permanence, et absent pour ce moment de la 10ᵉ mairie, au moment où y arrivait une notification du Comité central de l'Hôtel de Ville, à laquelle mon honorable collègue adjoint, M. Degouves-Denuncques, a fait une si digne réponse que reproduit le *National* de ce matin, je m'empresse, dès que je connais cette réponse, de m'y associer sans réserve.

Comme lui, je refuse absolument de reconnaître ce pouvoir sans légitimité aucune, qui croit se justifier en excusant, dans l'*Officiel* de ce jour, l'abominable assassinat du général Clément Thomas par l'accusation d'espionnage. Je puis vous certifier d'ailleurs que pas un de mes collègues, maires ou adjoints, ne le reconnaît davantage, et que si leur opinion à ce sujet ne s'accentue pas par des actes publics, c'est qu'ils espèrent, peut-être en vain, l'amener sans collision à une retraite volontaire.

En l'absence temporaire du Gouvernement issu du suffrage de la France, auquel nous nous rattachons tous, quelles que puissent être nos préférences personnelles, il ne doit y avoir à Paris qu'une autorité, celle des maires, ayant la même origine et constitués, comme ils le sont dès à présent, en assemblée municipale. Seuls élus du peuple, c'est à eux qu'appartient la gestion des intérêts du peuple et de la cité.

C'est d'eux que relève alors directement la garde nationale. Aussi, d'accord avec mes collègues, les maires et adjoints de Paris, et avec les honorables députés de la Seine, puis-je vous déclarer que nous sommes prêts à grouper autour de nous, dans l'intérêt de la République que nous voulons défendre, tous les citoyens de la garde nationale, chefs et soldats, qui partagent ces principes.

J'ajoute que nous sommes également tous d'accord, sans exception, pour condamner à l'avance comme illégales les élections annoncées pour demain par le Comité central, et en conséquence j'engage, en ce qui me concerne, tous mes concitoyens à s'abstenir d'y prendre part.

Agréez, monsieur le directeur, l'expression de mes sentiments les plus distingués.

R. DUBAIL,
Maire du 10ᵉ arrondissement.

Paris, 21 mars 1871.

Les maires et adjoints du 10ᵉ arrondissement, en vertu de la *décision prise à l'unanimité par l'assemblée des municipalités de Paris*, déclarent publiquement qu'ils ne rentreront dans leur mairie et ne reprendront l'exercice des fonctions municipales qu'après la retraite complète des citoyens qui, se disant délégués du Comité central de l'Hôtel de Ville, ont de force envahi la mairie, et y procèdent, au mépris de l'autorité des maires et des représentants, à la préparation d'élections illégales en se couvrant faussement, aux yeux du public, de la tolérance forcée de la municipalité du 10ᵉ arrondissement.

Si donc ces citoyens ne veulent pas rester la cause de l'interruption de tous les services municipaux, et des souffrances qui en résulteront dans l'arrondissement, qu'ils se retirent !

Le maire,
R. Dubail.

Degouves-Denuncques,
Adjoint.

Pour notre collègue A. Murat, retenu prisonnier par les délégués, et adhérant à la présente.

R. Dubail.

Degouves-Denuncques,
Adjoint.

Paris, 20 mars 1871.

Monsieur,

Je me trouvais seul, dans la matinée d'hier, à la mairie du 10e arrondissement, lorsqu'on y apporta de l'Hôtel de Ville une notification ainsi conçue :

« Les citoyens maires sont priés de vouloir bien veiller à la subsistance des troupes qui sont dans leurs arrondissements respectifs, jusqu'à ce que l'organisation soit complète. »

Six noms figuraient au bas de cette invitation, estampillée d'un timbre portant ces mots : *Fédération de la garde nationale. Comité central.* L'envoyé qui l'avait apporté réclamait un reçu. Je refusai ce reçu et je motivai mon refus dans les termes suivants :

« M. Degouves-Denuncques, maire-adjoint du 10e arrondissement en vertu d'une délégation du suffrage universel, et ne reconnaissant pas l'autorité du gouvernement qui paraît s'être installé à l'Hôtel de Ville, refuse d'accuser réception de la dépêche qui vient d'être envoyée à la mairie. »

Bientôt après, un certain nombre de soldats de la ligne se présentèrent, demandant, les uns de la nourriture, les autres que j'intervinsse auprès de qui de droit pour leur faire rendre leurs effets personnels, afin qu'ils pussent quitter Paris et s'en retourner au plus tôt dans leur pays, comme s'ils étaient régulièrement et définitivement libérés de tout service militaire.

Je renvoyai les uns et les autres, après leur avoir dit ce que je pensais des soldats qui abandonnaient les armes lorsque les Prussiens étaient encore aux portes de Paris et qui laissaient assassiner lâchement leurs généraux.

Quelques minutes après midi on vint placarder à la porte de la mairie les deux affiches signées par les membres du gouvernement à qui l'Hôtel de Ville a été livré sans avoir été défendu. Je descendis immédiatement et je fis arracher, en ma présence, par deux de mes garçons de bureaux, ces deux affiches que personne, depuis, n'a cherché à réappliquer.

J'ajouterai, monsieur, que, pas plus aujourd'hui qu'hier, je ne suis disposé à reconnaître le gouvernement d'individus qui ne paraissent pas se douter qu'ils ne sont que des instruments aux mains du pouvoir renversé le 4 septembre; que je n'ai eu et ne veux avoir aucun rapport avec ce gouvernement; et que si tous mes collègues des vingt mairies de Paris agissent de même, que si, d'un autre côté, les employés de nos différentes administrations refusent unanimement de mettre à leur service leur capacité et leur expérience des affaires, ces hommes d'État d'un jour ne tarderont pas à tomber dans la plus ridicule impuissance.

Veuillez, monsieur le rédacteur, publier cette déclaration et agréer l'assurance de mes sentiments de dévouement à la cause de l'ordre et de la République.

DEGOUVES-DENUNCQUES.

MAIRIE DU XII° ARRONDISSEMENT

Aux citoyens du 12e arrondissement.

Citoyens,

Le maire et les adjoints de votre arrondissement portent à votre connaissance que la mairie ayant été envahie et occupée par une délégation du Comité central, siégeant en ce moment à l'Hôtel de Ville, ils ont dû céder à la force et quitter la mairie, en protestant énergiquement contre la violence qui leur était faite et l'atteinte portée au suffrage universel, dont ils étaient légalement issus.

Le maire,
Alfred GRIVOT.

Les adjoints,
DENIZOT. — DUMAS. — TURILLON.

Paris, 22 mars 1871.

MAIRIE DU XIV° ARRONDISSEMENT

La mairie du 14e arrondissement fut occupée dans la journée du 18 mars. Aussitôt les affiches suivantes furent apposées sur les murs :

Citoyens,

Vu les circonstances, nous nous faisons un devoir d'être en communication constante avec les citoyens du 14e arrondissement, et de les avertir que *nous nous transportons* à la mairie afin de *sauvegarder les intérêts de tous.* Nous avons à cet effet institué un comité provisoire. Aussitôt que les événements le permettront, vous serez appelés à élire vous-mêmes votre municipalité.

Vive la République !

Les délégués du Comité central,
Avoine fils et Billioray (1).

Les membres de la commission provisoire,
J. Martelet. — J. Avoine. — Batoule. — Florent. — Gargnier-Parève.

Aux bataillons de la garde nationale du 14º arrondissement.

Citoyens,

Pour affirmer la République, il fallait l'union de toutes les forces qui lui sont dévouées, vous l'avez compris :

1º En adhérant à la formation d'un Comité central de la garde nationale ;

2º En élisant dans vos compagnies respectives cinq délégués, qui constituent un Comité d'arrondissement ;

3º En envoyant au Comité central, *avec mandat définitif et impératif*, deux délégués élus en assemblée générale des délégués de l'arrondissement ;

4º En procédant à l'élection d'un chef de légion pour faire exécuter les ordres du Comité central ;

5º En adjoignant au chef de la légion une commission consultative, choisie parmi vos délégués également élus en assemblée générale, et dont chaque membre

---

(1) Les citoyens Billioray et Avoine père et fils étaient, quelques jours après le 4 septembre, délégués par le Comité de vigilance à cette même mairie du 14º. MM. Asseline et Héligon, maire et adjoint, empêchèrent leur installation dans la mairie.

appartient à un des bataillons de la garde nationale de l'arrondissement.

Le chef de légion, élu,

Henry (Lucien).

Les membres du Comité central, élus,

Billioray. — Avoine fils.

La commission consultative, élue,

Sabourt. — Herbert. — Charbonneau. — Roqueoffre. — Ledreux. — Dieu. — Verret. — Julien.

MAIRIE DU XVIIe ARRONDISSEMENT

Le maire et les adjoints du 17e arrondissement, dépossédés par la force, déclarent, en vertu des pouvoirs qui leur ont été régulièrement confiés, qu'à partir de ce jour tout acte municipal est suspendu dans le 17e arrondissement.

L'usage du cachet de la municipalité, les réquisitions, l'emploi des fonds par les envahisseurs, seront considérés comme autant d'actes criminels.

La municipalité conserve les pouvoirs qui lui ont été délégués par le suffrage universel pour en user suivant son droit incontestable, aussitôt que l'usurpation éphémère aura pris fin.

Paris, le 21 mars 1870.

Le maire,
F. Favre.

Les adjoints,
Villeneuve. — Cacheux. — Malon.

MAIRIE DU XVIIIe ARRONDISSEMENT

RÉPUBLIQUE FRANÇAISE
LIBERTÉ — ÉGALITÉ — FRATERNITÉ

Mairie du 18e arrondissement.

Citoyens,

Aujourd'hui, à midi, la mairie du 18e arrondissement a été envahie par une troupe armée. Un officier de la garde nationale a osé sommer le maire et ses adjoints de remettre la mairie aux mains d'un délégué du Comité central de la garde nationale.

Le maire et ses adjoints, revêtus des insignes municipaux, ont, en présence de tous les employés de la mairie, sommé le chef du poste d'expulser les envahisseurs. Celui-ci, après en avoir conféré avec son commandant, a répondu qu'il se refusait à obtempérer à cet ordre et qu'il était disposé à prêter main-forte aux violateurs de la loi.

Le chef des envahisseurs a alors mis en arrestation le maire et deux de ses adjoints qui ont été conduits au poste entre deux haies de gardes nationaux. Quelques minutes après, on venait déclarer au maire et aux adjoints, élus du 18e arrondissement, qu'ils étaient libres de se retirer.

Citoyens, nous avons à cœur d'éviter un conflit dont les résultats désastreux nous épouvantent. Voilà pourquoi nous cédons à la force. Mais nous protestons hautement contre l'attentat dont la garde nationale du 18e arrondissement s'est rendue coupable sur la personne de magistrats républicains, librement élus, qui se rendent ici publiquement le témoignage qu'ils ont accompli leur devoir.

Vive la France! Vive la République!

Paris, 22 mars 1871.

Les adjoints,   *Le maire,*
J.-A. LAFONT. — V. JACLARD.   G. CLÉMENCEAU.

MAIRIE DU XXe ARRONDISSEMENT

Cette mairie fut rendue par celui qui avait reçu mission de la garder, sans aucune difficulté, à MM. Ranvier et Flourens, élus aux élections des 5-8 novembre, ainsi qu'en témoigne la lettre suivante que nous n'avons encore vue publiée par aucun journal :

Aux citoyens maires de Paris, en permanence à la mairie du 2e arrondissement.

Paris, 21 mars 1871.

Citoyens,

Chargé de l'administration du 20e arrondissement par décret du Gouvernement de la Défense nationale, j'ai cru de mon devoir de rester à mon poste jusqu'au jour où les élus du suffrage universel se présenteraient à la mairie pour en prendre possession.

J'ai l'honneur de vous informer que, ce matin, j'ai remis entre les mains des citoyens Ranvier et Flourens les pouvoirs qui m'avaient été confiés.

SIMBOISELLE.
Rue de Belleville, 94.

P. S. — Je prie M. le président d'avoir la bonté de communiquer la teneur de cette lettre à M. le ministre de l'intérieur.

OCCUPATION DU MINISTÈRE DE L'INTÉRIEUR

19 mars.

M. Calmon, sous-secrétaire d'État au ministère de l'intérieur, et M. Palain, secrétaire particulier du ministre de l'intérieur, restèrent à l'hôtel de la place Beauvau. Ils étaient entourés de deux cent cinquante gardes nationaux environ, bien résolus à repousser toute attaque contre le ministère. Mais, vers deux heures et demie, M Calmon a reçu de M. Thiers une dépêche qui l'invitait à se replier sur Versailles avec tout son personnel. M. Calmon a porté cette dépêche à la connaissance des gardes nationaux et les a invités à rentrer chez eux. Les gardes nationaux se sont retirés, et M. Calmon est parti pour Versailles. Quelques minutes après, le ministère a été occupé par les délégués du Comité central.

(Journal de Paris.)

LE COLONEL LANGLOIS

Le 19 mars, dans la nuit, M. Amable Lemaître alla chercher M. Langlois pour lui annoncer sa nomination au grade de commandant en chef de la garde nationale.

MM. Paschal Grousset et Raoul Rigault se trouvaient à la mairie du 2º. Le premier arrêta M. Langlois dans l'antichambre de la salle des réunions et lui dit que le Comité serait très-flatté s'il se rendait à l'Hôtel de Ville, qu'il voyait sa nomination avec plaisir et que tout s'arrangerait pacifiquement.

M. Langlois après en avoir conféré avec ses collègues (quelques-uns lui conseillaient de se rendre à la place Vendôme et de s'y installer), et rédigé son ordre du jour, partit pour l'Hôtel de Ville avec MM. Lockroy, Cournet et Paschal Grousset.

— Vous marchez au martyre, lui dit M. Lockroy en chemin.

Arrivé en présence du Comité, le colonel Langlois lui annonça qu'il était nommé par le Gouvernement commandant en chef des gardes nationales de la Seine.

— Reconnaissez-vous le Comité? lui demanda-t-on.

— Non! je ne reconnais que le Gouvernement issu de l'Assemblée.

— Voulez-vous accepter votre nomination de notre main?

— Jamais, s'écria vivement le combattant de Buzenval, jamais je ne serai le général en chef de l'insurrection.

Et il se retira, désolé, pour aller remettre sa démission entre les mains de ses collègues.

Le lendemain matin vers sept heures, des gardes nationaux se présentèrent à son domicile et lui demandèrent s'il était vrai qu'il fût nommé à la place du général d'Aurelles.

— C'était vrai il y a quelques heures, mais j'ai donné ma démission.

— Adhérez-vous à la fédération de la garde nationale?

— Qu'est-ce que c'est que cela?

— C'est de la fédération qu'est sorti le Comité.

— Alors, non, je n'y adhère pas.

Les gardes se retirèrent et une heure après revinrent pour arrêter le colonel.

Mme Langlois défendit énergiquement sa porte et ne permit qu'à un seul garde d'entrer. M. Langlois lui raconta ce qui s'était passé entre le Comité et lui.

Après quelques minutes de conversation le garde se retira et partit avec ceux qui l'avaient accompagné.

ARRESTATION DES GÉNÉRAUX CHANZY ET LAGOURIAN ET DE M. TURQUET

Voici en quels termes M. Turquet raconta à l'Assemblée, dans la séance du 21, cette triple arrestation :

M. EDMOND TURQUET. — Permettez-moi de me présenter devant vous dans le costume que je porte. Je sors de prison, et j'ai tenu à vous dire sans retard dans quelles circonstances deux représentants du peuple, le général Chanzy et moi, avons été arrêtés avant-hier.

Voici le récit exact des faits : je tiens à le faire à cette tribune, parce que plusieurs récits contradictoires et erronés ont paru dans les journaux de Paris ; je ne vous dirai que la vérité vraie, la vérité complète et sans phrases.

Vendredi dernier, 18 mars, vers cinq heures du soir, le train venant de Tours entrait dans les murs de Paris lorsqu'il se vit brusquement arrêté par un peloton de gardes nationaux armés qui requirent le chef de train de stoper et d'ouvrir les portières. Je voyageais avec une partie de ma famille; nous occupions un wagon-salon. Le seul fait de la présence d'un wagon-salon dans le train suffit pour attirer l'attention de ces hommes armés.

Aussitôt le wagon fut envahi, les portes ouvertes à coups de crosse et l'on me demanda : « Où est le général Chanzy ? » — Le général Chanzy n'est pas ici, répondis-je. Alors on m'adressa une série d'injures que je ne répéterai pas à cette tribune; on me rejeta au fond du wagon et l'on me dit : « Vous vous trompez; le général est là, et vous êtes son aide de camp. » — Je n'ai pas l'honneur d'être son aide de camp; mais j'ai celui d'être son collègue à l'Assemblée nationale. S'il était ici, il verrait ce qu'il devrait vous répondre; mais, en tout cas, vous n'arriveriez pas à porter la main sur lui avant de m'avoir tué. (*Bravo.*)

Immédiatement, les gardes nationaux pénétrèrent dans le wagon, fouillèrent tout à coups de crosse et de baïonnette, convaincus que le général était caché dans un des petits cabinets qui sont au fond d'un wagon-salon.

Quand enfin les gardes nationaux eurent pu s'assurer qu'il n'y avait plus personne dans le compartiment, ils en sortirent et visitèrent successivement tous les wagons du train. Arrivés au dernier wagon, ils y découvrirent le général Chanzy qui ne se cachait nullement, puisqu'il était en tenue de général en campagne, avec la plaque de la Légion d'honneur sur la poitrine.

Aussitôt que le général aperçut ceux qui le cherchaient, il leur demanda ce qu'ils lui voulaient. — Au nom de la loi, répondit un garde national, je vous arrête!... (*Exclamations sur un grand nombre de bancs.*) — Au nom de quelle autorité? demanda le général Chanzy. — Au nom du Comité de la garde nationale! (*Nouvelles exclamations.*)

M. LE MINISTRE DES AFFAIRES ÉTRANGÈRES. — Voilà ce qu'on appelle la liberté.

M. EDMOND TURQUET. — Alors le général dit : Je m'incline devant la force, et je descends.

Lorsque je vis le général Chanzy, mon collègue, entraîné par un groupe de gardes nationaux, je me précipitai vers lui et je le suppliai de me faire l'honneur de me permettre de l'accompagner. (Très-bien, très-bien.)

Le général résista. Je lui dis : Acceptez, mon général, vous pouvez être en danger de mort; il est bon qu'un membre de l'Assemblée nationale reste à côté de vous; peut-être n'osera-t-on pas en tuer deux.

(Marques nombreuses d'adhésion.) Le général consentit alors à ce que je l'accompagnasse.

Nous fûmes amenés au milieu d'un groupe de gardes nationaux, qui, je dois le dire, ne nous malmenèrent et ne nous injurièrent pas.

Mais il en fut tout autrement d'une foule diverse qui vint nous entourer, foule composée surtout de femmes et d'enfants : A mort le général Ducrot! disait cette foule : A mort le traître ! Alors je répondis : Le général Ducrot n'est point ici, c'est le général Chanzy; le général Chanzy n'a pas à répondre aux insultes et aux outrages que vous adressez au général Ducrot.

La foule, me prenant alors à partie, s'écria : « A mort le petit Prussien ! » — Je suis blond et j'avais pour mon malheur... (*On rit.*) Messieurs, c'est la vérité que je vous rapporte. (*Très-bien ! — Parlez ! parlez !*)... J'avais, pour mon malheur, sur la tête, une petite calotte d'officier bavarois qu'un de mes amis m'avait donnée et qui avait été prise dans une bataille aux environs de Paris.

Je répondis alors : Je ne suis point Prussien; je suis Français; je me suis battu avec vous pendant le siège de Paris. Je crois avoir fait mon devoir de bon citoyen. — Vous êtes un Prussien-Français, c'est encore pis ! s'écria la foule. — Nous continuâmes notre chemin au milieu des huées. La foule grossissait, mais heureusement nous arrivions dans un lieu de protection : c'était la mairie du 13º arrondissement.

Là nous montâmes au premier étage et nous fûmes accueillis par M. Léo Melliet, adjoint au maire du 13º arrondissement, qui immédiatement nous déclara que notre vie serait sauvegardée lors même que la sienne serait exposée, et qu'il emploierait les bataillons de la garde nationale de son quartier pour sauver la vie du général Chanzy et celle beaucoup moins précieuse de son jeune collègue de l'Assemblée nationale.

Nous restâmes, à mon estimation, pendant une heure à la mairie. M. Léo Melliet désirait que cet incident fût vidé immédiatement et que nous fussions mis en liberté.

Mais tout à coup intervint un personnage nouveau qui nous était parfaitement inconnu : c'était le général Duval, représentant du *Comité de la garde nationale* de Paris. En entrant le général Duval, qui portait les insignes de son grade, s'adressa au général Chanzy et lui dit les paroles suivantes : « Citoyen général, au nom des lois de la guerre, je vous fais mon prisonnier ! »

M. JULES FAVRE, *ministre des affaires étrangères.* — Quelle parodie ignoble !

Un membre. — Ce sera de l'histoire !

M. EDMOND TURQUET. — C'est pour cela que j'ai tenu à faire ce récit à la tribune...

M. LE MINISTRE DES AFFAIRES ÉTRANGÈRES. — Il faut que toute l'Europe le sache.

M. TURQUET. — Le général Chanzy se leva et dit : « Je suis à vos ordres ! »

Comme on paraissait ne pas vouloir m'emmener, je m'adressai au général Duval et je lui dis : « J'ai eu l'honneur d'accompagner le général Chanzy depuis la gare d'Ivry ; je désire l'accompagner quelque part qu'on l'emmène. »

— « Qu'à cela ne tienne, monsieur, dit le citoyen général Duval, je vous fais mon prisonnier ; mais qui êtes-vous ? » (*Rires et bruit.*)

Écoutez, messieurs, c'est de l'histoire, j'écris en vous parlant : — Je suis, lui répondis-je, M. Edmond Turquet, député de l'Aisne, membre de l'Assemblée nationale. — « Alors je ne veux pas vous arrêter. » — Pourquoi ? — « Je ne veux pas vous arrêter comme député, je veux vous arrêter comme aide de camp du général Chanzy. Vous êtes militaire, car vous portez le ruban de la Légion d'honneur. » — Oui, monsieur ; mais si vous voulez m'arrêter comme militaire, arrêtez-moi comme sergent-major. — Et je fus arrêté, messieurs, sous ce titre, et écroué en vertu d'un ordre ainsi libellé : « Le citoyen Gondin, chef de la maison militaire du 9e secteur, écrouera le citoyen général Chanzy et le sergent qui l'accompagne. »

Nous fûmes menés d'abord chez M. Léo Melliet, qui voulait à tout prix nous éviter les ennuis d'une captivité dans une prison de secteur.

M. Léo Melliet nous installa dans son petit salon, et il mit pour nous garder cinq officiers de la garde nationale du quartier, qui furent pour nous pleins d'égards et nous facilitèrent une installation aussi convenable que possible, lorsqu'au bout d'un quart d'heure la masse de peuple qui se trouvait autour de la maison demanda qu'on jetât le général par les fenêtres, ainsi que son aide de camp.

Quelques gardes nationaux vinrent jusqu'à la porte de M. Léo Melliet et demandèrent à pénétrer dans l'appartement. M. Léo Melliet déclara aux gardes nationaux que son domicile ne serait pas violé, qu'il avait répondu de la vie de deux représentants du peuple, et qu'ils seraient en sûreté tant qu'ils seraient chez lui.

Les hommes redescendirent. Peu après, ils remontèrent plus nombreux, et alors le général supplia M. Léo Melliet de laisser rentrer quelques factionnaires pour que le peuple, qui était en bas, ne fût plus aussi inquiet à l'occasion du projet d'évasion qu'on nous supposait. On plaça deux factionnaires près d'une croisée restée ouverte sur la demande du peuple, qui voulait nous voir et nous surveiller lui-même.

Quelques membres. — Abrégez !

M. EDMOND TURQUET. — Il n'y a pas à abréger, messieurs ; je serais désolé de vous fatiguer... (*Non ! non ! — Parlez !*)

M. LE MINISTRE DE L'INSTRUCTION PUBLIQUE. — C'est très-intéressant et très-important !

M. EDMOND TURQUET. — Un quart d'heure après, on n'était point encore satisfait des précautions prises à l'égard du général Chanzy, et quelques gardes nationaux, qui étaient montés, déclarèrent qu'il fallait emmener le général Chanzy à la prison, mais qu'il était encore bien plus simple de le fusiller sur l'heure contre la chapelle du général Bréa... (*Oh! oh! — Mouvement d'indignation.*)

Nous étions juste en face du monument.

Le général Chanzy supplia M. Léo Melliet, qui voulait, au péril de sa vie, défendre l'entrée de la maison, de laisser monter les gardes nationaux. M. Léo Melliet avait le pistolet au poing, et des officiers de la garde nationale l'accompagnaient sabre nu, prêts à défendre la vie du général, si on voulait y attenter.

Avant l'envahissement de l'appartement, le général dit aux officiers : « Ma vie peut être sacrifiée ; je l'abandonne au peuple, s'il la veut pour se calmer, mais je tiens à sauver la vôtre. » Alors, ces messieurs s'inclinèrent devant la volonté du général, et, au milieu d'une cohue impossible à décrire, nous menèrent à la prison du 9ᵉ secteur.

Pendant deux jours nous y fûmes fort bien traités par tous les officiers de la garde nationale qui nous gardaient et par tous les gardes qui surveillaient la maison d'arrêt. Chaque fois que le général passait, — c'est un détail qu'il est peut-être bon de connaître, — les gardes nationaux lui présentaient les armes ; mais, après deux jours de tranquillité relative, la foule qui entourait la prison du 9ᵉ secteur redevenait plus nombreuse et plus turbulente : il fallait de nouveau aviser à la sûreté de la vie du général.

M. Léo Melliet décida alors que ce dernier serait transféré immédiatement à la prison de la Santé, où étaient de garde deux bataillons de la garde nationale fort disposés à ne pas permettre qu'un assassinat fût commis dans le 14e arrondissement.

Au moment où la voiture qui devait emmener le prisonnier allait partir, un autre général fut amené dans la prison du 9e secteur : c'était le général de Labourieux ou Lagourian, un des généraux qui se rendaient à Versailles pour prendre le commandement d'une des brigades attachées à la garde de l'Assemblée.

Il était accompagné de ses deux officiers d'ordonnance : un capitaine de lanciers et un jeune lieutenant du 75e de ligne dont les noms m'échappent. On invita le général Lagourian à accompager le général Chanzy, et on fit monter les deux aides de camp dans la même voiture. Mais à peine la voiture avait-elle quitté la porte de la prison, — ici je ne raconte plus ce que j'ai vu, mais ce que M. Léo Melliet m'a dit lui-même il y a une heure à peine, — qu'elle fut cernée, entourée; le cheval fut dételé ; les généraux furent jetés à terre et maltraités, les aides de camp injuriés et frappés à coups de crosse. (*Nouveau soulèvement d'indignation.*)

A ce moment M. Léo Melliet, avec un dévouement auquel je dois rendre ici un public hommage, se plaça résolûment entre la foule non armée qui avait forcé l'escorte et ceux qu'elle voulait atteindre. La situation était terrible, car cette troupe affolée se jetait sur le général Chanzy en s'écriant : « Il faut le fusiller! il faut le fusiller! »

M. Léo Melliet eut alors une de ces inspirations qui sauvent quelquefois les situations les plus dangereuses; il s'écria : « Eh bien! fusillez-le! que le premier qui l'ose, s'avance! » Personne ne se présenta. Le groupe se dispersa, et les gardes nationaux en profitèrent pour entraîner le général vers la prison. Il était sauvé!

Le groupe qui entourait le général Lagourian était aussi avide de sang et d'émotions. Ce brave général qui nous avait, dans la prison, montré son bras labouré par un obus prussien et à peine guéri, fut horriblement maltraité. C'est en vain qu'il disait à ces bourreaux : « Mais j'ai combattu pour le pays, mais c'est l'ennemi qui m'a blessé. »

Il eut le malheur, ou plutôt l'honneur — car c'est un honneur pour un soldat, — de recevoir deux nouvelles blessures, malheureusement ces blessures avaient été faites par des mains françaises. (*Sensation générale et profonde.*)

M. JULES FAVRE, *ministre des affaires étrangères*. — Ces mains-là ne sont pas françaises !

M. EDMOND TURQUET. — Le bras du général était encore gonflé par suite de la blessure reçue en défendant son pays.

Voilà, Messieurs, les faits que je voulais vous faire connaître.

Lorsque j'ai vu partir le général Chanzy avec son collègue, M. Lagourian et ses deux officiers d'ordonnance, je demandai ce que j'allais devenir et sollicitai de nouveau de M. Léo Melliet l'honneur d'accompagner le général Chanzy, que je tenais à ne pas quitter. « C'est impossible, me fut-il répondu. Votre qualité de sergent disparaît maintenant ; vous n'êtes pas l'officier d'ordonnance du général Chanzy. Vous êtes un représentant du peuple, et à ce titre vous êtes libre. » — Il me conduisit dans une voiture à la gare, et il y a dix minutes que je suis arrivé à l'Assemblée.

Plusieurs voix. — Et le général Chanzy ?

M. EDMOND TURQUET. — Le général Chanzy est toujours à la prison de la Santé. J'ai été séparé de lui hier à cinq heures du soir. Je sais d'une façon certaine qu'il y a une heure, quand j'ai quitté Paris, il était encore prisonnier.

La prison de la Santé est gardée par des gardes nationaux qui ne veulent pas qu'un assassinat souille leur arrondissement. Aussi ai-je l'espoir que le général Chanzy et une vingtaine d'officiers qui ont été également arrêtés ne seront pas fusillés.

Un membre. — Quelle générosité!... Et c'est peut-être pour cela qu'on nous demande encore des tempéraments!

M. EDMOND TURQUET. — Messieurs, je tiens à dire un dernier mot pour rendre hommage à M. Léo Melliet, qui a tout fait au péril de sa vie afin d'éviter qu'un nouveau crime ne vînt jeter le deuil dans Paris et qui, inquiet des conséquences que pouvait avoir ma mise en liberté, a tenu à m'accompagner, non-seulement jusqu'à la gare Saint-Lazare, mais jusqu'à Versailles, et à me ramener lui-même au milieu de mes collègues. (*Très-bien! très-bien! — Nombreuses marques de sympathie et d'approbation.*)

Quelques jours plus tard M. Tirard réclamait et ordonnait la mise en liberté du général Chanzy et M. Léo Melliet s'offrait en otage.

Le 26 mars, le *Journal officiel* du Comité central contenait la note suivante :

Le Comité a voté d'urgence, à l'unanimité, la mise en liberté non-seulement du général Chanzy, mais également du général Lagourian.

La Commune, depuis ce jour, a vécu et est tombée dans le massacre, l'incendie et la honte ; mais M. Turquet n'a pas oublié que M. Léo Melliet lui avait sauvé la vie, et l'occasion s'étant présentée, il lui a facilité les moyens de fuir en Angleterre.

DEUX BATAILLONS SURVEILLÉS

A propos des 100° et 181° bataillons dont nous avons parlé dans la Journée du 18, voici une dépêche assez curieuse qui fut saisie un soir par les gardes du 1er arrondissement sur une estafette qui traversait la rue de Rivoli pour se rendre de l'Hôtel de Ville à la place Vendôme.

RÉPUBLIQUE FRANÇAISE

MAIRIE DE PARIS

Commandant Dardelles

Veiller sur les 181e et 100e bataillons que je vous envoie; qu'ils soient prisonniers au premier cas d'insubordination.

Si tu ne peux pas les employer utilement, sonde les hommes; ils sont du 2e arrondissement, c'est tout te dire.

A toi,
GOSSELIN.

LE ROLE DE M. DÉLESCLUZE

On se demandera peut-être quelle fut la conduite de M. Delescluze, ex-maire du 19e arrondissement et représentant de la Seine, dans les événements qui suivirent le 18 mars et précédèrent les élections communales. Nous ne pouvons que publier cette lettre adressée à l'*Avenir national*, dans laquelle M. Delescluze explique sa conduite à l'Assemblée. Nous ajouterons à cela que l'ancien rédacteur en chef du *Réveil* ne vint jamais aux réunions des maires tenues au 2e arrondissement. Le 18 mars, il vint jusqu'à la porte de cette mairie avec M. Cournet. Celui-ci resta environ trois quarts d'heure et s'en retourna avec M. Delescluze qui l'avait attendu dans la rue.

Paris, le 22 mars 1871.

Monsieur le rédacteur,

Il n'est point exact «que j'aie été prié de joindre mes efforts à ceux de mes collègues» à propos des événements qui sont en train de s'accomplir.

Je n'ai reçu d'eux ni prière ni invitation, et j'ajouterai d'ailleurs que je n'y aurais pas obtempéré. Voici mes raisons :

A Bordeaux, mettant de côté mes sentiments personnels, j'ai voulu me rapprocher du groupe qui s'intitule « gauche radicale ». J'y ai trouvé d'excellents républicains, sans doute ; mais en général trop disposés à suivre la désertion de certains hommes qui, compromis par leur vote plébiscitaire au 3 novembre, ne peuvent plus se dispenser de soutenir ou d'amnistier quand même les traîtres qui, trois mois plus tard, ont livré Paris et la France à l'ennemi. J'ai dû me retirer.

Quels motifs avais-je de sortir de cette réserve une fois revenu à Paris? Je voyais un certain nombre de représentants de Paris chercher à s'entendre avec les maires. Or, j'avais deux mois durant, de novembre à janvier, expérimenté l'esprit de MM. les maires, alors mes collègues, et je savais qu'il n'y avait rien à en attendre de sérieux et d'utile.

Voilà pourquoi, puisque vous tenez à le savoir, je ne me suis mêlé ni aux représentants du groupe Louis Blanc, ni aux chefs des municipalités.

Quant au Comité de l'Hôtel de Ville, je comprends mal que vous vous étonniez de n'y pas trouver mon nom. Il est le produit d'une situation antérieure à ma rentrée dans Paris. Sa valeur est précisément dans son caractère délégataire et anonyme. Je n'avais rien à y faire. Mais laissons ce qui me concerne et constatons les faits suivants :

Il y a quelques jours encore, la République était discutée, contestée, même audacieusement niée et tournée en dérision. Le Gouvernement l'acclame lui-même aujourd'hui.

On sait ce qu'il en a coûté au 31 octobre comme au 22 janvier pour réclamer la constitution du conseil municipal de Paris, et voilà que l'Assemblée — l'Assemblée de Bordeaux ! — vote d'enthousiasme l'urgence de la loi qui doit rendre à Paris son autonomie.

La loi sur les échéances était détestable ; le ministre qui l'a fait voter d'urgence demande aujourd'hui l'urgence pour son annulation.

Ainsi en sera-t-il successivement de toutes les réclamations de Paris, qui s'imposeront, parce qu'elles sont commandées par le droit et la justice.

Eh bien ! qui oserait soutenir que sans l'action continue de Paris ces résultats seraient et pourraient être atteints ?

Ne soyons donc ni ingrats ni oublieux, et sachons reconnaitre que si des malheurs regrettables ont eu lieu, il n'a été possible ni de les prévoir, ni de les prévenir.

Qu'on songe enfin que des mouvements de cette intensité et de cette durée ne sont pas le produit d'efforts individuels, d'intrigues dirigées par quelques meneurs. Pour mettre en branle des masses aussi considérables, il faut un accord de volontés qui ne se commande pas comme l'exercice.

Agréez mes salutations empressées.

Ch. Delescluze.

LE GÉNÉRAL CLUSERET

Nous avons dit qu'à son arrivée à Paris, le général d'Aurelles de Paladine était aussi impopulaire que le général Vinoy. Voici, à ce sujet, la lettre qu'adressait de Bordeaux aux journaux de la capitale, le futur général en chef des armées de la Commune :

Citoyens,

Le général d'Aurelles de Paladine est, après Gambetta et Trochu, l'homme le plus coupable envers la France. C'est lui qui a livré l'armée de la Loire à l'ennemi, sans combattre, car on ne peut donner le nom de combat à sa fuite honteuse. Cette armée comptait alors plus de 200,000 hommes.

Mais M. d'Aurelles, par ineptie ou trahison, comptait vaincre, — comme Trochu, — par l'intercession de Notre-Dame de Fourvières, à laquelle il faisait dire des messes.

Mon cœur est trop triste pour vouloir plaisanter. Je parle sérieusement. C'est à la Vierge de Fourvières que M. d'Aurelles avait remis la conduite de nos armées. Or, qui dit Vierge dit jésuites. Est-il étonnant que vous n'ayez pas été secourus et qu'à toutes les calamités de cette guerre infâme où tout le monde a déchiré la France, Parisiens, vous ayez eu à subir cette honte suprême, l'entrée des Prussiens dans Paris.

Cette honte, vous la devez à d'Aurelles de Paladine. Il devrait passer devant un conseil de guerre, et c'est lui que M. Thiers choisit pour mettre à votre tête!

Et de quel droit cette nouvelle insulte?

Où est le mandat de M. Thiers et celui de l'Assemblée qui lui a conféré ses pouvoirs? Élue par les paysans pour un objet déterminé, traiter de la honte de la France aux frais des villes, elle a accompli son triste mandat. Maintenant, elle n'est plus rien qu'un groupe de factieux, du jour où elle refuse de se dissoudre.

La source de tout pouvoir et le seul pouvoir à Paris, c'est vous, gardes nationaux de la Seine, vous, le peuple avancé.

Faites-vous respecter en arrêtant et mettant en accusation l'homme coupable qui, après avoir aidé à faire le coup d'État, trahit une seconde fois la France en livrant l'armée de la Loire.

Puis affirmez votre autorité, ainsi que le principe de la souveraineté populaire en nommant vous-mêmes votre chef.

Il n'y a pas un honnête homme en France qui puisse servir sous les ordres d'un Paladine.

Deux *décembriseurs* à la tête des forces armées de la capitale, c'est trop.

Général G. Cluseret.

Bordeaux, 6 mars.

M. CREMER ET LE COMITÉ

Du 18 au 25 mars différents bruits ont couru la ville et les journaux sur les faits et gestes du général Cremer.

On l'avait vu dans les cafés d'où est sorti ce qui s'est plus tard intitulé la Commune.

La vérité vraie, là-dessus, c'est qu'il avait des parents passage Jouffroy, c'est-à-dire non loin de ces établissements.

On l'avait vu sortir précipitamment d'un café, le 18 mars — on l'avait vu passer à cheval. Cela avait suffi aux gazetiers pour avancer les faits les plus graves.

Conclure à la complicité, c'était aller trop loin. Ce qui donnait une raison d'être à ces conjectures, c'est que M. Cremer, qu'on avait trouvé bon pour le faire général de division pendant la guerre et qui s'était distingué dans l'armée de l'Est, venait de se voir contester un grade que l'opinion publique avait pour ainsi dire sanctionné.

N'ayant point de titres suffisants pour juger plus sérieusement que d'autres ce procès, nous nous bornons à citer la lettre que le général écrivit dans les derniers jours de mars aux journaux qui l'incriminaient.

- La voici :

Monsieur le rédacteur,

Je ne veux pas répondre à tous les journaux qui m'ont attaqué, insulté, vilipendé sans me connaître, sans daigner me demander rien, et sans même publier les rectifications premières que les circonstances me permettaient de leur envoyer.

Aujourd'hui, la tâche que mon brave colonel Aronsshon et moi nous nous étions imposée est terminée, et je demanderai au *Gaulois* de publier ces quelques mots :

« 1º Il est vrai que j'ai été plusieurs fois reconnu et acclamé par la garde nationale, et c'est cette popularité qui m'a permis de faire quelque bien, du moins je le crois.

» 2º Je n'ai jamais eu aucun commandement, à Paris, sous les ordres du Comité central.

» 3º Je n'ai jamais prononcé aucun discours, quoi qu'en dise la *Liberté*, ni conduit aucune troupe armée ou non armée.

» 4º Et enfin, la délivrance du général Chanzy et du général Lagourian ont été le résultat de nos efforts, et, le lendemain même du jour où nous allâmes chercher le général, je quittais Paris pour me retirer à Saint-Germain, content du résultat, quoique honni par les uns et mis en suspicion par les autres. »

Voilà les résultats obtenus, non sans quelques dangers peut-être, dans ces moments d'effervescence. Que les gens qui m'ont insulté gratuitement en fassent autant.

Veuillez, etc.
Général CREMER.

Nous avons cité, que le lecteur juge.

DÉCLARATION DU SIÈCLE

Aux électeurs de Paris.

C'est demain mercredi, 22 mars, que, aux termes des proclamations du *Comité* installé à l'Hôtel de Ville, les électeurs de Paris sont convoqués pour élire un conseil communal.

Nous ne nous préoccupons pas de savoir si le *Comité* persiste ou ne persiste pas à ouvrir demain les comices populaires ; il nous est indifférent qu'il ajourne ou n'ajourne pas le vote. — Pour nous, le devoir est clair, évident, catégorique : nous ne reconnaissons au *Comité* ni droit ni autorité : son appel est pour nous comme s'il n'existait pas : nous n'y répondrons pas.

Il n'y a en France qu'un seul pouvoir national, celui de l'Assemblée réunie à Versailles ; il n'y a à Paris qu'une seule autorité municipale, celle des maires et des adjoints élus par le suffrage universel.

Tout le reste n'est que force pure.

L'Assemblée est saisie d'un projet de loi aux termes duquel la ville de Paris sera appelée à élire son conseil municipal.

Lorsque ce projet sera devenu loi, et que les électeurs régulièrement convoqués pourront voter librement, légalement, nous irons au scrutin ; mais avant, *non !*

Les représentants de Paris ont déclaré qu'ils s'opposeraient par tous les moyens possibles aux opérations électorales ordonnées par le *Comité* de l'Hôtel de Ville. Notre appui le plus énergique est acquis à cette résolution des représentants réguliers de la ville de Paris. Quiconque voterait ou prêterait son concours au vote illégal décrété par le *Comité*, se rendrait complice de la violation des lois et serait coupable de trahison envers la République.

Un tel vote serait d'ailleurs frappé de nullité, vicié dans son essence, nul et de nul effet.

L'abstention est donc un devoir étroit.

Opposons du moins à la force l'invincible obstacle de la résistance passive.

Faisons le vide autour et dans les urnes illégales du *Comité*.

C'est le devoir et c'est aujourd'hui le vrai moyen de salut.

(*La rédaction du* Siècle.)

M. ÉDOUARD LOCKROY

A M. le rédacteur en chef de l'Opinion nationale.

Paris, 19 mars 1871.

Monsieur,

Dans votre article intitulé : *les Complices*, vous dites :
« M. Lockroy, qui commande un bataillon... »

Mon bataillon (bataillon de l'Octroi) a été licencié lors de la réouverture des portes. Je ne commande pas un seul homme.

Vous dites que j'ai écrit au *National*. Je n'ai jamais écrit au *National*.

Vous dites que nous n'avons pas protesté contre le crime de Montmartre. Vous n'en savez rien. Nous n'avons point rédigé de manifeste, parce que nous n'avons rien voulu faire qui pût amener, provoquer, occasionner un conflit.

Notre premier devoir était d'empêcher la guerre civile. Vous paraissez l'oublier.

Vous dites que nous nous sommes effacés. Depuis deux jours et deux nuits, nous sommes sur la brèche. Ce matin, nous avons obtenu l'installation des municipalités à l'Hôtel de Ville. Nous avons assuré hier les services publics qui allaient manquer complétement. Seuls, sans force armée, nous avons travaillé à rétablir l'ordre et la paix dans Paris.

Est-ce s'effacer ?

Vous dites que nous n'avons pas osé nous déclarer « les ennemis politiques des meurtriers de Clément Thomas. » Qui a tué Clément Thomas? Les membres de ce Comité central qui siégeait à l'Hôtel de Ville nous ont dit qu'ils avaient horreur, comme nous, de ce crime; qu'ils avaient ordonné d'en arrêter les auteurs. Savez-vous ce qu'on m'a affirmé? Que ce crime avait été commis par les soldats du général Lecomte!

Vous dites que nous devrions agir. Depuis deux jours nous agissons.

Avant d'accuser, de calomnier et d'insulter des hommes qui ont fait leur devoir, monsieur, on se renseigne et on réfléchit.

Agréez mes salutations.

Édouard Lockroy,
Député de la Seine.

LA DÉFENSE

UNE LETTRE DE M. J. MAUMY

Busigny, juillet 1871.

Cher monsieur,

Je ne sais s'il en est temps encore, mais j'ai pensé que je pouvais vous donner quelques détails qui me concernent et qui ne laissent pas d'avoir quelque valeur pour bien apprécier les événements que vous voulez raconter.

Il est à croire que vous ignorez deux faits qui me sont absolument personnels. Le premier est celui-ci : d'avoir proposé à la commission des maires un plan de barricades pour la défense de notre arrondissement; plan que j'ai remis dans les mains de Chéron et que je suis allé reprendre le soir à onze heures sur la table du Conseil, ce qui établit de la part des maires une volonté sérieuse de résister, puisque ce fut d'accord avec Tirard que je rédigeai cette note que ma connaissance de l'arrondissement pouvait me permettre de faire d'une façon complète.

En second lieu, le 23 mars à midi, les maires étaient encore en séance ; je leur fis proposer par Loiseau-Pinson : de payer la solde à la garde nationale, de donner l'indemnité aux femmes et de continuer les secours municipaux. Ma proposition fut acceptée et je rédigeai une affiche qui fut imprimée chez Paul Dupont dans la soirée du 23 au 24 et portait en tête, en grandes lettres, le mot : SOLDE.

Cette affiche, placardée dans tout Paris avant le jour, produisit un tel effet sur le Comité central qu'elle nous attira cette réponse : « *Les infâmes, ils nous enlèvent la Manutention et la Banque.* »

Je fus nommé avec M. Goudchaux pour faire le service de trésorerie qui ressortait de la prise de ces mesures. Ce service dura pendant les journées du 24 et du 25 et la matinée du dimanche. Le vendredi matin, au moment où j'arrivais à la Banque pour y prendre l'argent nécessaire aux services du jour (300,000 fr.), l'idée me vint de demander à M. Mignot si le Conseil, qui se réunit le jeudi, avait décidé de donner de l'argent au Comité central. Il me fut répondu que s'il se présentait, il lui serait remis 350,000 fr. M. Mignot ajouta, que si la Banque était protégée militairement et mise en mesure de résister efficacement, on cesserait toute livraison d'espèces au Comité. Je revins en parler aux maires et je leur proposai de prendre sur ma responsabilité de résister. On me répondit qu'on était encore en pourparlers et que refuser brusquement de l'argent au Comité, c'était rompre toute chance de conciliation.

Je retournai à la Banque où je rencontrai Varlin et l'un de ses collègues, Jourde, je crois. Je me crus en droit de faire remarquer au premier que puisque nous payions tous les services, il était inutile que l'on payât une seconde fois. Les délégués du Comité me répondirent qu'ils y réfléchiraient. L'affiche : « *Les infâmes, ils nous enlèvent la Manutention et la Banque,* » fut le résultat de leurs réflexions et dans l'après-midi on se présenta chez moi pour m'arrêter.

. . . .

Votre dévoué.

JULES MAUMY.

LES VIIIe ET XVIe ARRONDISSEMENTS

Dans le 16e arrondissement, M. Henri Martin, aidé par le colonel Lavigne et le commandant Bouteiller faisait afficher la proclamation ci-dessous, réunissait autour de lui les bataillons de son quartier, et lorsque les fédérés se présentaient à la porte Passy, ils se voyaient priés de rentrer chez eux.

— Mais...

— Il n'y a pas de *mais*, répondirent les gardes, gardez vos quartiers, cela ne nous regarde pas. Nous sommes ici chez nous et en nombre. Laissez-nous tranquilles.

RÉPUBLIQUE FRANÇAISE

LIBERTÉ — ÉGALITÉ — FRATERNITÉ

Résolus à défendre énergiquement la République et à seconder les efforts conciliatoires des députés de Paris, la municipalité du 16e arrondissement, les commandants et officiers des 38e et 72e bataillons ont organisé, de concert, un service de protection et de surveillance qui assure la sécurité et la dignité de l'arrondissement.

Tous les citoyens dévoués à la République, amis de l'ordre, s'associeront à cette œuvre éminemment patriotique et pacifique.

Ils faciliteront ainsi l'accomplissement de la tâche dont les députés de Paris unis aux municipalités ont pris l'initiative.

Vive la République !

Paris, 21 mars 1871

Colonel LAVIGNE,
Commandant le 38e bataillon.

De BOUTEILLER,
Commandant le 72e bataillon.

Le Maire,
Henri MARTIN.

Les adjoints,
Dr MARMOTTAN, CHAUDET, SEVESTE.

De son côté, M. Denormandie, maire par intérim du 8ᵉ arrondissement, adressait à ses administrés une proclamation qui ne resta pas sans effet :

RÉPUBLIQUE FRANÇAISE

LIBERTÉ — ÉGALITÉ — FRATERNITÉ

Mairie du 8ᵉ arrondissement.

La garde nationale est convoquée. Le maire du 8ᵉ arrondissement fait appel à tous les hommes animés du véritable amour du pays. On paraît oublier que l'ennemi est encore sous nos murs et surveille nos divisions intestines.

Il n'y a qu'une volonté, *celle de la France*. Il n'y a qu'un gouvernement, *celui de la République*, qui est le gouvernement de tous et que tous les bons citoyens veulent sincèrement garder.

Il n'y a qu'une question, *l'ordre public*, que personne ne doit troubler, et *le respect de la loi*, à laquelle personne ne peut se soustraire.

Pour le maire,
Denormandie,
Adjoint.

Dans le 8ᵉ arrondissement, M. Salicis, capitaine de frégate et professeur à l'École polytechnique, appelait à lui la jeunesse des Écoles qui commençait à s'agiter.

LE CAPITAINE SALICIS

Paris, 18 mars 1871.

Monsieur le rédacteur du *Rappel*,

Dans les circonstances extrêmes que nous traversons, comme au jour de la reddition, chaque individualité reprend ses droits, et vous accueillerez, j'espère, les idées d'un simple citoyen dès qu'elles vous paraîtront tournées au bien de la République.

Paris, après avoir subi un siège sans exemple, se trouve, par un fait non moins unique, sans gouvernement et sans administration.

Des comités se sont formés avec l'intention bien arrêtée de sauvegarder l'intégrité, les intérêts de la République ; les membres de ces comités procèdent sans doute du suffrage ; mais par cela même qu'ils sont multiples, chacun d'eux procède nécessairement du suffrage restreint.

Or, le suffrage universel seul est souverain. Les décisions de ces comités sont donc d'avance attaquables, et demain d'autres groupes de citoyens pourront constituer une délégation nouvelle ; la situation, maintenue telle, reste sans issue.

Est-il besoin d'insister non-seulement sur les désastres que cet état doit causer à la fortune publique, mais surtout sur le danger que court la démocratie à fournir par là des armes à la réaction ?

Paris, cependant, même temporairement isolé du reste du pays, possède, dès à présent, les éléments complets d'un pouvoir dont nul ne peut contester la légalité, par conséquent l'autorité morale.

Ces éléments sont : la députation de Paris, les municipalités, tant urbaines que de banlieue ; c'est-à-dire plus de cent cinquante citoyens honorables et honorés, élus par nous tous en pleine liberté, représentant par leur ensemble les intérêts moraux, intellectuels, matériels de Paris, et, sans doute possible, la République.

Il faut qu'au plus tôt, demain, aujourd'hui, ces citoyens se réunissent à la salle Saint-Jean. Ils n'ont point à déclarer qu'ils prennent le pouvoir ; leur mandat est indiscutable ; de principe, ils sont le pouvoir lui-même, et n'ont plus qu'à en régler l'exercice.

En ce qui me regarde, je n'hésite pas à déclarer qu'en ne faisant pas cela, comme Français, comme citoyens de Paris, comme républicains, ils manquent à leur premier devoir.

Recevez, etc.
SALICIS.

UNE ERREUR DU LIEUTENANT-COLONEL DE BEAUFOND

M. le lieutenant-colonel de Beaufond a envoyé, dans la soirée du 25 mars, cette note aux journaux :

Après les événements du 16 mars, le Gouvernement parti, l'autorité n'était plus représentée à Paris.

Tous les maires, et, avec eux, la plus grande partie de la population, virent la liberté et l'ordre compromis ; aussitôt le parti de la résistance au désordre se manifesta avec une très-grande énergie, et en moins de trois jours, 111,000 citoyens, et les braves jeunes gens des écoles de droit et de médecine, ayant à leur tête le sympathique J. Garnier, se sont ralliés au drapeau du Gouvernement élu du suffrage universel ; lorsque, le 25, dans l'après-midi, à la suite d'une convention intervenue entre les maires et le comité de l'Hôtel de Ville, les citoyens qui restaient dévoués quand même au Gouvernement malgré son indifférence coupable à leur égard, se retirèrent chez eux, moins les hommes strictement nécessaires pour maintenir et faire respecter les droits et la liberté des citoyens.

Le soir, à sept heures, l'ordre de l'amiral, commandant en chef les gardes nationales de la Seine, autorisait MM. les chefs de corps, officiers, sous-officiers et gardes, à rentrer dans leurs foyers, ce qu'ils firent immédiatement.

En me séparant de cette brave et intelligente population française qui habite Paris, et qui est négligée en ce moment par le Gouvernement, je dois constater publiquement la volonté qu'a cette grande cité de maintenir la tranquillité, et la force qu'elle a pour le faire.

Au nom de la liberté et de l'ordre, je vous remercie tous du concours éclairé que vous nous avez prêté, et je vous invite à conserver le calme qui convient à votre force et à votre droit, surtout après les événements malheureux qui viennent de se passer.

Paris, le 25 mars 1871.

Le lieutenant-colonel chef d'état-major général, par intérim, des gardes nationales de la Seine,

DE BEAUFOND.

Nous nous permettrons de relever dans cette note le chiffre 110,000 qui nous paraît exagéré.

Nous tenons du colonel Quevauvillers que les troupes réunies sous ses ordres pouvaient se chiffrer ainsi :

Le 21 mars : 2,000 hommes augmentés par des contingents de la mobile, du 17e et du 9e bataillons (commandant Saunier).

Le 22 mars : 3,500 hommes. (Le lieutenant d'artillerie Duchemin s'empare d'une douzaine de mitrailleuses et les ramène à la caserne de la rue de la Banque.)

Le 23 mars : 4,000 hommes.

Le 24 mars : 8,000 hommes environ.

Le 25 mars : En comptant les mobiles du capitaine H. de Rivoire, les jeunes gens des écoles, les mobiles, on n'avait pu réunir dans le 2e arrondissement que 10,000 hommes.

Voici, en outre, le nombre d'hommes que comptaient les premiers bataillons accourus :

149e (com^t Quevauvillers) 600 hommes.

8e (com^t Simon) 1,100 hommes.

10ᵉ (comᵗ Thorel) 1,000 hommes.
148ᵉ (comᵗ Delacour) 350 hommes.
92ᵉ (comᵗ Roux) 1,000 hommes.
100ᵉ (comᵗ Poisson) 100 hommes à peine.
181ᵉ (comᵗ Noirot) une douzaine.
227ᵉ (comᵗ Wimphen) 300 hommes.
17ᵉ (comᵗ de Crisenoy) 300 hommes.
9ᵉ (comᵗ Saunier) plus de la moitié du bataillon.

On le voit, il y a loin de ces chiffres, dont nous garantissons l'authenticité, à ceux donnés par M. de Beaufond.

FOURNITURES D'ARMES ET DE MUNITIONS

Voici la note présentée par la maison Gévelot à la mairie du 2ᵉ arrondissement, après le 26 mars :

MAISON GÉVELOT, RUE NOTRE-DAME DES VICTOIRES, 30, PARIS

	LIVRAISONS FAITES LE 22 ET LE 23 MARS	Cartouches transformées.	Cartouches Chassepot.	Cartouches fusil à piston.	Amorces de guerre.
	Au 227ᵉ Bataillon.				
22 mars	3 caisses pour fusils transformés............ Reçu signé du chef de bataillon	7.110	»	»	»
	Au 11ᵉ Bataillon.				
»	120 paquets cartouches pour fusils transformés par 6...	720	»	»	»
	47 paquets cartouches pour fusils à piston par 10.... Reçu signé par le capitaine d'armement.	»	»	470	»
	A reporter........	7.830	»	470	»

ANNEXE

LIVRAISONS FAITES LE 22 ET LE 23 MARS		Cartouches transformées.	Cartouches Chassepot.	Cartouches fusil à piston.	Amorces de guerre.
	Au 204ᵉ Bataillon.				
	Report......	7.830	»	470	»
22 mars	6 caisses cartouches pour fusils transformés..........	14.220	»	»	«
	Reçu signé du colonel Jeanne.				
	Au 14ᵉ Bataillon.				
»	4 caisses cartouches pour fusils transformés.........	9.480	»	»	»
	Reçu signé Méline à capitaine Poirier.				
	Au 17ᵉ Bataillon.				
23 mars	150 paquets de cartouches chassepot par 9..........	»	1.350	»	»
	200 paquets de cartouches pour fusils transformés par 6..................	1.200	»	»	»
	Reçu signé du capitaine Levaux.				
	Au 12ᵉ Bataillon.				
»	2.000 amorces de guerre....	»	»	»	2.000
	Reçu signé Mervoyer, Garde.				
	A la Mairie du 2ᵒ arrondiss.				
»	46 caisses de cartouches pour fusils transformés par 2370.	109.120	»	»	»
	2 caisses cartouches chassepots par 3672..........	»	7.344	»	»
	Reçu signé Camaret, élève de l'École Polytechnique.				
	Au 109ᵉ Bataillon.				
»	40 paquets cartouches pour fusils à piston par 100...	»	»	400	»
	800 amorces de guerre......	»	»	»	800
	Reçu signé sous-lieutenant Agard.				
	Au 12ᵉ bataillon.				
»	1 caisse cartouches fusils transformés	2.370	»	»	»
	Sur ordre du colonel Quevauvillers.				
		144.120	8.694	870	2.800

Et le compte de la maison Christofle, qui tous deux donneront un aperçu des faibles moyens de résistance que les maires avaient entre les mains :

Livré à la mairie du 2ᵉ arrondissement sur l'ordre de l'amiral Saisset, le 24 mars 1871.

Le 21 mars 1871. — Dix mitrailleuses à 37 canons.
Une mitrailleuse à 7 canons.
Cinquante boîtes à charger, soit cinq par mitrailleuse.
Sept cent vingt cartouches pour mitrailleuses à 37 canons.
Dix-sept cartouches pour mitrailleuses à 7 canons.
Onze cartouches pour mitrailleuses à 7 canons explosibles.
Le 22 mars. — Six journées d'ouvriers pour monter et redescendre les mitrailleuses (*contre-ordre*).
Le 23 mars. — Pour le même travail, même temps.
24 mars. — Montage définitif, même temps.
Dix chasse-culots pour les petites mitrailleuses.
Un chasse-culots pour la grosse mitrailleuse.
A la mairie, huit journées pour vérification et mise en état de servir des mitrailleuses ci-dessus.

LE COMMANDANT POISSON

Paris, le 20 mars 1871.

Monsieur,

Beaucoup de mes amis m'affirment, et c'est vrai, avoir lu dans votre journal que le 100ᵉ bataillon s'est, dans la journée du 18, porté et massé sur la butte Montmartre, par ordre d'un Comité dit central.

J'ai appris qu'en effet une partie du bataillon y avait

été vue sous le commandement de quelques officiers. Mais, monsieur, au nom de tout ce qui est cher à un homme d'honneur, je vous adjure d'affirmer dans votre prochain numéro que le commandant du bataillon depuis sa formation n'y était pas.

J'ajoute que le 100e bataillon s'était conduit d'une manière admirable pendant le siége de Paris; qu'aucuns services, qu'aucunes privations n'avaient ni n'auraient pu le rebuter; mais que la présence d'une partie de son effectif, malgré mes avis réitérés, sur une butte qui désormais s'appellera la butte Scélérate, au moment peut-être où l'on y assassinait notre vieux général Clément Thomas, un des plus purs apôtres du plus pur républicanisme, fera que, quoique j'aie bonne mémoire, je tâcherai à tout jamais d'oublier que j'ai commandé le 100e bataillon.

Salut, monsieur, et vive la République!

L'ex-commandant du 100e bataillon,
François POISSON.

LES MITRAILLEUSES

Dans la soirée du 24, le lieutenant d'artillerie Duchemin alla chercher aux Arts-et-Métiers et rapporta à la caserne de la rue de la Banque une douzaine de mitrailleuses, — sans munitions. Le 25 au soir et le dimanche matin le Comité fit placarder sur les murs l'affiche suivante qu'on peut justement regarder comme une déloyale manœuvre électorale.

Citoyens,

Entraînés par notre ardent désir de conciliation, heureux de réaliser cette fusion, but incessant de tous nos efforts, nous avons loyalement ouvert à ceux qui nous combattaient une main fraternelle. Mais la continuité de certaines manœuvres, et notamment le transfert nocturne de mitrailleuses à la mairie du 2ᵉ arrondissement nous obligent à maintenir notre résolution première.

Le vote aura lieu dimanche 26 mars.

Si nous nous sommes mépris sur la pensée de nos adversaires, nous les invitons à nous le témoigner en s'unissant à nous dans le vote commun de dimanche.

Hôtel de Ville, 25 mars 1871.

Les membres du Comité central :

(SUIVENT LES SIGNATURES.)

MANDATS D'AMENER LANCÉS CONTRE LES MAIRES

Divers mandats d'amener furent lancés après le 18 mars contre les maires et les adjoints de Paris. Nous donnons, d'après le *Temps* du 27 mars, le compte rendu de l'arrestation de M. J.-A. Lafont, adjoint du 18ᵉ arrondissement. Le même jour, M. André Murat, adjoint du 10ᵉ, fut également arrêté et enfermé, — comme l'a dit le citoyen Ondet, à la première séance de la Commune, — avec les voleurs, faute de cabanon disponible.

Des mandats d'arrêt furent également lancés contre MM. Desmarest, Dubail et Héligon. Ce dernier, parti de Paris, après mille difficultés, le 25 mars, en train spécial, à 2 heures, avec l'envoyé de la mairie du 2ᵉ qui portait la convention aux maires et aux représentants de la Seine, ne rentra à Paris qu'après le 28 mai.

M. Vautrain, maire du 4ᵉ, menacé d'arrestation, ne dut sa liberté qu'à son énergique attitude et à celle de ses collègues qui déclarèrent ne pas vouloir se séparer de leur maire.

Après son discours à la première séance de la Commune, M. Tirard, maire du 2ᵉ, fut décrété d'accusation et fut forcé de ne point revenir à Paris pour n'être point incarcéré.

Voici l'article du *Temps* :

Hier matin, à dix heures, au moment où les maires et adjoints, réunis à la mairie du 2ᵉ arrondissement, se concertaient avec les membres du Comité central pour arriver à une entente commune, en vue d'éviter l'effusion du sang, des gardes nationaux cernaient la maison habitée par M. J.-A. Lafont, adjoint au maire du 18ᵉ.

Deux agents, ceints d'écharpes, ont opéré une visite domiciliaire minutieuse, saisi les armes et munitions qui se trouvaient chez M. J.-A. Lafont, et mis ce dernier en état d'arrestation après lui avoir exhibé un mandat d'amener qui l'accusait d'excitation à la guerre civile.

M. J.-A. Lafont, amené en voiture à la mairie, a ensuite été écroué, jusqu'à quatre heures, à la Conciergerie, après quoi il a été remis en liberté.

On nous assure également que M. Clémenceau, maire du 18ᵉ, était, comme son premier adjoint, sous le coup d'un mandat d'amener, qu'il a pu échapper à temps aux hommes qui venaient l'arrêter, mais qu'une perquisition domiciliaire minutieuse a été opérée chez lui.

Enfin, il paraît également notoire que M. Jaclard, adjoint au maire de Montmartre, a été gardé à vue pendant plusieurs heures.

Tous ces faits se passaient au moment même où les municipalités se trouvaient réunies à la mairie du 2ᵉ avec quatre délégués du Comité central.

D'après des renseignements que nous avons lieu de croire exacts, nous devons faire connaître cette particularité que M. J.-A. Lafont et quelques-uns de ses collègues faisaient depuis trois jours des efforts énergiques pour arriver à une conciliation; que la veille même de l'arrestation, M. Lafont avait été envoyé à l'Hôtel de Ville pour obtenir ce résultat, qui semblait enfin acquis quand il a été l'objet de la mesure arbitraire dont il a été un instant la victime.

Voici la teneur du mandat d'amener délivré par la préfecture contre M. J.-A. Lafont :

RÉPUBLIQUE FRANÇAISE

DE PAR LA LOI

Nous, délégué civil près la préfecture de police,

En vertu de l'article 10 du Code d'instruction criminelle ;

Mandons et ordonnons à tous agents de la force publique d'amener à la Conciergerie, en se conformant à la loi, le nommé J.-A. Lafont, inculpé d'excitation à la guerre civile, pour être entendu sur les inculpations dont il est l'objet ;

Requérons le commissaire de police d. . . . . . .
. . . . . ou autres, en cas d'empêchement, de faire exacte perquisition chez l . . . .
à l'effet d'y rechercher et saisir tous papiers, écrits, imprimés, correspondance, d'une nature suspecte, armes, munitions de guerre, et généralement tous objets susceptibles d'examen ; lesquels seront saisis et déposés à la préfecture, avec le procès-verbal qu'il en aura dressé et le présent mandat,

Requérons tous dépositaires de la force publique de prêter main-forte à son exécution.

Fait à Paris, le 24 mars 1871.

Le délégué civil près la préfecture de police,
RAOUL RIGAULT.

On le voit, la tâche des maires n'a pas été sans danger.

LA LIGUE ANTIMONARCHIQUE

La Ligue antimonarchique, fidèle aux principes républicains et adhérant complétement au manifeste des députés, maires et adjoints de Paris, engage tous les citoyens de la grande cité, sincèrement républicains, à ne tenir aucun compte de décisions prises et de convocations faites par des pouvoirs quels qu'ils soient, n'émanant pas du suffrage universel.

Docteur MACÉ, président. — Laurent COPPENS et Jean GRÉGOIRE, vice-présidents. — Joseph CROCE SPINELLI, secrétaire.

LE DUC D'AUMALE LIEUTENANT-GÉNÉRAL DU ROYAUME

En tête de son numéro du 25 mars, la *Nouvelle République*, journal de M. Paschal Grousset, publiait ces quelques lignes qui produisirent dans Paris l'émotion la plus vive et rejetèrent dans l'incertitude la population qui s'était retournée vers ses maires. Le mot de *manœuvre électorale* fut prononcé par divers journaux du Comité :

L'Assemblée de Versailles vient de nommer le duc d'Aumale

LIEUTENANT-GÉNÉRAL DU ROYAUME.

Elle désavoue les engagements placardés hier par M. Saisset, qui se démet de ses fonctions virtuelles et renonce à la résistance.

Elle lève ouvertement l'étendard de la révolte contre le peuple souverain, et appelle la province à marcher sur Paris.

La province répond à cet appel en faisant la révolution

municipale à Lyon, Marseille, Toulouse, Draguignan, Grenoble et Besançon.
Et ce n'est que le commencement.

Dans la Journée du 24, nous avons dit ce qu'il y avait de vrai dans cette histoire malencontreuse, nous n'y reviendrons donc pas.

LA RÉVOLUTION DU 18 MARS (1)

Les journaux réactionnaires continuent à tromper l'opinion publique en dénaturant avec préméditation et mauvaise foi les événements politiques dont la capitale est le théâtre depuis trois jours. Les calomnies les plus grossières, les inculpations les plus fausses et les plus outrageantes sont publiées contre les hommes courageux et désintéressés qui, au milieu des plus grands périls, ont assumé la lourde responsabilité du salut de la République.

L'histoire impartiale leur rendra certainement la justice qu'ils méritent, et constatera que la Révolution du 18 mars est une nouvelle étape importante dans la marche du progrès.

D'obscurs prolétaires, hier encore inconnus, et dont les noms retentiront bientôt dans le monde entier, inspirés par un amour profond de la justice et du droit, par un dévouement sans borne à la France et à la République, s'inspirant de ces généreux sentiments et de leur courage à toute épreuve, ont résolu de sauver à la fois la patrie envahie et la liberté menacée. Ce sera là leur mérite devant leurs contemporains et devant la postérité.

Les prolétaires de la capitale, au milieu des défaillances et des trahisons des classes gouvernantes, ont compris que l'heure était arrivée pour eux de sauver la situation en prenant en main la direction des affaires publiques.

Ils ont usé du pouvoir que le peuple a remis entre leurs mains avec une modération et une sagesse qu'on ne saurait trop louer.

Ils sont restés calmes devant les provocations des ennemis de la République, et prudents en présence de l'étranger.

Ils ont fait preuve du plus grand désintéressement et de l'abné-

(1) *Journal officiel* du Comité du 21 mars.

gation la plus absolue. A peine arrivés au pouvoir, ils ont eu hâte de convoquer dans ses comices le peuple de Paris, afin qu'il nomme immédiatement une municipalité communale dans les mains de laquelle ils abdiqueront leur autorité d'un jour.

Il n'est pas d'exemple dans l'histoire d'un gouvernement provisoire qui se soit plus empressé de déposer son mandat dans les mains des élus du suffrage universel.

En présence de cette conduite si désintéressée, si honnête et si démocratique, on se demande avec étonnement comment il peut se trouver une presse assez injuste, malhonnête et éhontée pour déverser la calomnie, l'injure et l'outrage sur des citoyens respectables, dont les actes ne méritent jusqu'à ce jour qu'éloge et admiration.

Les amis de l'humanité, les défenseurs du droit, victorieux ou vaincus, seront donc toujours les victimes du mensonge et de la calomnie ?

Les travailleurs, ceux qui produisent tout et qui ne jouissent de rien, ceux qui souffrent de la misère au milieu des produits accumulés, fruits de leur labeur et de leurs sueurs, devront-ils donc sans cesse être en butte à l'outrage ?

Ne leur sera-t-il jamais permis de travailler à leur émancipation sans soulever contre eux un concert de malédictions ?

La bourgeoisie, leur aînée, qui a accompli son émancipation il y a plus de trois quarts de siècle, qui les a précédés dans la voie de la révolution, ne comprend-elle pas aujourd'hui que le tour de l'émancipation du prolétariat est arrivé ?

Les désastres et les calamités publiques dans lesquels son incapacité politique et sa décrépitude morale et intellectuelle ont plongé la France devraient pourtant lui prouver qu'elle a fini son temps, qu'elle a accompli la tâche qui lui avait été imposée en 89, et qu'elle doit sinon céder la place aux travailleurs, au moins les laisser arriver à leur tour à l'émancipation sociale.

En présence des catastrophes actuelles, il n'est pas trop du concours de tous pour nous sauver.

Pourquoi donc persiste-t-elle avec un aveuglement fatal et une persistance inouïe à refuser au prolétariat sa part légitime d'émancipation ?

Pourquoi lui conteste-t-elle sans cesse le droit commun ; pourquoi s'oppose-t-elle de toutes ses forces et par tous les moyens au libre développement des travailleurs ?

Pourquoi met-elle sans cesse en péril toutes les conquêtes de l'esprit humain accomplies par la grande révolution française ?

Si, depuis le 4 septembre dernier, la classe gouvernante avait laissé un libre cours aux aspirations et aux besoins du peuple; si elle avait accordé franchement aux travailleurs le droit commun, l'exercice de toutes les libertés, si elle leur avait permis de développer toutes leurs facultés, d'exercer tous leurs droits et de satisfaire leurs besoins; si elle n'avait pas préféré la ruine de la patrie au triomphe certain de la République en Europe, nous n'en serions pas où nous en sommes et nos désastres eussent été évités.

Le prolétariat, en face de la menace permanente de ses droits, de la négation absolue de toutes ses légitimes aspirations, de la ruine de la patrie et de toutes ses espérances, a compris qu'il était de son devoir impérieux et de son droit absolu de prendre en main ses destinées et d'en assurer le triomphe en s'emparant du pouvoir.

C'est pourquoi il a répondu par la révolution aux provocations insensées et criminelles d'un gouvernement aveugle et coupable, qui n'a pas craint de déchaîner la guerre civile en présence de l'invasion et de l'occupation étrangères.

L'armée, que le pouvoir espérait faire marcher contre le peuple, a refusé de tourner ses armes contre lui, elle lui a tendu une main fraternelle et s'est jointe à ses frères.

Que les quelques gouttes de sang versé, toujours regrettables, retombent sur la tête des provocateurs de la guerre civile et des ennemis du peuple, qui, depuis près d'un demi-siècle, ont été les auteurs de toutes nos luttes intestines et de toutes nos ruines nationales.

Le cours du progrès, un instant interrompu, reprendra sa marche, et le prolétariat accomplira, malgré tout, son émancipation !

Le délégué au JOURNAL OFFICIEL.

RÉCLAMATIONS

M. Edgar Quinet, absent au moment de la réunion des députés et des magistrats municipaux de Paris, a déclaré adhérer à toutes les manifestations officielles de ses collègues. Il écrivit à ce propos au rédacteur du *Rappel* la lettre suivante :

Cher monsieur et ami,

Je n'ai eu connaissance de l'Adresse des députés de la gauche au peuple de Paris qu'après l'envoi aux journaux.

Veuillez, je vous prie, joindre mon nom à celui des signataires.

Votre tout dévoué,

Edgar QUINET.

Versailles, lundi soir 20 mars 1871.

Versailles, 23 mars 1871.

Citoyen rédacteur,

Je lis dans les journaux différentes proclamations, au bas desquelles mon nom est apposé en ma qualité de représentant du peuple de Paris.

J'en ai signé deux, l'une dans la nuit de dimanche à lundi, après un arrangement convenu avec les délégués du Comité central de la garde nationale, et l'autre, datée du 22 mars, à la suite de la séance de mardi, parce que toutes les deux m'ont semblé de nature à conjurer les calamités de la guerre civile.

Mais je proteste contre l'usage qui a été fait de ma signature apposée, à mon insu, sur d'autres actes à la rédaction desquels je n'ai point participé, et qui me paraissent peu propres à atteindre le but de pacification et de justice que nous devons nous proposer.

Veuillez, citoyen, insérer cette déclaration, et agréer mes salutations fraternelles.

MILLIÈRE.

Paris-Batignoles, le 23 mars 1871.

En présence des événements actuels, les municipalités élues de Paris ont tenté et poursuivi jusqu'ici un but de conciliation.

L'inqualifiable discours de M. Jules Favre, dans lequel il est dit « *qu'il faut combattre résolûment l'émeute de cette tourbe impure qui contient tant d'élément détestables*» a gravement compromis tant de laborieux efforts.

Dans cette situation, et étant mis hors de cause le Comité central que sa victoire sur l'agression gouvernementale a porté à l'Hôtel de Ville, un seul moyen reste de rentrer dans l'ordre sans qu'une goutte de plus de sang français soit versée par des mains françaises : ce sont les élections d'un conseil communal de Paris.

C'est pourquoi, dans un but de concorde et de conservation de notre chère République, je crois de mon devoir de me rallier aux élections qui doivent avoir lieu le 26 mars.

B. MALON∴,
Adjoint au 17ᵉ arrondissement.

Nous trouvons dans les journaux du 28 mars les deux lettres suivantes de M. Alfred André :

Monsieur,

Les événements de ces jours derniers et la part que les municipalités ont été appelées à y prendre ont été déjà l'objet de diverses communications personnelles qui permettent au public d'apprécier aujourd'hui les faits dans leur réalité.

Appelé, comme adjoint à la mairie du 9⁰ arrondissement, à prendre part aux négociations qui se sont poursuivies entre les municipalités et le Comité central de l'Hôtel de Ville, j'ai associé mes efforts à ceux qui ont été faits, dans un but de conciliation, pour arriver à éviter l'effusion du sang ; et si chacun avait consenti à appuyer cette œuvre de sa signature, je ne me serais pas séparé de mes collègues. Mais en présence de l'hésitation d'un grand nombre et de l'absence de plusieurs autres, j'ai dû refuser de signer l'affiche par laquelle ces faits se sont révélés au public, et c'est à tort que mon nom s'y trouve apposé.

Veuillez agréer, monsieur le directeur, l'expression de mes sentiments distingués.

Alfred ANDRÉ,
Adjoint au maire du 9⁰ arrondissement.

Paris, le 27 mars 1871.

Vous avez inséré dans votre numéro de ce jour une lettre de M. Murat, adjoint à la mairie du 10⁰ arrondissement, dont je crois devoir attester l'exactitude, car à son défaut j'aurais tenu à rectifier moi-même l'exposé des faits auxquels les municipalités de Paris ont été appelées à prendre part pendant le cours des événements qui viennent de s'accomplir. J'ai assisté à quelques-unes des discussions qui ont eu lieu entre les municipalités et le Comité central ; j'ai associé mes efforts à ceux qui ont été faits dans un but de conciliation pour arriver à éviter l'effusion du sang, et si chacun avait consenti à appuyer cette œuvre de sa signature, je ne me serais pas séparé de mes collègues. Mais en présence de l'hésitation d'un grand nombre et de l'absence de plusieurs autres, j'ai dû refuser de signer l'affiche par laquelle ces faits se sont révélés au public, et c'est à tort que mon nom s'y trouve apposé.

Veuillez agréer, etc.

Alfred ANDRÉ,
Adjoint au maire du 9ᵉ arrondissement.

Paris, le 28 mars 1871.

Citoyens,

Après avoir, pendant sept mois, consacré toute mon énergie à la défense nationale et aux intérêts de mes administrés, j'avais acquis la confiance universelle de tout mon arrondissement.

Les événements qui viennent de se passer depuis huit jours ont exigé ma présence presque continuelle à la réunion des maires pour prendre toutes les mesures nécessaires pour empêcher l'effusion du sang.

J'ai prodigué toutes mes forces au risque de ma vie pour atteindre ce but, et, pendant mon absence du quinzième arrondissement, des hommes intéressés à me calomnier pour faire réussir leur élection n'ont pas craint de m'accuser :

1º D'avoir été à Versailles chercher des troupes pour combattre l'Hôtel de Ville ;

2º D'avoir enlevé la caisse de la mairie.

Tout le corps d'armée qui s'est avancé de l'Hôtel de Ville sur la mairie du deuxième arrondissement peut répondre à la première accusation ; mais j'insiste avec la plus grande force pour que le Comité central de la garde nationale prenne immédiatement les mesures les plus efficaces pour faire une enquête et confondre les hommes assez lâches pour attenter, en son absence, à l'honneur privé d'un citoyen dévoué à la chose publique.

F. JOBBÉ-DUVAL,
adjoint au maire du 15e arrondissement.

Paris, le 20 mars 1871.

Monsieur,

Retenu à la mairie de mon arrondissement par des affaires urgentes, je n'ai pu me rendre à la réunion des députés, des maires et des adjoints de Paris, qui s'est tenue dans la nuit de dimanche.

Je tiens à déclarer, mon nom ayant été oublié sur l'affiche décidée par cette réunion, que j'adhère pleinement à l'esprit de conciliation qui l'a inspirée.

Agréez, monsieur, l'assurance de mes sentiments distingués.

SEXTIUS MICHEL,
Adjoint du 15e *arrondissement.*

Paris, 22 mars 1871.

C'est à tort que la signature du citoyen Collin, adjoint faisant fonctions de maire, a été omise sur l'affiche signée par un grand nombre de représentants de la Seine et de maires et adjoints d'arrondissement de Paris. L'affiche aurait dû porter : « Collin, Jourdan, adjoints. »

L'adjoint faisant fonctions de maire,
COLLIN.

La Villette, le 24 mars 1871.

A M. Tirard maire du 2ᵉ arrondissement (1).

Je vois mon nom figuré sur les affiches que vous avez faites apposé sur les murs de Paris concernant la nomination des généraux commandants les forces de Paris.

N'étant pas à cette réunion, je décline toute espèce de responsabilité; du reste, n'étant pas élue par le suffrage universel, je ne me reconnait aucun droit a signé aucune affiche ! (2).

Je vous prie, monsieur, que mon nom ne figure plus sur aucune affiche.

Recevez, monsieur, mes sincères salutations.

E. Devaux.
Ancien membre de la commission administrative du 19ᵉ arrondissement.

DÉMISSIONS

A M. le Président de l'Assemblée nationale.

« Il y a trois semaines, l'Assemblée a refusé d'enten-
» dre Garibaldi. Aujourd'hui elle refuse de m'entendre ;
» je donne ma démission.
                            » Victor Hugo. »

(1) Nous reproduisons la lettre de M. Devaux textuellement.
(2) M. Devaux a cependant signé la convention après la séance du 25 mars à laquelle il assistait.

A M. le président de l'Assemblée nationale

26 mars 1871.

Monsieur le président,

Nous avons la conscience d'avoir fait tout ce que nous pouvions pour conjurer la guerre civile, en face des Prussiens encore armés sur notre sol. Nous jurons devant la nation que n'avons aucune responsabilité dans le sang qui coule en ce moment. Mais puisque, malgré nos efforts passés, malgré ceux que nous tentions encore pour arriver à une conciliation, la bataille est engagée, et une attaque dirigée sur Paris, nous, représentants de Paris, croyons que notre place n'est plus à Versailles. Elle est au milieu de nos concitoyens, avec lesquels nous voulons partager, comme pendant le siège prussien, les souffrances et les périls qui leur sont réservés. Nous n'avons plus d'autre devoir que de défendre, comme citoyens, et selon les inspirations de notre conscience, la République menacée. Nous remettons entre les mains de nos électeurs le mandat qu'ils nous avaient confié, dont nous sommes prêts à leur rendre compte.

Les représentants du peuple présents à Paris.
Ch. Floquet. — Ed. Lockroy.

Paris, le 29 mars 1871.

Monsieur le rédacteur,

Le mandat qui m'a été confié dimanche dernier et qui, dans ma pensée, devait être exclusivement municipal, paraissant s'étendre fort au delà dans le domaine de la politique, je vous prie de vouloir bien me prêter le concours de votre honorable journal pour faire connaître aux électeurs du 2ᵉ arrondissement qui m'ont honoré de leurs suffrages, que je ne puis accepter les fonctions qu'ils m'ont confiées.

Recevez, etc.

P. TIRARD.

Paris, le 24 mars 1871.

Monsieur le rédacteur,

J'ai donné, le 2 décembre 1851, ma démission d'adjoint au maire devant un coup d'État qui tuait la République; je donne aujourd'hui ma démission de maire devant la pression *illégale* exercée sur les magistrats municipaux élus par le libre suffrage du peuple.

J'ai refusé de me soumettre à cette contrainte. En me retirant, je tiens à témoigner à mes administrés tout mon regret de cesser de les servir, et ma reconnaissance pour l'appui cordial que j'ai trouvé chez eux pendant l'exercice de mes fonctions.

Agréez, monsieur le rédacteur, l'assurance de ma considération la plus distinguée.

Le maire du 10ᵉ arrondissement,
R. DUBAIL.

RÉPUBLIQUE FRANÇAISE

LIBERTÉ — ÉGALITÉ — FRATERNITÉ

MAIRIE DU 4ᵉ ARRONDISSEMENT

Les maires et adjoints du 4ᵉ arrondissement à leurs concitoyens.

Chers concitoyens,

Appelés par vos libres suffrages dans les premiers jours de novembre 1870, c'est-à-dire pendant la période la plus difficile et la plus douloureuse du siége, à la municipalité du 4ᵉ arrondissement, nous avons rempli, jusqu'à l'heure présente, nos fonctions avec un entier dévouement à la République et aux intérêts de nos administrés; nous y avons consacré nos jours et nos nuits, et jamais les services n'ont cessé d'être régulièrement assurés. Dans ces derniers jours, quittant nos réunions générales, nous nous sommes alternativement présentés à la mairie pour les ordres à donner pour l'expédition des affaires.

Le jeudi, 23 mars, à sept heures du soir, nous venions de quitter notre mairie quand elle fut occupée par un détachement de gardes nationaux étrangers à l'arrondissement. Dès lors, nous nous sommes trouvés dans l'impossibilité de remplir nos fonctions dans notre municipalité.

Réunis à nos collègues de Paris au 2ᵉ arrondissement, nous avons donné notre assentiment, dans un intérêt suprême, à l'accord arrêté le samedi 25 mars à midi, entre les municipalités, les députés de la Seine et une délégation du Comité central.

Nous nous étions engagés à assurer l'élection régulière des cinq membres du conseil municipal de Paris à nommer dans notre arrondissement.

Pour l'exécution loyale de notre promesse, nous

sommes rentrés dans notre mairie samedi à trois heures de relevée, et là, nous nous sommes trouvés en présence d'un ordre d'arrestation, en date du 23 mars, émané du Comité central, et d'un refus formel de la part d'un comité installé au bureau des élections, de nous remettre les listes électorales. Nous avons protesté contre cette atteinte portée à la liberté individuelle et contre l'outrage fait à des élus du suffrage universel. Après avoir dressé un procès-verbal constatant l'obstacle mis à l'accomplissement de nos fonctions municipales et l'avoir fait signer de toutes les personnes présentes, nous nous sommes retirés de la mairie.

L'élection d'un conseil municipal modifie les attributions des maires d'arrondissement, et, par suite, le mandat que nous avons reçu de vous cesse d'exister dans les conditions où vous nous l'avez confié.

Élus du suffrage universel, nous venons remettre à nos électeurs notre démission collective des fonctions de maire et adjoints dont ils nous avaient fait l'honneur de nous investir.

Chers concitoyens,

Nous avons trouvé, pendant notre administration, un concours sympathique que nous n'oublierons jamais et qui nous a rendu moins lourde la tâche que nous avions à remplir. — Nous vous en adressons nos sincères remercîments, et nous emportons, en vous quittant, la conscience d'avoir rempli notre devoir en hommes de cœur et en bons citoyens.

Vive la France ! Vive la République !

Paris, le 27 mars 1871.

VAUTRAIN, maire. — DE CHATILLON, — Ch. CALLON, — Ch. LOISEAU, adjoints.

RÉPUBLIQUE FRANÇAISE

AUX ÉLECTEURS DU IX⁰ ARRONDISSEMENT.

Au jour où les municipalités de Paris ont été appelées pour la première fois, sous le régime républicain, à se constituer par le suffrage universel, vous nous avez confié l'administration de notre arrondissement.

Nous avons accompli dans des temps difficiles un mandat défini dont nous pouvions mesurer l'importance et la charge. Nous y avons consacré tout notre temps et nos efforts.

Un ordre de choses nouveau se prépare, et notre mandat ne subsiste plus dans son intégrité première. Nous venons donc résigner nos fonctions entre les mains de nos électeurs.

Nous emportons dans notre retraite le souvenir reconnaissant de la confiance dont nos concitoyens nous avaient honorés.

7 mars 1871.

E. Desmarest, maire. — E. Ferry, — A. André, — G. Nast, adjoints.

RÉPUBLIQUE FRANÇAISE.

LIBERTÉ. — ÉGALITÉ. — FRATERNITÉ.

Mairie du 17ᵉ arrondissement.

Citoyens,

Nous nous retirons, comme il convient à tout républicain quand il est atteint dans sa conscience politique.

Avant de quitter nos fonctions, il nous a été donné de voir quelques calomnies à notre adresse s'étaler sur les murs sous forme d'affiches officielles; nous refuserons d'y répondre, laissant ce soin à tous ceux qui nous ont connus tous les jours, à notre poste, pendant le siége, face à face avec les exigences du moment, disputant pied à pied, au froid et à la faim, leurs victimes.

La conciliation, aujourd'hui surtout, est le véritable sentiment républicain, et, pendant huit jours, nous avons essayé de concilier l'Hôtel de Ville et l'Assemblée nationale, Paris et la France.

Nous nous sommes rappelé que la France est une et indivisible, et que, si une partie a été violemment séparée, ce n'est pas une raison pour briser l'unité de notre pays et détruire, dans un accès de fièvre, l'œuvre de la révolution française.

La Commune de 93 elle-même, animée du même esprit et du même respect pour les décisions de la Convention, n'a jamais osé se passer de sa sanction pour consacrer une loi. Il nous semblait que notre devoir était d'épuiser nos obsessions auprès de l'Assemblée nationale, trait d'union entre Paris et la France.

Par son obstination à refuser la reconnaissance d'un droit, l'Assemblée nous a forcés de passer outre. Nous avons en même temps sacrifié des scrupules d'amour-propre à des menaces de guerre civile.

Nous avons adhéré aux élections du dimanche 26 mars, parce que, pour nous, toute lutte intestine est un prélude de décadence, surtout chez un peuple accablé de défaites, ayant encore l'étranger dans son sein.

Telle a été notre conduite dans ces derniers jours. Nous nous retirons donc en souhaitant que notre patrie, déjà si éprouvée, sorte, s'il est possible, grande et forte de ces nouvelles convulsions politiques, et que

ANNEXE

la République s'affermisse, en poussant de profondes racines dans notre sol ébranlé.

Vive la République! Vive la France une et indivisible !

Paris, 27 mars 1871.

Le maire,
Fr. Favre.

Les adjoints,
Villeneuve. — Cacheux. — Malon.

Jusqu'à ce que nous soyons régulièrement remplacés, un d'entre nous restera à la mairie pour l'expédition des affaires administratives.

Aux membres du conseil municipal de Paris.

Paris, le 27 mars 1871.

Citoyens,

Nous avons l'honneur de vous informer que nous déposons entre vos mains notre démission de maire et d'adjoints du 18ᵉ arrondissement de la ville de Paris.

Recevez, citoyens, notre salut fraternel.

Le maire du 18ᵉ arrondissement,
G. Clémenceau.

Les adjoints au maire du 18ᵉ arrondissement,
J.-A. Lafont. — V. Jaclard.

Paris, 6 avril 1871.

Citoyens,

Désapprouvant sur plusieurs points graves la direction imprimée au mouvement communal, ne voulant pas, d'autre part, créer de dissentiment au moment où la République a le plus besoin d'unité d'action, je prends le parti de me retirer et de vous adresser ma démission.

Je rentre dans les rangs et redeviens simple soldat de Paris, de la Commune et de la République.

Salut et fraternité !

A. RANC.

Aux membres du Conseil communal de Paris.

Paris, le 5 avril 1871.

Citoyens,

C'est le cœur navré que je viens déposer entre vos mains le mandat que les électeurs du 9e arrondissement m'avaient confié.

Jusqu'à l'accomplissement de l'œuvre exceptionnelle que la misérable attitude du Gouvernement de Versailles impose à la Commune, j'espérais pouvoir partager vos travaux, vos luttes, vos périls.

Mais si le dévouement a ses entraînements, la conscience a ses exigences; et je ne crois pouvoir désormais m'associer à une action politique et militaire pour laquelle un contrôle suffisant me fait défaut.

Mon cri de ralliement restera toujours : Vive la République démocratique et sociale!

Ulysse PARENT.

A M. le président du conseil communal de Paris.

Monsieur le président,

J'ai l'honneur de vous adresser ma démission de conseiller communal. J'ai assisté à la première séance du conseil, et je ne crois pas que le mandat restreint qui m'a été donné par les électeurs du 1er arrondissement de Paris me permette de prendre part à vos travaux.

Recevez, monsieur le président, l'assurance de mes sentiments distingués.

Adolphe ADAM.

Au citoyen président du conseil communal de Paris.

Citoyen président,

Étant avant tout l'homme de la liberté la plus absolue; repoussant toute dictature, qu'elle vienne d'un seul ou qu'elle soit l'œuvre d'une collectivité, je tiens en cela à maintenir les principes que j'ai défendus toute ma vie.

De plus, l'état de ma santé ne me permettant pas de suivre les délibérations du conseil, et ne voulant pas assumer sur moi la responsabilité d'actes que je n'ai pu discuter,

J'ai l'honneur, citoyen président, de vous adresser ma démission de membre du conseil communal.

Charles MURAT,
Adjoint du 3e arrondissement.

Au citoyen président du conseil communal de Paris.

1er avril 1871.

Citoyen,

J'avais pensé que nos séances seraient publiques et nos débats recueillis par la sténographie, afin que nos électeurs pussent connaître ceux qu'ils ont envoyés faire leurs affaires ; il n'en est pas ainsi ; je me retire, ne pouvant suivre une autre voie que celle que je viens d'indiquer.

En conséquence, j'ai l'honneur de vous donner ma démission de membre du conseil communal de Paris.

Salut fraternel,

LOISEAU-PINSON,
Adjoint au 2e arrondissement.

Après la première séance de la Commune MM. Rochard, Barré et J. Meline, du 1er arr., Emile Brelay, du 6e Albert Leroy, et le Dr Robinet (du 6e) adressèrent également leur démission de membre du conseil communal.

LE LENDEMAIN DE LA RÉSISTANCE

18 avril 1871.

LETTRE DE M. LOUIS BLANC

A M. le directeur du journal le Soir.

Monsieur,

Ma réponse au premier article de votre numéro d'aujourd'hui se trouve dans la lettre suivante, que je viens d'adresser à *l'Opinion nationale*, et que je vous serai obligé de publier dans le *Soir* :

« Monsieur,

» Permettez-moi de rectifier une erreur commise par
» votre journal. Je n'ai jamais pensé à demander la
» prolongation pendant deux ans des pouvoirs de

» M. Thiers comme chef du pouvoir exécutif de la
» République, et par conséquent mes amis de la gauche
» radicale n'ont pas eu à se rallier à ce projet.

» La solution que j'ai toujours jugée et déclarée
» propre à nous sauver des horreurs de la guerre civile
» est celle qui aurait consisté dans la proclamation
» éclatante de la République par l'Assemblée nationale
» et dans l'adoption d'une loi mettant Paris en posses-
» sion pleine et entière de ses libertés municipales.
» N'avoir rien pu pour empêcher l'effusion du sang
» français sera le plus grand malheur de ma vie. »

Agréez, monsieur, l'assurance de mes sentiments dévoués.

Louis BLANC.

LETTRE DE M. COLLIN

15 juin 1871.

Monsieur le rédacteur,

Je vous serais très-reconnaissant de vouloir bien m'accorder la publicité de votre journal pour joindre ma déclaration à celle de mes honorables collègues, MM. E. Ferry, A. André, G. Nast, que vous avez insérée dans le numéro du *Journal de Paris* de samedi.

Je me crois en droit de réclamer, aujourd'hui que, de même que mes collègues, je suis accusé d'avoir pactisé avec la Commune, et que, pour cette raison peut-être, l'entrée de la mairie du 5º arrondissement m'a été interdite par le chef des bureaux, sur un ordre qui ne vient ni du chef du pouvoir exécutif, ni d'aucun commandant militaire, ni de M. le préfet de la Seine. J'ai horreur du bruit; j'ai donc tout d'abord dédaigné l'insulte qui m'était faite ; je l'ai dédaignée non-seulement en raison de mon horreur du bruit, mais aussi parce que j'ai la plus grande confiance dans la parfaite équité de M. Léon Say, et que je n'ignorais pas que la position que je me ferais de force à la mairie ne me permettrait de rendre aucun service à mes concitoyens.

N'ayant pas l'importance d'un membre du Gouvernement, sachant que la France ne serait pas en péril pour un maire emprisonné par la Commune (la meilleure preuve, c'est que j'ai été arrêté deux fois et menacé d'être passé par les armes), et trouvant indigne de fuir, j'ai aidé de tout mon pouvoir à une réunion des officiers des 21e, 59e et 119e bataillons, qui eut lieu le 22 mars, à huit heures du soir, à l'amphithéâtre de l'École de droit. Cette réunion avait pour but l'organisation de la résistance. M. le capitaine de frégate Salicis y fut nommé chef de légion provisoire, en remplacement du chef de légion de la fédération. A l'issue de la séance, je fus arrêté dans mon cabinet.

Ayant pu m'échapper, je m'occupai, dès le lendemain, de trouver les fonds nécessaires au payement de la solde des gardes nationaux, afin de détacher les nécessiteux du service de la Commune. Grâce à l'énergie, à l'activité de M. Salicis, secondé par MM. les capitaines Becquet, du 21e, Philippon, du 59e, Commairas, du 119e, etc., deux mille gardes nationaux de l'ordre se réunirent à l'École polytechnique. Vous voyez, monsieur le rédacteur, que j'étais loin de pactiser avec la Commune, si loin que les jours précédents je m'étais empressé de faire payer, par anticipation, employés, instituteurs, fournisseurs, afin de diminuer autant que possible la somme en caisse; aussi M. Goumain-Cornille, secrétaire, chef des bureaux, me déclarait-il n'avoir plus que *neuf mille francs*, dont un bon du Trésor, à la date du 22 mars.

Vous savez la suite des événements, et il est inutile d'aller plus loin, cette lettre est déjà beaucoup trop longue, mais je tenais à rappeler qu'il y avait eu dans le 5e arrondissement un foyer de résistance à l'arbitraire de la Commune.

Veuillez agréer, monsieur le rédacteur, l'expression de mes sentiments distingués.

COLLIN,
Adjoint au maire du 5e arrondissement.

1re LETTRE DE M. VAUTRAIN

A M. le rédacteur en chef du Journal de Paris.

Paris, le 17 juin 1871.

Monsieur le rédacteur,

Dans un article de votre journal du 13 courant, vous lancez un décret d'ostracisme électoral contre les maires et adjoints qui ont signé le compromis en date du 25 mars dernier, avec une délégation du Comité central, et vous les accusez tous, sans distinction, de faiblesse ou de connivence avec l'insurrection.

Pour ceux qui nous connaissent personnellement, une telle imputation ne peut nous atteindre : notre passé et notre conduite pendant le siége y répondent assez; mais nous nous devons de la repousser devant l'opinion publique, qui peut être si facilement égarée.

Pendant huit jours la résistance ferme et courageuse des municipalités a tenu l'insurrection en échec; et la concession consentie à la dernière heure a sauvé la France de malheurs encore plus grands que ceux qui nous ont accablés depuis. Beaucoup d'entre nous, s'ils n'eussent écouté que leurs sentiments personnels, n'auraient pas hésité à engager la lutte; mais après avoir consulté, à plusieurs reprises, l'amiral Saisset qui affirmait l'impossibilité d'une résistance armée, nous n'avons pas voulu sacrifier, sans espoir de réussite, la vie de quelques milliers de gardes nationaux qui s'étaient si courageusement réunis autour de nous. Nous avons dû obéir à la raison politique; nous connaissions l'état d'une partie de l'armée de Versailles, alors en formation, et à mesure que la réalité des faits sera établie, on verra que ces élections, retardant de huit jours la marche des fédérés sur Versailles, ont contribué au salut de notre pays.

Ignorez-vous que le fort du Mont-Valérien a été, pendant un certain temps, gardé par dix-huit hommes seulement, et que son brave commandant était dans la plus grande anxiété jusqu'à l'arrivée de troupes nouvelles? Ignorez-vous que les portes d'Auteuil et de la Muette sont restées au pouvoir des bataillons fidèles du 16e arrondissement jusqu'au 31 mars; que leur possession définitive eût prévenu la nécessité d'un siége, et que, cependant, le Gouvernement n'a pu, par des raisons de prudence, les faire occuper? Nous n'avions point alors cette forte armée, si belle de courage et de discipline, que M. Thiers a su former avec tant de rapidité. — Que fût-il advenu si les insurgés marchant, dès le 26 ou le 27, sur le Mont-Valérien, l'avaient trouvé dégarni de troupes? que fût-il advenu s'ils avaient de suite attaqué Versailles ?

Les élections consenties, en opposant pendant plusieurs jours encore une digue à l'action du Comité central, ont permis l'arrivée de renforts à l'armée, son approvisionnement en artillerie et en munitions; de manière que la sortie en masse des insurgés, le 2 avril, est venue se heurter contre une armée disciplinée qui a pu leur opposer une barrière infranchissable.

Nous n'avons pas à sonder les intentions de tous ceux qui ont donné leur adhésion à ce compromis; mais tels sont les motifs qui ont déterminé la grande majorité des maires et adjoints présents. Telle est brièvement la vérité des faits, et nous sommes trop près des cruels événement qui viennent de s'accomplir pour qu'on puisse la méconnaître. Votre impartialité bien connue nous assure à l'avance que vous donnerez place dans votre journal à cette rectification.

Recevez, monsieur le rédacteur, l'assurance de notre considération la plus distinguée.

Le maire,
VAUTRAIN.

Les adjoints,
CALLON. — DE CHATILLON.
— Dr Ch. LOISEAU.

LETTRE DE M. DEGOUVES-DENUNCQUES

A M. le rédacteur en chef du Journal de Paris.

Paris, le 19 juin 1871.

Monsieur le rédacteur :

Les raisons exposées par mon honorable collègue, M. Vautrain, dans la lettre qu'il vous a adressée, ne m'auraient pas fait changer d'avis s'il me les eût données le 25 mars dernier, au moment où il allait mettre sa signature au bas du *compromis* entre le Comité central et vingt-six membres des municipalités parisiennes.

M. Vautrain a obéi, dit-il, « à la raison politique. »

C'est à la raison politique que j'ai obéi moi-même lorsque, le 19 mars, j'ai fait arracher en ma présence des affiches placardées sur les murs de la mairie du 10º arrondissement au nom des hommes qui, la veille, avaient fait ou laissé assassiner, à Montmartre, les généraux Clément Thomas et Lecomte.

C'est à la raison politique que j'ai encore cédé lorsque, le 26 mars, j'ai déclaré, par la voie de la presse, que je n'avais pas signé, que je ne signerais pas « l'acte de soumission des maires et adjoints de Paris aux volontés du Comité central, » lorsque j'ai écrit : « Je n'ai pas capitulé, je ne capitulerai pas avec un parti qui perdra la République, s'il reste le maître de faire gouverner la capitale par la nouvelle Commune, aux élections de laquelle il fait procéder en ce moment, avec le concours d'un trop grand nombre d'électeurs qui se persuadent qu'il ne s'agit que de la nomination d'un conseil municipal. »

Je rappelle mes paroles d'alors pour expliquer l'énergie de ma résistance et la vivacité de mes protestations. J'entrevoyais tous les dangers qui nous menaçaient si nous avions le malheur de faire la moindre concession aux hommes qui préparaient l'avénemen de la Commune, et c'est pour cela que je ne leur en ai fait aucune.

M. Vautrain, dit-il encore, a cherché à gagner du temps. En consentant aux élections, il a voulu occuper l'activité, étourdir l'ardeur des gardes nationaux fédérés, et les empêcher de marcher sur Versailles, alors qu'il n'y avait à Versailles qu'une armée en formation, c'est-à-dire insuffisante pour repousser une agression. Je le veux bien : M. Vautrain a gagné huit jours ; car la sortie en masse des insurgés, en admettant qu'elle fût immédiatement possible, ce que je nie de la façon la plus formelle, a eu lieu le 2 avril, et ce n'est pas en huit jours qu'on improvise une armée (1).

Ce qui se trouvait de troupes à Versailles le 2 avril s'y trouvait déjà pour la plus grande partie le 26 mars, et si mon honorable collègue veut se convaincre qu'à cette date le Comité central était dans l'impossibilité

(1) M. Degouves-Denuncques nous permettra de lui dire que le 24 mars, M. Thiers disait à M. Langlois qui lui demandait 2,800 hommes de troupes régulières pour occuper le Trocadéro. — Cela m'est complétement impossible. Je n'ai pas les 2,800 hommes. La veille le chef du pouvoir exécutif avait déjà fait une réponse semblable à l'un des maires de Paris.

de pousser son armée en avant, il n'a qu'à se rappeler les aveux qui nous furent faits par M. Ranvier, délégué de ce Comité, dans la nuit du 24 au samedi 25 mars.

M. Ranvier avait été introduit dans la salle où nous délibérions. Il exposa longuement les prétentions du Comité, qui voulait des élections immédiates. Le Gouvernement avait proposé la date du 3 avril; nous étions disposés à demander, comme transaction, que les élections eussent lieu le jeudi 30 mars. M. Ranvier insistait pour le dimanche 26. Quelles raisons finit-il par nous donner lorsqu'il fut poussé par quelques-uns de nous dans ses derniers retranchements? Il nous confessa que l'armée des fédérés était sur les dents; qu'elle avait à occuper les forts du sud, à garder toutes les portes de Paris, à monter la garde à l'intérieur pour ne pas laisser reprendre les postes par les gardes nationaux ralliés au gouvernement de Versailles; qu'un tel service exigeait de nombreux détachements, que cela ne pouvait pas durer longtemps ainsi, etc., etc.

Et, comme on lui avait fait remarquer que les élections à la date du 26, si on voulait qu'elles fussent sérieuses, étaient matériellement impossibles, qu'on ne pouvait pas appeler du jour au lendemain 300,000 électeurs au scrutin, leur distribuer des cartes, installer les sections de vote, etc., il demanda à en conférer avec les amis qui l'avaient accompagné et qui se trouvaient dans une salle voisine. L'entretien ne fut pas long; au bout de cinq minutes, M. Ranvier rentra et nous déclara qu'aucun ajournement n'était possible. Je fais appel au souvenir de tous ceux qui ont entendu cette déclaration sortir de sa bouche : ne l'a-t-il pas fait suivre de ces mots, qui auraient dû être pour nous tous une révélation : « Si nous consentons à un ajournement, nous sommes perdus ! »

Et c'est quelques heures après un pareil aveu que cinq députés de Paris et vingt-six magistrats municipaux annonçaient que l'entente s'était faite entre eux et les membres du Comité central fédéral de la garde nationale, convoquaient les électeurs de Paris pour le lendemain dimanche et les poussaient au scrutin en leur disant :

« Les habitants de Paris com··· ··· ··· ··· e, dans les circonstances actuelles, le patriotisme les oblige à venir tous au vote, afin que les élections aient le caractère sérieux qui seul peut assurer la paix dans la cité. »

Que M. Vautrain relise les noms qui figurent au bas de cette proclamation : son étonnement sera grand de s'y trouver en compagnie d'hommes qui sont, en ce moment, sous la main de la justice, et qui ont peut-être des comptes bien difficiles à rendre.

Je crois que si nous avions su (1) persévérer dans notre résistance, nous aurions eu raison du Comité central. Les rangs des gardes nationaux, qui s'étaient groupés autour de nous, se renforçaient, et notre *garde municipale* présentait déjà une force tellement imposante que jamais on n'a essayé de l'attaquer.

Je suis convaincu que les gardes nationaux de l'Hôtel de Ville ne se seraient pas laissé pousser, leurs chefs eussent-ils voulu les entraîner à cette violence, à engager une lutte avec les gardes nationaux qui défendaient la mairie et la rue de la Banque. M. Vautrain a dit qu'il voulait gagner du temps ; le temps eût été pour nous si nous avions su retarder les élections, car chaque jour nous amenait des renforts. Le jeudi 30 mars, l'armée du Comité, déjà sur les dents le 25, eût été plus qu'affaiblie ; le *compromis,* signé le samedi 25, à midi, rendit courage aux misérables qui comptaient sur elle et qui, plus tard, l'associèrent à tant d'abominations.

(1) Il fallait pouvoir et nous croyons avoir démontré qu'on ne *pouvait* pas tenir plus longtemps.

Je ne regrette donc pas la conduite que j'ai tenue alors. Je ne regrette pas d'avoir été, du commencement à la fin de la cause, l'adversaire décidé du Comité central, et d'avoir couronné ma résistance, commandée par un grand intérêt social, en refusant de signer un *compromis* qui n'était et ne pouvait être, je le déclare sans vouloir incriminer les intentions de ceux qui l'ont accepté, qu'un acte d'abdication.

Veuillez, je vous prie, monsieur, publier cette lettre, et agréer mes compliments les plus empressés.

DEGOUVES-DENUNCQUES,
*Maire-adjoint du 10ᵉ arrondissement,
boulevard de Strasbourg, 64.*

2ᵉ LETTRE DE M. VAUTRAIN

A M. le rédacteur en chef du Journal de Paris

Paris, le 24 juin 1871.

Monsieur le rédacteur,

Vous avez donné place dans le nº 158 de votre estimable journal, publié hier soir, à une lettre qui vous a été adressée par M. Degouves-Denuncques, adjoint du 10ᵉ arrondissement.

Nous attendons de votre impartialité l'insertion de notre réponse, collective comme notre première lettre, collective comme notre action commune dans ces événements, bien que M. Degouves-Denuncques ait affecté de ne répondre qu'à M. Vautrain.

L'honorable M. Degouves-Denuncques ne détruit et ne discute même aucune des affirmations que nous avons produites, savoir :

1º Que l'amiral Saisset a déclaré, à plusieurs reprises — notamment dans la nuit du 24 mars et dans la matinée du 25 — que toute résistance par les armes était impossible;

2º Que l'armée, alors en formation, suffisait à peine à couvrir Versailles et ne pouvait nous prêter son concours;

3º Que les portes de Passy et d'Auteuil, bien que restées jusqu'au 31 mars au pouvoir des gardes nationaux fidèles, ne purent être occupées par les troupes de l'Assemblée nationale; ce qui confirme le second point;

4º Que le Mont-Valérien, dégarni de soldats, eût pu être enlevé par surprise, si les insurgés, au lieu d'être retenus à Paris pendant plusieurs jours, eussent attaqué immédiatement.

Quant à l'aveu naïf qu'on prête au délégué du Comité central, Ranvier, disant : « Si nous consentons à un ajournement, nous sommes perdus », la réalité est que les délégués ont dit et répété hautement : « Nous ne pouvons ni ne voulons rester dans l'inaction; il faut une solution immédiate. »

C'était donc la lutte sur l'heure et ses conséquences. — Et il est établi que l'amiral Saisset la déclarait impossible.

Restent les appréciations personnelles de notre honorable collègue. Nous regrettons de ne pas les lui avoir entendu développer, en présence du Comité central, aussi longuement qu'il l'a fait dans la lettre qu'il vous a adressée.

Recevez, monsieur le rédacteur, l'assurance de notre considération la plus distinguée.

Le maire,
VAUTRAIN.

Les adjoints,
DE CHATILLON, — Ch. CALLON.
— Dr Ch. LOISEAU.

P.-S. — Le *Journal des Débats* de ce jour, 21 juin, publie une adresse du conseil général de l'Association internationale de Londres. On y remarque cette phrase, qui n'a pas besoin de commentaires :

« Malgré tout, le Comité, ne voulant pas la guerre civile, a commis la faute de ne pas marcher sur Versailles *alors complétement sans ressources*, et de faire procéder aux élections, se montrant alors conciliant avec des gens qui se promettaient de le faire disparaître. »

LETTRE DE M. BONVALET

Paris, 23 juin 1871.

Monsieur le rédacteur,

Par respect pour ceux qui m'ont honoré de leurs suffrages, je n'ai pas voulu, comme fonctionnaire, répondre aux attaques personnelles dont j'ai été l'objet.

Aujourd'hui, comme citoyen, je crois de mon devoir de donner quelques explications sur la conduite que j'ai tenue pendant mon passage aux affaires, conduite dont certains journaux cherchent à dénaturer le caractère.

Nommé maire du 3ᵉ arrondissement, par le gouvernement du 4 septembre, confirmé plus tard dans mes fonctions par la libre volonté de mes administrés, j'ai, lors des jours difficiles du siége, employé à remplir ces fonctions tout ce que j'avais de force, de courage, d'intelligence et de cœur, respectant *toutes les opinions, toutes les croyances*, et je n'ai quitté mon poste qu'à la dernière heure.

Quels sont les crimes dont on m'accuse ?

L'installation du Comité central dans la mairie du 3ᵉ arrondissement ?

Réduisons les faits à leur juste valeur. Le 27 février, la veille de l'entrée des Prussiens, l'émotion de la garde nationale était grande. En revenant du ministère de l'intérieur, j'appris que des officiers et gardes nationaux, ayant demandé à la mairie une salle pour se réunir à M. Blot, chef d'armement du 3º arrondissement, celui-ci avait cédé à leur désir. Un des adjoints, Charles Murat et moi, nous décidâmes que le lendemain nous les prierions de quitter la mairie. Le lendemain, sur notre injonction formelle, ils la quittèrent en effet. — A la réunion des maires, qui eut lieu deux jours après à l'Hôtel de Ville, on causa de ce Comité de la garde nationale; la plupart des maires déclarèrent que de pareilles tentatives d'envahissement avaient été faites dans leurs mairies.

Le 18 mars, voulant éviter que la position s'aggravât, je me rendis à la mairie du 2º arrondissement où se trouvaient réunis les représentants de Paris, les maires et adjoints.

Dans la nuit, comme délégué je me suis rendu avec M. Labiche, secrétaire général du ministère de l'intérieur, au *Journal officiel*, pour y faire insérer des décrets du Gouvernement donnant satisfaction à l'opinion parisienne.

Tous les ministres ayant quitté Paris, cette insertion ne put avoir lieu...

De même, auprès du Comité central, j'ai été chargé avec plusieurs de mes collègues de diverses missions. Je n'ai jamais agi personnellement, mais toujours au nom de la réunion des maires et adjoints, lesquels m'avaient même donné le mandat de confiance de prendre possession de l'Hôtel de Ville le lendemain matin à neuf heures. Je m'y rendis accompagné de M. Murat, adjoint au 10º arrondissement. Malheureusement l'arrivée de M. Viard, membre du Comité, fit changer l'attitude du Comité central et rompit l'engagement pris par les délégués de ce Comité à la mairie du 2º arrondissement.

Depuis, qu'ai-je fait? ma conduite a toujours été la même. J'ai voulu prévenir le conflit et, en arrêtant l'effusion du sang, les désastres qui nous affligent.

Qui donc aurait le courage de dire que la guerre civile est préférable aux solutions pacifiques?

La *Ligue d'union républicaine*, dont j'ai fait partie, publiera dans quelque temps le récit de ses actes pendant ces deux mois.

Quant à moi, je ne parlerai pas en ce moment des services personnels que j'ai pu rendre à mes risques et périls; le nombre, je ne crains pas de le dire, en est trop grand. M. Troncin du Mersan, représentant de M. Thiers, n'a pas oublié sans doute que ses demandes personnelles, concernant leurs intérêts privés, de MM. Thiers, Picard, Laffitte, etc., ne m'ont jamais trouvé indifférent. Je rappellerai seulement l'armistice de Neuilly et les démarches que j'ai faites en faveur de Vanves, Issy, Montrouge, Auteuil, Passy. Les délégués de ces localités si douloureusement éprouvées pourraient au besoin porter témoignage des efforts que j'ai faits, en ces tristes jours, pour atténuer les horreurs de la guerre civile.

Soyons francs! c'est ma qualité de républicain qui me vaut les attaques parfois perfides dirigées contre moi depuis quelque temps. Eh bien! je le déclare, ces attaques, dussent-elles redoubler, ne pourront rien contre ma persévérance; j'ai été, reste et resterai républicain quand même, conservant pour devise :

Faire bien et laisser dire.

Recevez mon salut fraternel.

BONVALET,
Ex-maire du 3ᵉ arrondissement.

LA MUNICIPALITÉ PARISIENNE

LES ÉLECTIONS PROMISES

Mairie de Paris.

Citoyens de Paris,

Le Gouvernement de la défense nationale n'entend usurper aucun des droits du peuple. Dans un délai aussi court que le permettront les circonstances, les citoyens seront appelés à élire leur municipalité. En attendant, et afin de pourvoir aux nécessités urgentes du service de la Cité dans une situation exceptionnelle, le maire de Paris nomme pour *maires provisoires* des vingt arrondissements les citoyens dont les noms suivent :

1er arr. TENAILLE-SALIGNY, avocat à la cour de cassation.
2e — TIRARD, négociant.
3e — BONVALET, négociant.
4e — GREPPO, ancien représentant du peuple.
5e — J.-B. BOCQUET, ancien adjoint.
6e — HÉRISSON, avocat à la cour de cassation.
7e — RIBEAUCOURT, docteur-médecin.
8e — CARNOT, ancien membre du Gouvernement provisoire de 1848.
9e — RANC, homme de lettres.
10e — TURPIN, négociant.
11e — Léonce RIBERT, professeur.
12e — Alfred GRIVOT, négociant à Bercy.
13e — PERNOLET, ingénieur.
14e — LENEVEU, rédacteur du *Siècle*.
15e — CORBON, ancien représentant du peuple.

16º arr. Henri MARTIN, historien.
17e — François FAVRE, homme de lettres.
18e — CLÉMENCEAU, docteur-médecin.
19e — RICHARD, fabricant.
20e — BRALERET, commerçant.

Ces citoyens sont invités à entrer immédiatement en fonctions et à désigner chacun deux adjoints. Il est inutile de rappeler aux nouveaux administrateurs des mairies parisiennes qu'en face de l'ennemi marchant sur Paris leur premier devoir est de veiller sans relâche à l'armement des citoyens et de se tenir, nuit et jour, prêts à seconder la défense nationale.

Vive la République !

5 septembre 1870

Le maire de Paris,
Étienne ARAGO.

LE JOUR DES ÉLECTIONS FIXÉ

RÉPUBLIQUE FRANÇAISE

LIBERTÉ — ÉGALITÉ — FRATERNITÉ

Mairie de Paris.

Citoyens,

Aujourd'hui, à une heure, les maires provisoires des vingt arrondissements, réunis à l'Hôtel de Ville, ont déclaré à l'unanimité :

Que, dans les circonstances actuelles, et dans l'intérêt du salut national, il est indispensable de procéder immédiatement aux élections municipales.

Les événements de la journée rendent tout à fait

urgente la constitution d'un pouvoir municipal autour duquel tous les républicains puissent se rallier.

En conséquence, les électeurs sont convoqués pour demain mardi 1er novembre dans leur section électorale, à midi.

Chaque arrondissement nommera, au scrutin de liste, quatre représentants. Les maires de Paris sont chargés de l'exécution du présent arrêté.

La garde nationale est chargée de veiller à la liberté de l'élection.

Vive la République !

Fait à l'Hôtel de Ville, le lundi 31 octobre 1870.

Le maire de Paris,
Étienne ARAGO.

Les adjoints au maire de Paris,
Ch. FLOQUET. — Henri BRISSON. — Ch. HÉRISSON. — CLAMAGERAN.

Le président de la commission des élections,
DORIAN.

Le vice-président de la commission des élections,
V. SCHŒLCHER.

LE PLÉBISCITE

Le Gouvernement de la défense nationale,

Considérant qu'il importe à la dignité du Gouvernement et au libre exercice de sa mission de défense, de savoir s'il a conservé la confiance de la population parisienne ;

Considérant, d'autre part, que, d'une délibération des maires des vingt arrondissements municipaux de la ville de Paris, légalement convoqués à l'Hôtel de Ville dans la matinée du 31 octobre, il résulte qu'il est opportun de constituer régulièrement par l'élection les municipalités des vingt arrondissements :

DÉCRÈTE :

Art. 1er. Le scrutin sera ouvert le jeudi 3 novembre, de huit heures du matin à six heures du soir, sur la question suivante :

La population de Paris maintient-elle, oui ou non, les pouvoirs du Gouvernement de la défense nationale?

Art. 2. Le vote aura lieu dans les sections accoutumées de chaque arrondissement; ces sections seront indiquées par les soins des maires.

Art. 3. Prendront part au vote tous les électeurs de Paris et des communes réfugiées à Paris, qui justifieront de leurs droits électoraux.

Art. 4. Il sera procédé le samedi 5 novembre à l'élection d'un maire et de trois adjoints pour chacun des arrondissements municipaux de la ville de Paris.

Les électeurs inscrits sur les listes électorales à Paris prendront seuls part à ce vote.

Le vote aura lieu par scrutin de liste, pour chaque arrondissement, et à la majorité absolue des suffrages.

En cas de second tour, le nouveau scrutin aura lieu lundi 7 novembre.

Art. 5. Le ministre de l'intérieur, le maire de Paris, les maires actuellement en fonctions dans les arrondissements et le membre du Gouvernement délégué près l'administration du département de la Seine sont chargés, chacun en ce qui le concerne, de l'exécution du présent décret.

Fait à l'Hôtel de Ville, le 1er novembre 1870.

Général Trochu. — Jules Favre. — Emmanuel Arago. — Jules Ferry. — Garnier-Pagès. — E. Pelletan. — E. Picard. — Jules Simon.

LES ÉLECTIONS AJOURNÉES

On lisait dans le *Journal officiel* :

L'affiche publiée hier, pendant que les membres du Gouvernement étaient gardés à vue, annonce des élections matériellement impossibles pour aujourd'hui et sur l'opportunité desquelles le Gouvernement veut connaître l'opinion de la majorité des citoyens.

En conséquence, il est interdit aux maires, sous leur responsabilité, d'ouvrir le scrutin.

La population de Paris votera, jeudi prochain, par *oui* ou par *non*, sur la question de savoir si l'élection de la municipalité et du Gouvernement aura lieu à bref délai.

Jusqu'après le vote, le Gouvernement conserve le pouvoir et maintiendra l'ordre avec énergie.

1ᵉʳ novembre 1870.

Le ministre des affaires étrangères chargé par intérim du département de l'intérieur.

Jules FAVRE.

Paris vota 557,995 OUI et 62,638 NON. En conséquence, les élections municipales furent ajournées.

LOI SUR LES ÉLECTIONS MUNICIPALES

VOTÉE PAR L'ASSEMBLÉE NATIONALE

Dans la séance du 14 avril 1871

ART. 1ᵉʳ. Immédiatement après la publication de la présente loi, les commissions municipales, les présidents de commissions, les maires et les adjoints en exercice et choisis en dehors du conseil municipal cesseront leurs fonctions.

Provisoirement et jusqu'à l'installation des nouveaux conseils municipaux, les fonctions de maires, d'adjoints et de présidents des bureaux électoraux, dans les communes administrées par des commissions municipales ou par des maires et adjoints pris en dehors du conseil municipal, seront remplies par les membres des derniers conseils municipaux élus, en suivant l'ordre d'inscription sur le tableau.

Seront considérés comme derniers conseils municipaux élus ceux qui ont été nommés à l'élection le 25 septembre 1870 ou depuis, et qui seront encore en exercice au moment de la publication de la présente loi.

Art. 2. Dans le plus bref délai, après la promulgation de la présente loi, le Gouvernement convoquera les électeurs dans toutes les communes pour procéder au renouvellement intégral des conseils municipaux.

Art. 3. Les élections auront lieu au scrutin de liste pour toute la commune. Néanmoins, la commune pourra être divisée en sections, dont chacune élira un nombre de conseillers proportionné au chiffre de la population.

En aucun cas, ce fractionnement ne pourra être fait de manière qu'une section ait à élire moins de deux conseillers.

Le fractionnement sera fait par le conseil général sur l'initiative, soit du préfet, soit d'un membre du conseil municipal, ou enfin du conseil municipal de la commune intéressée.

Chaque année, dans sa session ordinaire, le conseil général procédera, par un travail d'ensemble comprenant toutes les communes du département, à la révision des sections, et en dressant un tableau qui sera permanent pour les élections municipales à faire dans l'année. En attendant qu'il ait été procédé à la réélection des conseils généraux, la division en sections sera faite par arrêté du préfet.

Art. 4. Sont électeurs tous les citoyens français âgés de vingt et un ans accomplis, jouissant de leurs droits civils et politiques, n'étant dans aucun cas d'incapacité prévu par la loi et, de plus, ayant, depuis une année au moins, leur domicile réel dans la commune. — Sont éligibles au conseil municipal d'une commune tous les électeurs âgés de vingt-cinq ans, réunissant les conditions prévues par le paragraphe précédent, sauf les cas d'incapacité et d'incompatibilité prévus par les lois en vigueur et l'article 5 de la présente loi.

Toutefois, il pourra être nommé au conseil municipal d'une commune, sans la condition de domicile, un quart des membres qui le composeront, à la condition de payer dans ladite commune une des quatre contributions directes.

Art. 5. Ne peuvent être élus membres des conseils municipaux : 1. les juges de paix titulaires dans les cantons où ils exercent leurs fonctions; 2. les membres amovibles des tribunaux de première instance dans les communes de leur arrondissement.

Art. 6. Dans les trois jours qui suivront la publication de la présente loi, les listes spéciales aux élections municipales seront dressées dans toutes les communes. Les réclamations seront reçues pendant trois jours, après l'expiration du délai précédent, et jugées, dans les trois jours qui suivront, par une commission composée de trois conseillers en suivant l'ordre d'inscription sur le tableau, sauf l'appel au juge de paix et le pourvoi en cassation, qui suivront leur cours sans que les opérations électorales puissent être retardées.

Art. 7. Dans toutes les communes, quelle que soit leur population, le scrutin ne durera qu'un jour. — Il sera ouvert et clos le dimanche.

Le dépouillement se fera immédiatement.

Art. 8. Les conseils municipaux nommés resteront en fonctions jusqu'à la promulgation de la loi organique sur les municipalités. Néanmoins, la durée de ces fonctions ne pourra excéder trois ans. Dans l'intervalle, on ne procédera à de nouvelles élections que si le nombre des conseillers avait été réduit de plus d'un quart. — Toutefois, dans les communes divisées en sections ou arrondissements, il y aura toujours lieu à faire des élections partielles toutes les fois que, par suite de décès ou perte des droits politiques, la section n'aurait plus aucun représentant dans le conseil.

Art. 9. Le conseil municipal élira le maire et les adjoints parmi ses membres, au scrutin secret et à la majorité absolue. Si, après deux scrutins, aucun candidat n'a obtenu la majorité, il sera procédé à un tour de ballottage entre les deux candidats qui ont obtenu le plus de suffrages. En cas d'égalité de suffrages, le plus âgé sera nommé.

Les maires et les adjoints ainsi nommés seront révocables par décret.

Les maires destitués ne seront pas rééligibles pendant une année.

La nomination des maires et adjoints aura lieu provisoirement par décret du gouvernement dans les villes de plus de vingt mille âmes et dans les chefs-lieux de départements et d'arrondissements, quelle qu'en soit la population. Les maires seront pris dans le conseil municipal.

Avant de procéder à la nomination des maires, il sera pourvu aux vacances existant dans le conseil municipal.

Art. 10. *Les vingt arrondissements de la ville de Paris nomment chacun quatre membres du conseil municipal. Ces quatre membres seront élus par scrutin individuel, à la majorité absolue, à raison d'un membre par quartier.*

Art. 11. *Le conseil municipal de Paris tiendra, comme les*

conseils des autres communes, quatre sessions ordinaires dont la durée ne pourra pas excéder dix jours, sauf la session ordinaire où le budget ordinaire sera discuté et qui pourra durer six semaines.

Art. 12. Au commencement de chaque session ordinaire, le conseil nommera au scrutin secret et à la majorité son président, ses vice-présidents et ses secrétaires.

Pour les sessions extraordinaires qui seront tenues dans l'intervalle, on maintiendra le bureau de la dernière session ordinaire.

Art. 13. Le préfet de la Seine et le préfet de police ont entrée au conseil. Ils sont entendus toutes les fois qu'ils le demandent.

Art. 14. Le conseil municipal de Paris ne pourra s'occuper, à peine de nullité de ses délibérations, que des matières d'administration communale, telles qu'elles sont déterminées par les lois en vigueur sur les attributions municipales. En cas d'infraction, l'annulation sera prononcée par décret du chef du pouvoir exécutif.

Art. 15. Les incapacités et incompatibilités établies par l'article 22 de la loi du 22 juin 1839, sur les conseils généraux, sont applicables aux conseils municipaux de Paris, indépendamment de celles qui sont établies par la loi en vigueur sur l'organisation municipale.

Art. 16. Il y a un maire et trois adjoints pour chacun des vingt arrondissements de Paris.

Ils sont choisis par le chef du pouvoir exécutif de la République.

Les maires d'arrondissement n'auront d'autres attributions que celles qui leur sont expressément conférées par des lois spéciales.

Art. 17. Il y a incompatibilité entre les fonctions de maire ou d'adjoint d'arrondissement et celles de conseiller municipal de la ville de Paris.

Art. 18. Provisoirement et en attendant que l'Assemblée nationale ait statué sur ces matières, continueront à être observées les lois actuellement en vigueur sur l'organisation et les attributions municipales dans celles de leurs dispositions qui ne sont pas contraires à la présente loi.

Art. 19. Les fonctions de maires, d'adjoints et conseillers municipaux sont essentiellement gratuites.

Art. 20. Les décrets des 27 décembre 1866 et 16 janvier 1867 restent en vigueur pour l'Algérie.

ÉLECTIONS MUNICIPALES

des 5 et 8 novembre 1870

Iᵉʳ ARRONDISSEMENT

Électeurs inscrits.... 22.060

Tenaille-Saligny, *maire*	10.100
E. Meurizet	5.503
A. Adam	4.489
J. Meline	4.339

IIᵉ ARRONDISSEMENT

Électeurs inscrits.... 22.858

Tirard, *maire*	7.143
Émile Brelay	6.777
Chéron	4.871
Loiseau-Pinson	4.587

IIIᵉ ARRONDISSEMENT

Électeurs inscrits.... 23.133

Bonvalet, *maire*	12.034
Cléray	9.848

Ch. Murat.......................... 9.449
Mousseron 3.780

IVᵉ ARRONDISSEMENT

Électeurs inscrits.... 32.060

Vautrain, *maire*................... 9.811
De Chatillon....................... 8.245
Callon............................. 5.907
Dʳ Loiséau........................ 2.268

Vᵉ ARRONDISSEMENT

Électeurs inscrits.... 21.632

Vacherot, *maire*.................. 5.069
Thomas............................ 4.613
Collin............................. 4.262
Jourdan........................... 4.170

VIᵉ ARRONDISSEMENT

Électeurs inscrits.... 24.807

Hérisson, *maire*.................. 6.855
Jozon.............................. 5.311
Le Roy............................. 5.236
Lauth.............................. 3.447

VIIᵉ ARRONDISSEMENT

Électeurs inscrits.... 22.092

Arnaud (de l'Ariége), *maire*...... 6.527
Hortus............................. 5.275
Dargent............................ 5.030
Bellaigue.......................... 3.646

VIIIᵉ ARRONDISSEMENT

Électeurs inscrits.... 17.825

Carnot, *maire*..	6.099
Denormandie.	3.456
Belliard.	3.415
Aubry.	2.993

IXᵉ ARRONDISSEMENT

Électeurs inscrits.... 23.693

Desmarest, *maire*.	6.272
E. Ferry.	4.372
A. André.	4.253
Nast.	4.104

Xᵉ ARRONDISSEMENT

Électeurs inscrits.... 16.065

Dubail, *maire*..	6.221
Ernest Brelay.	9.001
Murat.	8.278
Degouves-Denuncques.	2.067

XIᵉ ARRONDISSEMENT

Électeurs inscrits.... 42.153

Mottu, *maire*..	14.251
Blanchon.	13.343
Poirier.	13.156
Tolain..	13.046

XIIe ARRONDISSEMENT

Électeurs inscrits.... 19.090

Grivot, *maire*	5.028
Denizot	3.780
Dumas	3.780
Turillon	2.050

XIIIe ARRONDISSEMENT

Électeurs inscrits.... 16.591

Pernolet, *maire*	2.950
Combes	2.154
Bouvery	2.034
Léo Melliet	2.000

XIVe ARRONDISSEMENT

Électeurs inscrits.... 17.769

Asseline, *maire*	4.007
Héligon	4.251
Nègre	1.294
Périn	1.290

XVe ARRONDISSEMENT

Électeurs inscrits.... 19.681

Corbon, *maire*	6.386
Jobbé-Duval	6.342
Dieck	6.068
S. Michel	4.372

XVIe ARRONDISSEMENT

Électeurs inscrits.... 10.731

Henri Martin, *maire*	4.504
Marmottan	3.443

A. Chaudet........................... 1.900
Seveste............................. 1.879

XVIIᵉ ARRONDISSEMENT

Électeurs inscrits.... 26.574

F. Favre, *maire*.................... 5.730
Dʳ Villeneuve........................ 2.390
Cacheux............................. 1.885
Malon............................... 1.737

XVIIIᵉ ARRONDISSEMENT

Électeurs inscrits.... 32.962

Clémenceau, *maire*.................. 9.409
J.-A. Lafont........................ 7.293
Dereure............................. 6.570
Jaclard............................. 6.350

XIXᵉ ARRONDISSEMENT

Électeurs inscrits.... 28.270

Delescluze, *maire*.................. 4.054
Miot................................ 2.659
Quentin............................. 2.589
Oudet............................... 2.446

XXᵉ ARRONDISSEMENT

Électeurs inscrits.... 28.000

Ranvier, *maire*..................... 7.535
Millière............................ 7.822
Flourens............................ 7.339
Lefrançais.......................... 5.607

ÉLECTIONS COMMUNALES

du 26 mars 1871

Ier ARRONDISSEMENT

Électeurs inscrits.... 22,060

Adam	7.272
Meline	7.251
Rochard	6.629
Barré	6.294

IIe ARRONDISSEMENT

Électeurs inscrits.... 22.858

Émile Brelay	7.025
Loiseau-Pinson	6.963
Tirard	6.391
Chéron	6.066

IIIe ARRONDISSEMENT

Électeurs inscrits.... 23.133

Demay	9.004
A. Arnaud	8.912
Pindy	7.095
Murat	5.904
Clovis Dupont	5.661

IVe ARRONDISSEMENT

Électeurs inscrits.... 32.060

Arthur Arnould	8.608
Lefrançais	8.619
Clémence	8.163

ANNEXE

Girardin........................... 8.104
Amouroux.......................... 8.150

Vᵉ ARRONDISSEMENT

Électeurs inscrits.... 21.632

Régère............................ 7.469
Jourde............................ 7.310
Tridon............................ 6.469
Blanchet.......................... 5.994
Ledroyt........................... 5.848

VIᵉ ARRONDISSEMENT

Électeurs inscrits.... 24.807

Albert Leroy...................... 5.800
Goupil............................ 5.111
Robinet........................... 3.904
Beslay............................ 3.714
Varlin............................ 3.602

VIIᵉ ARRONDISSEMENT

Électeurs inscrits.... 22.092

Parisel........................... 3.367
Ernest Lefèvre.................... 2.859
Urbain............................ 2.803
Brunel............................ 2.163

VIIIᵉ ARRONDISSEMENT

Électeurs inscrits.... 17.825

Raoul Rigault..................... 2.173
Vaillant.......................... 2.145
Arthur Arnould.................... 2.114
Jules Allix....................... 2.028

IXᵉ ARRONDISSEMENT

Électeurs inscrits.... 26.608

Ranc............................	8.950
Ulysse Parent.....................	4.770
Desmarest........................	4.232
E. Ferry.........................	3.732
Nast.............................	3.691

Xᵉ ARRONDISSEMENT

Électeurs inscrits..... 16.665

Gambon...........................	13.734
Félix Pyat.......................	11.813
Henri Fortuné....................	11.354
Champy...........................	11.042
Babick...........................	10.934
Rastoul..........................	10.738

XIᵉ ARRONDISSEMENT

Électeurs inscrits.... 42.153

Mortier..........................	21.186
Delescluze.......................	20.264
Protot...........................	19.780
Assi.............................	19.890
Eudes............................	19.275
Avrial...........................	17.944
Verdure..........................	17.351

XIIᵉ ARRONDISSEMENT

Électeurs inscrits.... 19.990

Varlin...........................	9.843
Geresme..........................	8.896

Theisz.......................... 8.710
Fruneau........................ 8.629

XIIIe ARRONDISSEMENT

Électeurs inscrits.... 16.591

Léo Melliet.................... 6.531
Émile Duval................... 6.482
Chardon........................ 4.663
Frankel......................... 4.080

XIVe ARRONDISSEMENT

Électeurs inscrits.... 17.769

Billioray....................... 6.100
Martelet....................... 5.912
Descamps 5.833

XVe ARRONDISSEMENT

Électeurs inscrits.... 19.681

Clément........................ 5.025
Jules Vallès 4.403
Langevin...................... 2.417

XVIe ARRONDISSEMENT

Électeurs inscrits.... 10.731

Marmottan.................... 2.036
De Bouteiller................. 1.909

XVIIe ARRONDISSEMENT

Électeurs inscrits.... 26.574

Varlin.............................	9.356
Clément...........................	7.121
Gérardin..........................	6.142
Chalin.............................	4.545
Malon.............................	4.199

XVIIIe ARRONDISSEMENT

Électeurs inscrits.... 32.932

Blanqui...........................	14.953
Theisz.............................	14.950
Dereure...........................	14.664
J.-B. Clément....................	14.188
Th. Ferré.........................	13.784
Vermorel..........................	13.402
Paschal Grousset.................	13.359

XIXe ARRONDISSEMENT

Électeurs inscrits.... 28.270

Oudet..............................	10.065
Puget..............................	9.547
Delescluze........................	5.846
J. Miot...........................	5.520
Ostyn..............................	5.065
Flourens..........................	4.100

XXᵉ ARRONDISSEMENT

Électeurs inscrits.... 28.000

Bergeret........................ 15.290
Ranvier......................... 14.049
G. Flourens..................... 14.089
Blanqui......................... 13.859

FIN

TABLE

Au lecteur...	1
Introduction	5
18 mars. — L'attaque. — Paris est pris. — Rue des Rosiers. — Les maires. — Le départ de M. Jules Ferry. — Occupation de l'Hôtel de Ville. — La première concession...	39
19 mars. — Un jour de soleil. — Le Gouvernement à Versailles. — Les élections. — Le Comité va quitter l'Hôtel de Ville...	69
20 mars. — Le Comité de vigilance. — Première séance de l'Assemblée. — Le Comité central. — La résistance. — Déclaration de la presse............................	85
21 mars. — Les deux officiels. — Une séance mémorable. — Les élections illégales...............................	106
22 mars. — Paris est dans le droit. — La presse et les élections. — Les amis de l'ordre. — Le conseil municipal de Paris. — Le général de Fabrice. — Deux lettres inédites de M. J. Favre. — L'amiral Saisset..............	134
23 mars. — Une lettre inédite de M. Thiers. — Une lettre inédite de M. E. Picard. — La défense. — Les adjoints à la Chambre. — Le Comité central et la Prusse. — La	

solde payée à la Bourse. — Le capitaine Salicis et la manifestation des écoles. — La remise des élections..... 160

24 MARS. — Une séance du Comité central. — Préliminaire de conciliation. — La première convention. — Tout est arrangé. — Fausse joie. — Le retour des adjoints. — L'affiche de l'amiral Saisset. — Nouvelle déception..... 180

25 MARS. — La capitulation. — Les deux conventions. — M. Thiers et Tirard. — Fin de la résistance. — La dernière affiche de la résistance.......................... 199

26 MARS.. 226

27 MARS. — Les maires de Paris ont agi en bons citoyens.... 227

CONCLUSION.. 237

ANNEXE. — Déclaration des Comités. — Démission de Gambetta. — L'Assemblée nationale à Bordeaux. — Action et réaction. — Prorogation des échéances. — Le décret Vinoy. — Proclamations du Gouvernement. — Occupation des mairies. — Le colonel Langlois. — Arrestation des généraux Chanzy et Lagourian et de M. Turquet. — Deux bataillons surveillés. — Le rôle de M. Delescluze. — Le général Cluseret. — M. Cremer et le Comité. — Déclaration du siècle. — M. Edouard Lockroy. — La défense. — Mandats d'amener lancés contre les maires. — La Ligue antimonarchique. — Le duc d'Aumale lieutenant-général du royaume. — La révolution du 18 mars. — Réclamations.. 243

DÉMISSIONS. — Victor Hugo. — Ch. Floquet. — Ed. Lockroy. P. Tirard. — Dubail. — Vautrain. — De Chatillon. — Callon. — Dr Loiseau. — Desmarest. — E. Ferry. A. André. — G. Nast. — Fr. Favre. Dr Villeneuve. — Cacheux. — Malon. — Clémenceau. — J.-A. Lafont. — Jaclard. — A. Ranc. — Ulysse Parent. — Ad. Adam. — Ch. Murat. — Loiseau-Pinson. — Rochard. — Barré. — J. Meline. — Emile Brelay. — Alb. Leroy. — Dr Robinet........... 332

LE LENDEMAIN DE LA RÉSISTANCE. — Lettre de M. Louis Blanc. — Lettre de M. Collin. — 1re Lettre de M. Vautrain. — Lettre de M. Degouves-Denuncques. — 2e lettre de M. Vautrain. — Lettre de M. Bonvalet................ 342

LA MUNICIPALITÉ PARISIENNE. — Les élections promises. — Le jour des élections fixé. — Le plébiscite. — Les élections ajournées...	356
Loi sur les élections municipales............................	360
Élections municipales..	365
Élections communales..	370

FIN DE LA TABLE

Imprimerie L. TOINON et Cⁱᵉ, à Saint-Germain.